DARAKWON

일본어 잘하고 싶을 땐 다락원 독학 기초 문법

지은이 정의상
펴낸이 정규도
펴낸곳 (주)다락원

초판 1쇄 인쇄 2025년 2월 17일
초판 1쇄 발행 2025년 3월 4일

편집 한누리, 송화록, 신선정
디자인 장미연, 김희정

다락원 경기도 파주시 문발로 211
내용문의: (02)736-2031 내선 460~465
구입문의: (02)736-2031 내선 250~252
Fax: (02)732-2037
출판등록 1977년 9월 16일 제406-2008-000007호

ISBN 978-89-277-1315-9 13730

머리말

이 책은 일본어 입문자를 위한 독학 문법 학습서입니다. 일본어 문자를 외우고 바로 시작하거나, 일본어 첫걸음을 공부하면서 함께 봐도 좋습니다. 특히 일본어 첫걸음을 통해 입문 과정을 마친 후, 이어서 무엇으로 공부해야 할지 고민하는 학습자들에게 가장 알맞은 일본어 학습서입니다. 첫걸음을 마치고, 일본어 능력시험(JLPT)에 응시하거나 또는, 일본어 중급 수준으로 도약하려는 학습자들에게 징검다리 역할을 해 줄 것입니다.

'문법'이란 단어와 단어를 연결해 문장을 만들 때 필요한 접속 방법을 말합니다. 우리말과 일본어는 이러한 단어의 접속 방법이 비슷하기 때문에 시작 단계에서 문법을 올바르게 학습해 두면, 일본어를 보다 쉽게 공부해 나갈 수 있습니다.

필자는 그간 꽤 많은 문법책을 써 왔지만, 그동안은 초·중급 수준의 일본어 학습자들이 모두 볼 수 있는 문법 전반에 대한 포괄적인 설명이 중심이 되어 왔습니다. 그러나 이 교재 『일본어 잘하고 싶을 땐 다락원 독학 기초 문법』은 오로지 입문-초급 수준의 일본어 학습자를 대상으로 만든 문법책입니다.

이 책은 먼저 일본어 기초 학습 단계에 꼭 필요한 핵심 문법 항목만을 선별하였으며, 이들 각각의 문법 항목을 쉽게 이해할 수 있도록 도식으로 제시하여, 문법 내용의 이해력을 높이기 위해 간결하고 명확하게 설명하였습니다. 또한 설명에 사용되는 예문도 현재 일본의 실생활에서 자주 쓰이는 현장감 넘치는 문장을 중심으로 실어, 문법뿐 아니라 기초 회화 공부에도 도움이 될 수 있게 하였습니다.

끝으로 입문-초급과정의 일본어 학습자 여러분이 이 책을 통해 쉽고 빠르게, 그리고 올바르게 일본어 기초 문법을 마스터할 수 있기를 기원합니다.

저자 정의상

차례

이 책의 구성과 특징

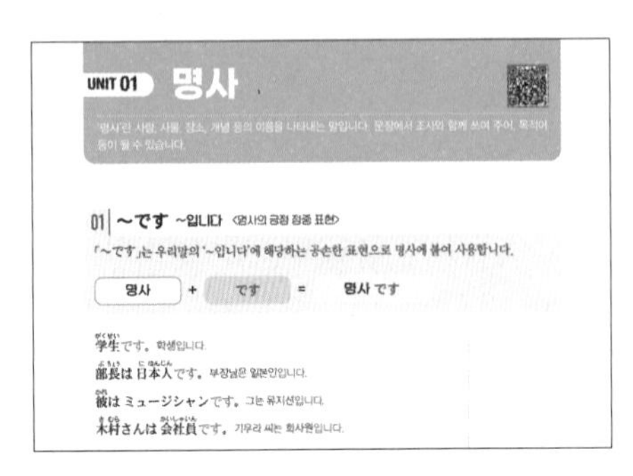
UNIT 01 명사

01 ~です ~입니다 〈명사의 긍정 정중 표현〉

「~です」는 우리말의 '~입니다'에 해당하는 공손한 표현으로 명사에 붙여 사용합니다.

명사 + です = 명사 です

学生(がくせい)です。 학생입니다.
部長(ぶちょう)は 日本人(にほんじん)です。 부장님은 일본인입니다.
彼(かれ)は ミュージシャンです。 그는 뮤지션입니다.
木村(きむら)さんは 会社員(かいしゃいん)です。 기무라 씨는 회사원입니다.

핵심만 쏙쏙 담은 쉬운 설명

기초가 단단해야 실력이 무너지지 않는 법! 일본어 초급자는 물론, 중급으로 도약하고자 하는 학습자들을 위해 꼭 필요한 핵심 문법만을 골라 간결하고 쉽게 설명했습니다. 예문을 통해 학습한 문법이 어떻게 쓰이는지도 확인할 수 있습니다.

01 ~です ~입니다 〈명사의 긍정 정중 표현〉

「~です」는 우리말의 '~입니다'에 해당하는 공손한 표현으로 명사에 붙여

명사 + です = 명사 です

学生(がくせい)です。 학생입니다.
部長(ぶちょう)は 日本人(にほんじん)です。 부장님은 일본인입니다.
彼(かれ)は ミュージシャンです。 그는 뮤지션입니다.
木村(きむら)さんは 会社員(かいしゃいん)です。 기무라 씨는 회사원입니다.

한눈에 보이는 도식

복잡하고 어려워 보이는 문법을 한눈에 쉽게 이해할 수 있도록 간단한 형태의 도식으로 정리했습니다.

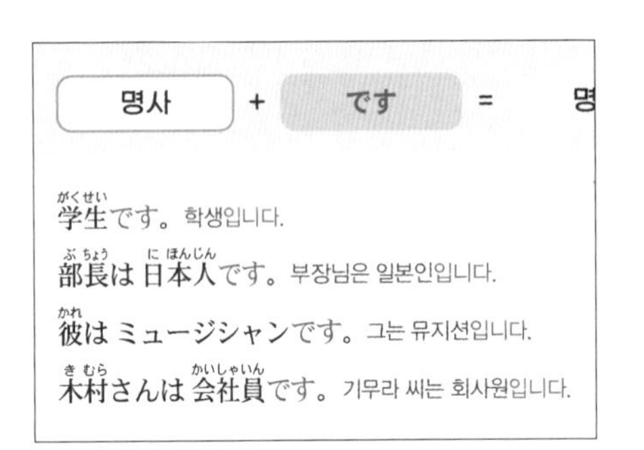
명사 + です = 명

学生(がくせい)です。 학생입니다.
部長(ぶちょう)は 日本人(にほんじん)です。 부장님은 일본인입니다.
彼(かれ)は ミュージシャンです。 그는 뮤지션입니다.
木村(きむら)さんは 会社員(かいしゃいん)です。 기무라 씨는 회사원입니다.

실력을 확실하게 다지는 실용적인 예문

학습한 문법이 실제로 어떻게 쓰이는지 알 수 있도록 예문을 정리했습니다. 원어민 음성을 들으며, 정확한 발음도 함께 들어볼 수 있습니다.

*UNIT 03까지는 문장 구조에 대한 이해를 높이기 위하여 일본어에도 띄어쓰기를 하였습니다.

+표현 인칭 대명사

2인칭 대명사인 あなた는 정중한 표현으로 쓰일 때도 있지 용하면 매우 무례하게 느껴질 수 있으므로, 대개 상대방의 「~さん」을 붙여 말하는 경우가 많습니다. 일본어의 대표적 아래와 같습니다.

1인칭	私(わたし) 나, 저　僕(ぼく) 나(남성어)　おれ 나(남성어)
2인칭	あなた 당신　お前(まえ) 너　君(きみ) 너, 자네
3인칭	彼(かれ) 그　彼女(かのじょ) 그녀

플러스 표현

학습 내용과 관련된 추가 표현을 비롯하여, 더 자연스러운 일본어 표현을 위한 보충 설명을 실었습니다.

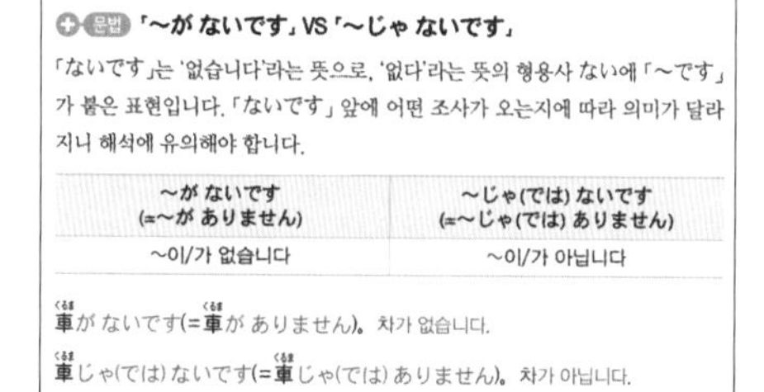
문법 「~が ないです」VS「~じゃ ないです」

「ないです」는 '없습니다'라는 뜻으로, '없다'라는 뜻의 형용사 ない에 「~です」가 붙은 표현입니다. 「ないです」 앞에 어떤 조사가 오는지에 따라 의미가 달라지니 해석에 유의해야 합니다.

~が ないです (=~が ありません)	~じゃ(では) ないです (=~じゃ(では) ありません)
~이/가 없습니다	~이/가 아닙니다

車(くるま)が ないです(=車(くるま)が ありません)。 차가 없습니다.

車(くるま)じゃ(では) ないです(=車(くるま)じゃ(では) ありません)。 차가 아닙니다.

플러스 문법

일본어 문법의 토대를 단단하게 다질 수 있도록, 학습 내용과 관련된 기초적인 문법 지식 및 실력 향상을 위한 보충 설명을 실었습니다.

미니 테스트

제시된 동사를 「ます형」으로 바꾸고 정중 표현으로

① 読(よ)む 읽다 ________ ② 歩(ある)く 걷다

④ 持(も)つ 들다 ________ ⑤ 死(し)ぬ 죽다

⑦ 遊(あそ)ぶ 놀다 ________ ⑧ 急(いそ)ぐ 서두르다

미니 테스트

어렵게 느껴지는 일본어 동사 활용을 간단한 형식으로 연습해 볼 수 있습니다.

실력 쌓기 제시된 단어를 참고하여 일본어 문장을 완

1. 회사원입니다. (会社員(かいしゃいん))

____

2. 그녀는 모델입니다. (モデル)

彼女(かのじょ)は________

실력 쌓기

학습한 내용을 바로바로 적용하며 연습할 수 있는 문제입니다. 짧은 문장으로 꾸준히 연습하다 보면 문법 자신감과 실력이 함께 쌓일 것입니다.

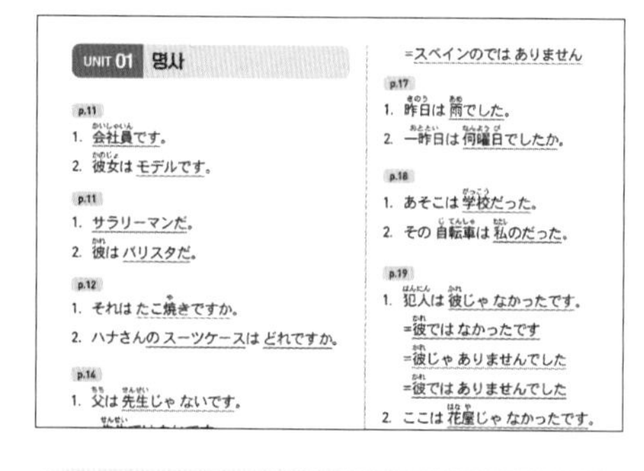
UNIT 01 명사

p.11
1. 会社員です。
2. 彼女はモデルです。

p.11
1. サラリーマンだ。
2. 彼はバリスタだ。

p.12
1. それはたこ焼きですか。
2. ハナさんのスーツケースはどれですか。

p.14
1. 父は先生じゃ ないです。

=スペインのでは ありません

p.17
1. 昨日は雨でした。
2. 一昨日は何曜日でしたか。

p.18
1. あそこは学校だった。
2. その自転車は私のだった。

p.19
1. 犯人は彼じゃ なかったです。
=彼では なかったです
=彼じゃ ありませんでした
=彼では ありませんでした
2. ここは花屋じゃ なかったです。

모범 답안

'미니 테스트'와 '실력 쌓기'의 모범 답안을 수록했습니다.

음원 듣기

각 UNIT의 제목 옆에 삽입된 QR 코드를 통해 음원 파일을 들을 수 있습니다.

도식 일러두기

- 예시로 제시되는 동사의 종류와 활용 형태에 따라, 어미의 형태를 바꾼 뒤 문형을 접속하는 경우는 색깔로 표시했습니다.

예 1그룹 동사의 ます형 활용

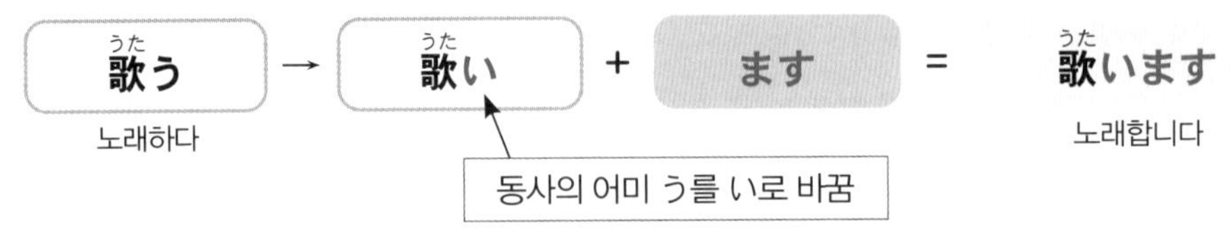

예 2그룹 동사의 가정형 활용

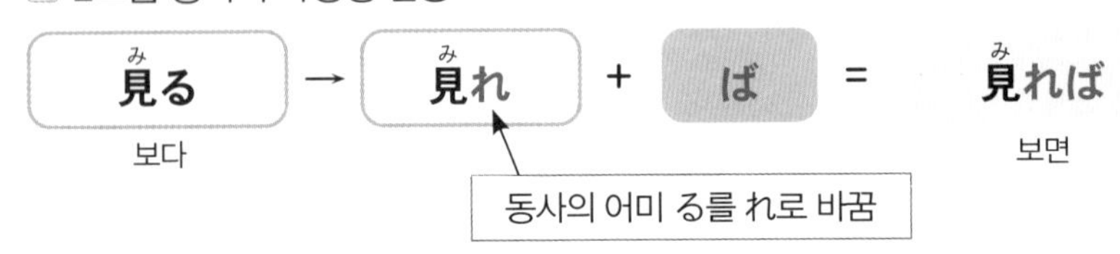

- 예시로 제시되는 동사의 종류와 활용 형태에 따라, 어미를 뗀 뒤 문형을 접속하는 경우는 빼기 기호로 표시했습니다.

예 1그룹 동사의 て형 활용

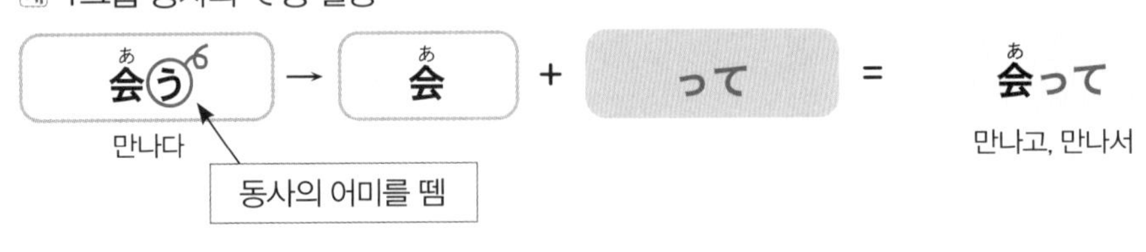

예 2그룹 동사의 て형 활용

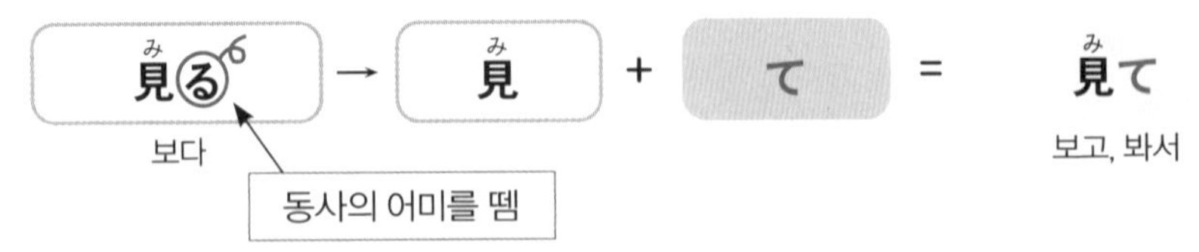

- 기본적인 활용 형태를 학습한 후에는 도식을 보다 간단히 제시하였습니다. 각 그룹별 동사의 활용 형태가 기억나지 않을 땐 앞 UNIT으로 돌아가 확인해 보세요.

일본어 품사 알아보기

• 본격적인 학습을 시작하기 전에 일본어 품사의 개념을 간단히 알아보세요.

1. 명사 사람이나 사물의 이름을 가리키는 말입니다. 뒤에 조사 が나 は가 붙으면 문장의 주어가 됩니다.

예 犬(いぬ) 개 花(はな) 꽃 鈴木(すずき) 스즈키

2. 형용사 사물의 성질이나 상태, 모양, 속성 등을 나타내거나 사람의 성격, 감정 등을 나타내는 말입니다. 일본어에서는 어미의 형태에 따라 い형용사와 な형용사로 나뉩니다.

예 長(なが)い 길다 きれいだ 깨끗하다, 예쁘다 やさしい 상냥하다, 쉽다

3. 동사 사람이나 사물의 동작이나 작용, 존재, 상태를 나타내는 말입니다. 일본어의 동사는 1그룹, 2그룹, 3그룹 동사로 나뉩니다.

예 行(い)く 가다 見(み)る 보다 する 하다 ある 있다(사물) 動(うご)く 움직이다

4. 조사 다른 품사에 붙어 그 말과 뒤에 오는 말과의 관계를 표시하거나, 그 말의 뜻을 도와주는 말입니다.

예 ~は ~은/는 ~を ~을/를 ~も ~도

5. 부사 동사나, 형용사, 또는 다른 부사 앞에 쓰여 그 뜻을 분명하게 해 주는 말입니다.

예 よく 자주, 잘 あまり 별로 なかなか 좀처럼

6. 접속사 단어나 문장 등을 이어 주면서 뒤의 말을 꾸며 주는 말입니다.

예 そして 그리고 だから 그래서 しかし 그러나

7. 감동사 우리말의 감탄사에 해당하는 말입니다. 다양한 감정 또는 느낌을 나타냅니다. 부름이나 응답을 나타내는 말도 포함됩니다.

예 ああ 아아! あら 어머 おい 이봐 もしもし 여보세요

8. 연체사 명사를 꾸며 주는 말입니다.

예 この 이 ある 어느, 어떤 いろんな 다양한

9. 조동사 명사나 동사 등의 품사 뒤에 붙어 의미를 더해 주는 역할을 하는 말입니다.

예 ~だ ~이다 ~らしい ~인 것 같다

UNIT 01 명사

'명사'란 사람, 사물, 장소, 개념 등의 이름을 나타내는 말입니다. 문장에서 조사와 함께 쓰여 주어, 목적어 등이 될 수 있습니다.

01 ～です ~입니다 <명사의 긍정 정중 표현>

「～です」는 우리말의 '~입니다'에 해당하는 공손한 표현으로 명사에 붙여 사용합니다.

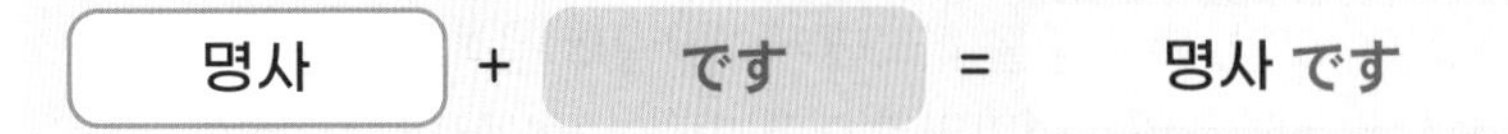

学生(がくせい)です。 학생입니다.

部長(ぶちょう)は 日本人(にほんじん)です。 부장님은 일본인입니다.

彼(かれ)は ミュージシャンです。 그는 뮤지션입니다.

木村(きむら)さんは 会社員(かいしゃいん)です。 기무라 씨는 회사원입니다.

표현 인칭 대명사

2인칭 대명사인 あなた는 정중한 표현으로 쓰일 때도 있지만, 윗사람에게 사용하면 매우 무례하게 느껴질 수 있으므로, 대개 상대방의 이름 뒤에 직책이나 「～さん」을 붙여 말하는 경우가 많습니다. 일본어의 대표적인 인칭 대명사는 아래와 같습니다.

1인칭	私(わたし) 나, 저　僕(ぼく) 나(남성어)　おれ 나(남성어)
2인칭	あなた 당신　お前(まえ) 너　君(きみ) 너, 자네
3인칭	彼(かれ) 그　彼女(かのじょ) 그녀

문법 조사 は (▶ p.111)

조사 は는 우리말의 '~은/는'에 해당합니다. は는 기본적으로 [하(ha)]라고 발음하지만, 조사로 쓰일 때는 [와(wa)]라고 발음합니다.

母(はは)は[hahawa] 美容師(びようし)です。 엄마는 미용사입니다.

学生(がくせい) 학생
部長(ぶちょう) 부장(님)
日本人(にほんじん) 일본인
彼(かれ) 그, 남자 친구
ミュージシャン 뮤지션
会社員(かいしゃいん) 회사원
母(はは) (나의) 어머니
美容師(びようし) 미용사
彼女(かのじょ) 그녀, 여자 친구
モデル 모델

실력 쌓기 제시된 단어를 참고하여 일본어 문장을 완성해 보세요.

▶정답 p.258

1. 회사원입니다. (会社員(かいしゃいん))

______________________________。

2. 그녀는 모델입니다. (モデル)

彼女(かのじょ)は______________________________。

02 ～だ ～(이)다 <명사의 긍정 반말 표현>

「～だ」는 우리말 '～(이)다'에 해당하는 말로, 「～です」의 반말 표현입니다.

명사 + だ = 명사 だ

学生(がくせい)だ。
학생이다.

彼(かれ)は 日本人(にほんじん)だ。
그는 일본인이다.

これは ワッフルだ。
이것은 와플이다.

木村(きむら)さんは 銀行員(ぎんこういん)だ。
기무라 씨는 은행원이다.

ワッフル 와플
銀行員(ぎんこういん) 은행원
サラリーマン 샐러리맨
バリスタ 바리스타

실력 쌓기 제시된 단어를 참고하여 일본어 문장을 완성해 보세요.

▶정답 p.258

1. 샐러리맨이다. (サラリーマン)

______________________________。

2. 그는 바리스타이다. (バリスタ)

彼(かれ)は______________________________。

03 ～ですか ~입니까? 〈명사의 의문 정중 표현〉

명사의 정중 표현인「～です」에 의문 조사「か」를 붙이면 '~입니까'에 해당하는 정중한 의문 표현이 됩니다.

명사 + ですか = 명사 ですか

あなたは 日本人(にほんじん)ですか。 당신은 일본인입니까?

それは 彼女(かのじょ)の スマホですか。 그것은 그녀의 스마트폰입니까?

+ 표현 사물 지시 대명사

일본어 사물 지시 대명사에는 これ, それ, あれ, どれ가 있으며, 말하는 사람과 듣는 사람, 사물의 위치에 따라 잘 구별해서 사용해야 합니다.

말하는 사람 근처	듣는 사람 근처	둘 다에게 먼 곳	의문(부정칭)
これ 이것	それ 그것	あれ 저것	どれ 어느 것

+ 문법 조사 の (▶ p.113)

조사 の는 '~의'라는 뜻으로, 명사와 명사를 연결할 때 사용합니다.「명사+の+명사」 형태로 쓰며 앞의 명사가 뒤의 명사를 수식하여 명사 간의 '생산지', '재료', '소유물', '소속' 등의 관계를 나타냅니다. 이때 조사 の는 우리말로는 해석되지 않는 경우도 많습니다.

これは 日本(にほん)の お酒(さけ)です。あれは ドイツの 車(くるま)です。
이것은 일본 술입니다. 저것은 독일 차입니다. 생산지

それは お米(こめ)の お菓子(かし)です。 그것은 쌀 과자입니다. 재료

鈴木(すずき)さんの 財布(さいふ)は どれですか。 스즈키 씨의 지갑은 어느 것입니까? 소유물

彼(かれ)は さくら小学校(しょうがっこう)の 先生(せんせい)です。 그는 사쿠라 초등학교 선생님입니다. 소속

あなた 너, 당신
スマホ 스마트폰
お酒(さけ) 술
日本(にほん) 일본
ドイツ 독일
車(くるま) 차
お米(こめ) 쌀
お菓子(かし) 과자
財布(さいふ) 지갑
小学校(しょうがっこう) 초등학교
先生(せんせい) 선생님
たこ焼(や)き 다코야키
スーツケース 여행 가방

실력 쌓기 제시된 단어를 참고하여 일본어 문장을 완성해 보세요.

▶정답 p.258

1. 그것은 다코야키예요? (たこ焼(や)き)

　それは＿＿＿＿＿＿＿＿＿＿＿＿＿＿＿＿。

2. 하나 씨의 여행 가방은 어느 거예요? (スーツケース, どれ)

　ハナさん＿＿＿＿＿＿＿＿は＿＿＿＿＿＿＿＿＿＿。

04 ～じゃ(では) ないです ~이/가 아닙니다 〈명사의 부정 정중 표현〉

「～じゃ(では) ないです」는「～です」의 부정 표현입니다. じゃ는 では로, ないです는 ありません으로 바꾸어 쓸 수 있습니다.
「～じゃ(では) ないです」는 보통의 회화에서 많이 씁니다.「～じゃ(では) ありません」은 격식을 차려 이야기할 때, 좀 더 강하게 부정할 때, 글로 쓸 때 사용하면 좋습니다.
では는 격식을 차릴 때, じゃ는 주로 보통의 회화에서 많이 사용됩니다. ありません과 ないです의 경우 ありません 쪽이 부정의 의미가 강한 딱딱한 표현입니다. 즉, 일상회화에서는「～じゃ ないです」가 가장 자연스럽다고 할 수 있습니다. 이러한 경향은 나중에 배우는 형용사의 부정 표현에도 적용됩니다.

- ～じゃ ないです → ～では ないです → ～じゃ ありません → ～では ありません
  〈회화체(보통의 상황) → 문장체(격식을 차린 상황)〉

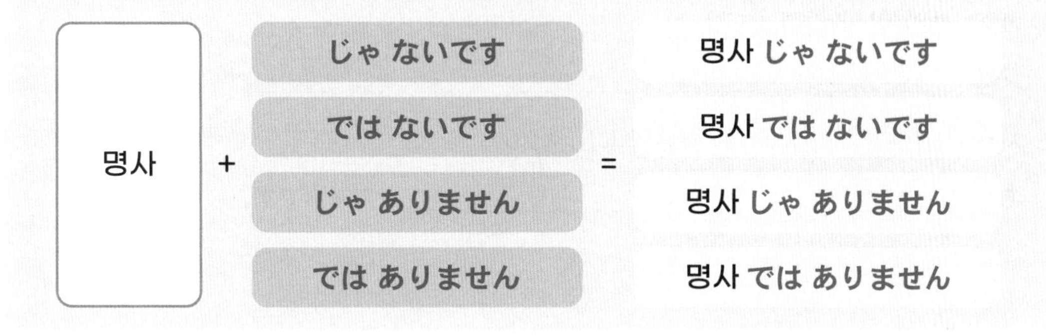

彼女(かのじょ)は シェフじゃ(では) ないです。
그녀는 셰프가 아닙니다.

この バスは 東京行(とうきょうゆ)きじゃ(では) ありません。
이 버스는 도쿄행이 아닙니다.

표현 명사 수식 지시어

この, その, あの, どの는 뒤에 오는 명사를 수식·한정하는 지시어입니다. 말하는 사람과 듣는 사람, 사물의 위치에 따라 구별해서 사용합니다.

말하는 사람 근처	듣는 사람 근처	둘 다에게 먼 곳	의문(부정칭)
この 이	その 그	あの 저	どの 어느

シェフ 셰프, 요리사
バス 버스
東京(とうきょう) 도쿄
～行(ゆ)き ~행

문법 「～が ないです」VS「～じゃ ないです」

「ないです」는 '없습니다'라는 뜻으로, '없다'라는 뜻의 형용사 ない에「～です」가 붙은 표현입니다.「ないです」앞에 어떤 조사가 오는지에 따라 의미가 달라지니 해석에 유의해야 합니다.

～が ないです (=～が ありません)	～じゃ(では) ないです (=～じゃ(では) ありません)
～이/가 없습니다	～이/가 아닙니다

車が ないです(=車が ありません)。차가 없습니다.

車じゃ(では) ないです(=車じゃ(では) ありません)。차가 아닙니다.

父 (나의) 아버지
タブレット 태블릿(PC)

실력 쌓기 제시된 단어를 참고하여 일본어 문장을 완성해 보세요.

▶정답 p.258

1. 아빠는 선생님이 아닙니다. (先生)

   父は＿＿＿＿＿＿＿＿＿＿＿＿＿＿＿＿。

2. 저것은 태블릿PC가 아닙니다. 스마트폰입니다. (タブレット)

   あれは＿＿＿＿＿＿＿＿＿＿＿＿＿＿＿＿。スマホです。

05 ～じゃ(では) ない ～이/가 아니다 <명사의 부정 반말 표현>

「～じゃ(では) ない」는 '～이/가 아니다'라는 뜻으로,「～じゃ(では) ありません」,「～じゃ(では) ないです」의 반말 표현이며, 동시에「～だ」의 부정 표현입니다.

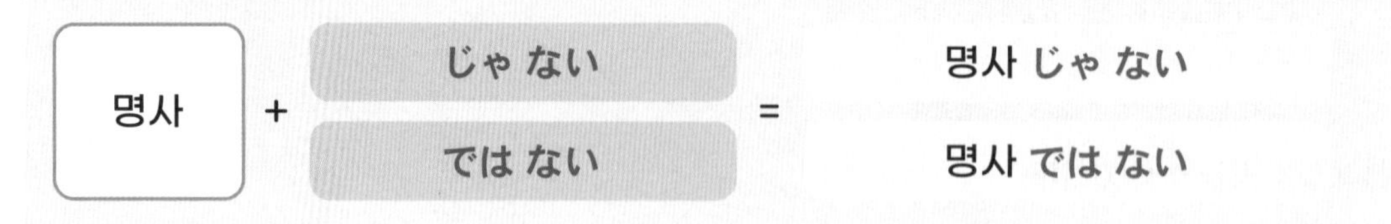

それは 歯ブラシじゃ(では) ない。
그것은 칫솔이 아니다.

あそこは 図書館じゃ(では) ない。学生食堂だ。
저곳은 도서관이 아니다. 학생 식당이다.

歯ブラシ 칫솔
図書館 도서관
学生食堂 학생 식당

표현 장소 지시 대명사

일본어 장소 지시 대명사에는 ここ, そこ, あそこ, どこ가 있으며 말하는 사람과 듣는 사람, 사물의 위치에 따라 잘 구별해서 사용해야 합니다.

말하는 사람 근처	듣는 사람 근처	둘 다에게 먼 곳	의문(부정칭)
ここ 여기	そこ 거기	あそこ 저기	どこ 어디

문법 「～が ない」 VS 「～じゃ ない」

「ない」는 형용사로 '없다'라는 뜻으로, 반대말은 동사 「ある(있다)」입니다. ない 앞에 어떠한 조사가 오는지에 따라 의미가 달라지므로 해석에 유의해야 합니다.

～が ない	～じゃ(では) ない
～이/가 없다	～이/가 아니다

ドローンが ない。 드론이 없다.

ドローンじゃ(では) ない。 드론이 아니다.

ドローン 드론
人(ひと) 사람
医者(いしゃ) 의사
店(みせ) 가게
店員(てんいん) 점원
店長(てんちょう) 점장

실력 쌓기 제시된 단어를 참고하여 일본어 문장을 완성해 보세요.

▶정답 p.258

1. 저 사람은 의사가 아니다. (医者(いしゃ))

   あの 人(ひと)は________________________________。

2. 그녀는 이 가게의 점원이 아니다. 점장이다. (店員(てんいん))

   彼女(かのじょ)は この 店(みせ)の____________________________。店長(てんちょう)だ。

06 ～のです / ～のじゃ ないです
～의 것입니다 / ～의 것이 아닙니다 〈대체 명사〉

앞에서 언급했거나 말하는 사람과 상대방 모두가 이미 알고 있는 명사를 가리킬 때, 중복을 피하기 위해 그 명사 대신 「～の」를 씁니다. 이때는 주로 '~(의) 것'으로 해석되며 바로 뒤에 です가 와서 「～のです(~의 것입니다)」의 형태로 사용되는 경우가 많습니다.

보통 ～の는 앞에 오는 사람의 소유물을 대신하지만, 생산지 등을 나타내기도 합니다. 「～のです」의 부정 표현은 「～のじゃ(では) ないです」 또는 「～のじゃ(では) ありません」으로 표현합니다.

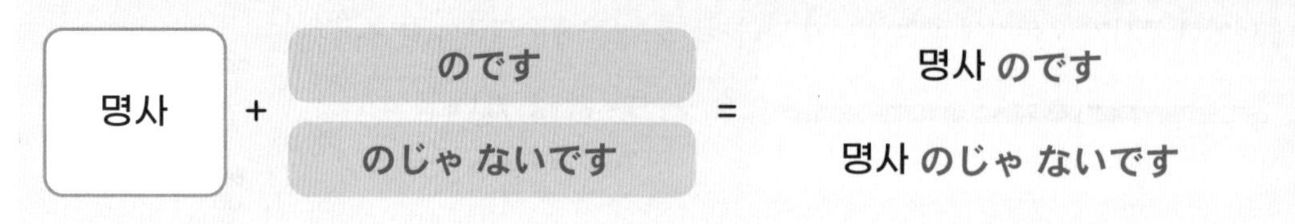

その ワッフルは 私(わたし)のです。
그 와플은 내 것입니다. **소유물**

あの かばんは フランスのです。
저 가방은 프랑스의 것(프랑스산 가방)입니다. **생산지**

この お酒(さけ)は 中国(ちゅうごく)のじゃ(では) ないです。
이 술은 중국의 것(중국산 술)이 아닙니다. **생산지**

この スマホは 木村(きむら)さんのじゃ(では) ありません。
이 스마트폰은 기무라 씨의 것이 아닙니다. **소유물**

A その 車(くるま)は あなたのですか。 그 차는 당신 거예요?

B いいえ、私(わたし)のじゃ ないです。父(ちち)のです。
아니요, 내 것이 아니에요. 아빠 거예요. **소유물**

- 私(わたし) 나, 저
- かばん 가방
- フランス 프랑스
- 中国(ちゅうごく) 중국
- コート 코트
- 靴(くつ) 신발
- スペイン 스페인

실력 쌓기 제시된 단어를 참고하여 일본어 문장을 완성해 보세요.

▶정답 p.258

1. 저 코트는 당신 것입니까? (あなた)

   あの コートは________________________。

2. 그 신발은 스페인산이 아닙니다. (スペイン)

   その 靴(くつ)は________________________。

07 ～でした ~(이)었습니다 <명사의 과거 정중 표현>

「～でした」는 「～です」의 과거 표현으로, 명사에 붙어 '~(이)었습니다'라고 해석됩니다. 「～でした」에 의문 조사 「～か」를 붙인 「～でしたか(~(이)었습니까?)」는 의문을 나타내는 표현입니다.

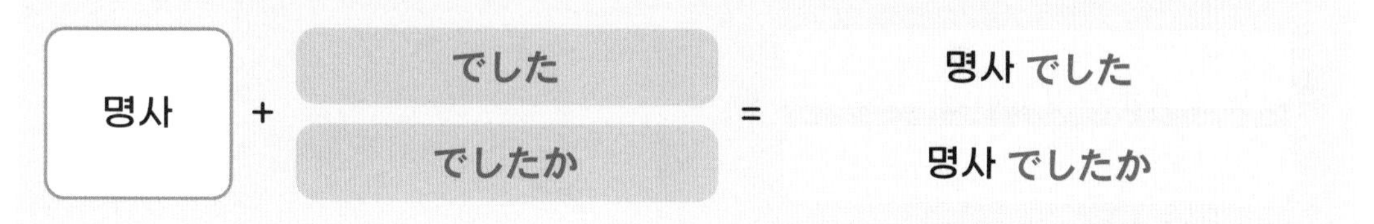

私(わたし)は パイロットでした。
나는 파일럿이었습니다.

水曜日(すいようび)は 休(やす)みでした。
수요일은 쉬는 날이었습니다.

彼女(かのじょ)は 軍人(ぐんじん)でしたか。
그녀는 군인이었습니까?

去年(きょねん)の 子供(こども)の日(ひ)は 何曜日(なんようび)でしたか。
작년 어린이날은 무슨 요일이었습니까?

パイロット 파일럿
水曜日(すいようび) 수요일
休(やす)み 휴일, 휴가
軍人(ぐんじん) 군인
去年(きょねん) 작년
子供(こども)の日(ひ) 어린이날
何曜日(なんようび) 무슨 요일
昨日(きのう) 어제
雨(あめ) 비
一昨日(おととい) 그저께

실력 쌓기 제시된 단어를 참고하여 일본어 문장을 완성해 보세요.

▶정답 p.258

1. 어제는 비였습니다(=비가 왔습니다). (雨(あめ))

   昨日(きのう)は＿＿＿＿＿＿＿＿＿＿＿＿＿＿＿＿＿＿＿＿。

2. 그저께는 무슨 요일이었어요? (何曜日(なんようび))

   一昨日(おととい)は＿＿＿＿＿＿＿＿＿＿＿＿＿＿＿＿＿＿＿＿。

08 ～だった ~(이)었다 <명사의 과거 반말 표현>

「～だった」는 「～でした」의 반말 표현이며, 동시에 「～だ」의 과거 표현입니다.

명사 + だった = 명사 だった

僕(ぼく)の 兄(あに)は スポーツ選手(せんしゅ)だった。
우리 형은 스포츠 선수였다.

木村(きむら)さんは 去年(きょねん)まで 課長(かちょう)だった。
기무라 씨는 작년까지 과장이었다.

昨日(きのう)は 水曜日(すいようび)だった。 今日(きょう)は 木曜日(もくようび)だ。
어제는 수요일이었다. 오늘은 목요일이다.

あの 部屋(へや)は 会議室(かいぎしつ)だった。 今(いま)は 社長室(しゃちょうしつ)だ。
저 방은 회의실이었다. 지금은 사장실이다.

僕(ぼく) 나, 저
兄(あに) (나의) 형, 오빠
スポーツ選手(せんしゅ) 스포츠 선수
課長(かちょう) 과장(님)
今日(きょう) 오늘
木曜日(もくようび) 목요일
部屋(へや) 방
会議室(かいぎしつ) 회의실
今(いま) 지금
社長室(しゃちょうしつ) 사장실
学校(がっこう) 학교
自転車(じてんしゃ) 자전거

실력 쌓기 제시된 단어를 참고하여 일본어 문장을 완성해 보세요.

▶정답 p.258

1. 저곳은 학교였다. (学校(がっこう))

あそこは＿＿＿＿＿＿＿＿＿＿＿＿＿＿＿＿＿。

2. 그 자전거는 내 것이었다. (私(わたし))

その 自転車(じてんしゃ)は＿＿＿＿＿＿＿＿＿＿＿＿＿＿＿。

09 ～じゃ(では) なかったです
～이/가 아니었습니다 <명사의 과거 부정 정중 표현>

「～じゃ(では) なかったです」는 「～じゃ(では) ないです」의 과거 표현이며, 동시에 「～でした」의 부정 표현입니다. 「～じゃ(では) なかったです」와 같은 의미로 「～じゃ(では) ありませんでした」를 쓸 수 있습니다.

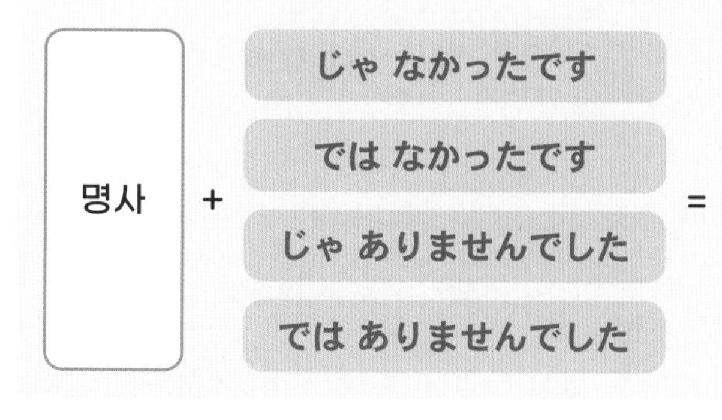

=

명사 じゃ なかったです
명사 では なかったです
명사 じゃ ありませんでした
명사 では ありませんでした

彼(かれ)は 部長(ぶちょう)じゃ なかったです。
그는 부장이 아니었습니다.

去年(きょねん)は 会社員(かいしゃいん)では なかったです。
작년에는 회사원이 아니었습니다.

昨日(きのう)は 土曜日(どようび)じゃ ありませんでした。
어제는 토요일이 아니었습니다.

ここは 営業部(えいぎょうぶ)では ありませんでした。
여기는 영업부가 아니었습니다.

土曜日(どようび) 토요일
営業部(えいぎょうぶ) 영업부
犯人(はんにん) 범인
花屋(はなや) 꽃집

실력 쌓기 제시된 단어를 참고하여 일본어 문장을 완성해 보세요.

▶정답 p.258

1. 범인은 그가 아니었습니다. (彼(かれ))

 犯人(はんにん)は______________________________。

2. 여기는 꽃집이 아니었습니다. (花屋(はなや))

 ここは______________________________。

10 ～じゃ(では) なかった ~이/가 아니었다 <명사의 과거 부정 반말 표현>

「～じゃ(では) なかった」는 명사의 과거 부정 반말 표현으로, 「～だった」의 부정 표현입니다. 명사의 과거 부정 정중 표현인 「～じゃ(では) なかったです」에서 です를 뺀 형태입니다.

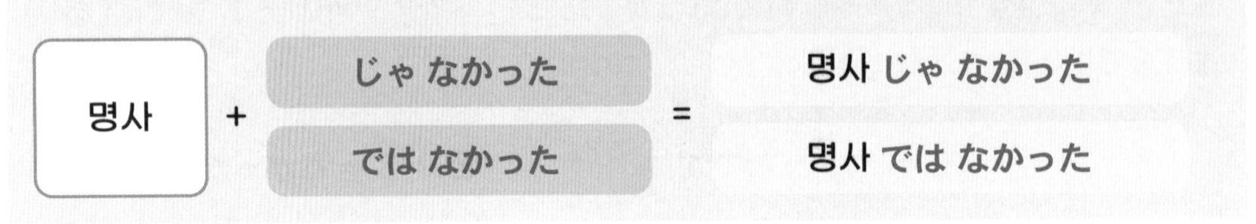

課長(かちょう)じゃ なかった。
과장이 아니었다.

あれは ソファじゃ なかった。ベッドだった。
저것은 소파가 아니었다. 침대였다.

あそこは 駐車場(ちゅうしゃじょう)では なかった。
저곳은 주차장이 아니었다.

彼(かれ)は 先生(せんせい)では なかった。
그는 선생님이 아니었다.

ソファ 소파
ベッド 침대
駐車場(ちゅうしゃじょう) 주차장
約束(やくそく) 약속
居酒屋(いざかや) 이자카야, 선술집
カフェ 카페

실력 쌓기 제시된 단어를 참고하여 일본어 문장을 완성해 보세요.

▶정답 p.258

1. 약속은 오늘이 아니었다. 어제였다. (今日(きょう))

   約束(やくそく)は____________________。昨日(きのう)だった。

2. 그곳은 이자카야가 아니었다. 카페였다. (居酒屋(いざかや))

   そこは____________________。カフェだった。

11 ～で ~(이)고 <명사의 연결형>

「～で」는 '~(이)고'라는 뜻으로, 앞 문장과 뒤 문장을 이어주는 역할을 합니다. 「명사+です」로 이루어진 문장 두 개를 연결할 경우, 앞 문장을 「명사+で」로 바꾸어서 뒤 문장과 연결할 수 있습니다.

명사 + で = 명사 で

彼は韓国人で、彼女は中国人です。
그는 한국 사람이고, 그녀는 중국 사람입니다.

これは水で、それはお酒です。
이것은 물이고, 그것은 술입니다.

木村さんは部長で、田中さんは課長です。
기무라 씨는 부장이고, 다나카 씨는 과장입니다.

そこは美容院で、あそこは病院です。
거기는 미용실이고, 저기는 병원입니다.

韓国人 한국인
中国人 중국인
水 물
美容院 미용실
病院 병원
スコーン 스콘
クッキー 쿠키
アウトドア派 활동적인 사람
インドア派 집돌(순)이

실력 쌓기 제시된 단어를 참고하여 일본어 문장을 완성해 보세요.

▶정답 p.258

1. 저것은 스콘이고, 이것은 쿠키입니다. (スコーン)

   あれは＿＿＿＿＿＿＿＿＿＿＿＿＿＿、これは クッキーです。

2. 그녀는 활동적인 사람이고, 나는 집돌이다. (アウトドア派)

   彼女は＿＿＿＿＿＿＿＿＿＿＿＿＿＿、僕は インドア派だ。

12 ～じゃ(では) なくて ~이/가 아니고 <명사의 부정 연결형>

「명사+だ」의 ～だ를 부정 반말 표현의 연결형인 「～じゃ(では) なくて」로 바꾸면 명사의 부정 연결형이 됩니다. 경우에 따라 「～じゃ(では) なく」의 형태로 て를 생략하고 쓰기도 합니다.

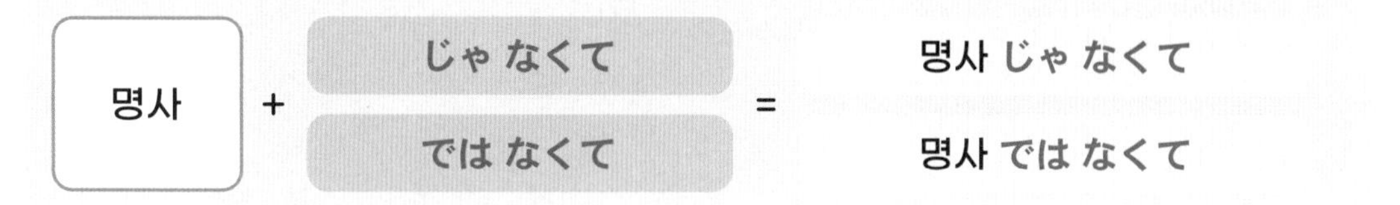

これは豚肉じゃ なくて、牛肉です。
이것은 돼지고기가 아니고, 소고기입니다.

その俳優は日本人じゃ なく中国人です。
그 배우는 일본인이 아니고, 중국인입니다.

この電車は急行ではなくて、特急です。
이 전철은 급행이 아니고, 특급입니다.

彼は学生ではなく先生です。
그는 학생이 아니고, 선생님입니다.

豚肉 돼지고기
牛肉 소고기
俳優 배우
電車 전철
急行 급행
特急 특급
～時 ~시
公務員 공무원

실력 쌓기 제시된 단어를 참고하여 일본어 문장을 완성해 보세요.

▶정답 p.258

1. 약속은 10시가 아니고, 11시입니다. (10時)

約束は＿＿＿＿＿＿＿＿＿＿＿＿＿＿＿＿＿＿＿＿11時です。

2. 아빠는 은행원이 아니고, 공무원입니다. (銀行員)

父は＿＿＿＿＿＿＿＿＿＿＿＿＿＿＿＿＿＿＿＿公務員です。

13 의문사＋ですか <의문사 의문문>

다양한 의문사와 의문 조사 「～か」가 한 문장에서 사용되어 의문사 의문문을 만들기도 합니다.

시간·장소·사람 의문사		
물건·방법·선택·방향 의문사	+	ですか
정도·수량·이유 의문사		

1 いつ 언제

「いつ」는 '어느 때'인지를 물을 때 사용합니다.

出発は いつですか。 출발은 언제예요?

お誕生日は いつですか。 생일은 언제예요?

2 どこ 어디

「どこ」는 장소가 '어디'인지를 물을 때 사용합니다.

すみません。トイレは どこですか。 실례합니다. 화장실은 어디예요?

地下鉄の 駅は どこに ありますか。 지하철역은 어디에 있나요?

3 誰 / 誰の 누구/누구의

「誰」는 '모르는 사람'이나 '정해지지 않은 어떤 사람'을 가리킬 때 사용합니다.

あの 人は 誰ですか。 저 사람은 누구예요?

これは 誰の プリンですか。 이것은 누구의 푸딩이에요?

出発 출발
お誕生日 생일
トイレ 화장실
地下鉄 지하철
駅 역
プリン 푸딩

4 何 무엇

「何」은 막연하게 제시되는 것 중에 '무엇'을 물을 때 사용합니다. 뒤에 붙는 조사나 명사에 따라서 なに라고 읽기도 합니다.

これは 何ですか。 이것은 뭐예요?

今日は、何を 買いますか。 오늘은 무엇을 살 거예요?

5 どう 어떻게

「どう」는 '어떻게'라는 뜻으로, '어떤 방법이나 방식으로', '어떤 모양이나 형편으로'라는 뜻을 나타냅니다.

これは どう 使いますか。 이것은 어떻게 사용하나요?

地下鉄の 駅は どう 行けば いいですか。 지하철역은 어떻게 가면 되나요?

6 どれ 어느 것

「どれ」는 세 개 이상 제시된 것 중에 '어느 것'을 선택할지를 물을 때 사용합니다.

どれが おすすめですか。 어느 것을 추천하시나요?

この 中で どれを 買いますか。 이 중에 어느 것을 살 거예요?

この 中で あなたの 帽子は どれですか。
이 중에서 당신 모자는 어느 것이에요?

7 どちら 어느 쪽, 어디

① 제시된 둘 중에 '어느 쪽'을 선택할지를 물을 때 사용합니다.

あなたの 帽子は どちらですか。 당신 모자는 어느 쪽이에요?

この 二つの 中で、どちらを 買いますか。
이 둘 중에 어느 쪽(무엇)을 살 거예요?

② 방향이 '어느 쪽'인지를 물을 때 사용합니다.

東京駅は どちらですか。 도쿄역은 어느 쪽(어느 방향)이에요?

③ 장소가 '어디'인지를 정중하게 물을 때 사용합니다. (どこ의 정중어)

お国は どちらですか。 출신 국가(고향)는 어디십니까?

東京駅は どちらですか。 도쿄역은 어디예요?

買う 사다
使う 사용하다
行く 가다
おすすめ 추천
中 안, 중
帽子 모자
二つ 두 개
東京駅 도쿄역
お国 고국, 출신지

8 どの 어느

「どの」는 여럿 중에서 정해지지 않은 것을 가리키거나, 수나 양이 얼마쯤 되는지 물을 때 사용합니다.

あなたの 年収(ねんしゅう)は どのくらいですか。
당신 연봉은 어느 정도입니까?

どの 国(くに)でも 大都市(だいとし)に 人口(じんこう)が 集中(しゅうちゅう)して います。
어느 나라든지 대도시에 인구가 집중되어 있습니다.

9 いくつ 몇 개, 몇 살

「いくつ」는 잘 모르는 수를 물을 때 사용합니다.

りんごは いくつ ありますか。
사과는 몇 개 있어요?

今(いま)、おいくつですか。
지금 몇 살이에요?

10 いくら 얼마

「いくら」는 수량이나 정도, 값을 모를 때 사용합니다.

この マカロン、一(ひと)つ いくらですか。
이 마카롱, 하나에 얼마예요?

11 どんな 어떤

「どんな」는 사람이나 사물의 상태, 성질, 정도 등의 특징을 물어볼 때 사용합니다.

彼氏(かれし)は どんな 人(ひと)ですか。 남자 친구는 어떤 사람이에요?

この スープは どんな 味(あじ)ですか。 이 수프(국물)는 어떤 맛이에요?

12 どうして(=なぜ) 왜, 어째서

「どうして」는 이유나 원인에 대한 의문을 나타낼 때 사용합니다.

どうして 今日(きょう)は 会社(かいしゃ)に 行(い)きませんか。 어째서 오늘은 회사에 안 가요?

なぜ この 会社(かいしゃ)を 選(えら)びましたか。 왜 이 회사를 선택했나요?

年収(ねんしゅう) 연봉
国(くに) 나라
大都市(だいとし) 대도시
人口(じんこう) 인구
集中(しゅうちゅう)する 집중하다, 집중되다
りんご 사과
マカロン 마카롱
一(ひと)つ 한 개, 하나
彼氏(かれし) 그, 남자 친구
スープ 수프, 국
味(あじ) 맛
会社(かいしゃ) 회사
選(えら)ぶ 고르다

표현 방향 지시 대명사

방향 지시 대명사는 화자와 가리키는 방향과의 거리 차이에 따라 다음과 같이 나누어집니다.

말하는 사람 근처	듣는 사람 근처	둘 다에게 먼 곳	의문(부정칭)
こちら(こっち) 이쪽, 여기	そちら(そっち) 그쪽, 거기	あちら(あっち) 저쪽, 저기	どちら(どっち) 어느 쪽, 어디

こちらへ どうぞ。
이쪽으로 오시지요.

エレベーターは そちらに あります。
엘리베이터는 그쪽에 있습니다.

お出口(でぐち)は あちらです。
출구는 저쪽입니다.

エレベーター 엘리베이터
出口(でぐち) 출구
お住(す)まい 사는 곳
仕事(しごと) 일, 직업

실력 쌓기 알맞은 의문사를 사용하여 일본어 문장을 완성해 보세요.

▶정답 p.259

1. 어디 사세요?
   お住(す)まいは ______________________________。
2. 무슨 일을 하나요?
   お仕事(しごと)は ______________________________。
3. 출신 국가는 어디예요?
   お国(くに)は ______________________________。

UNIT 02 い형용사

'형용사'는 사물의 성질이나 상태, 모양, 속성 등을 나타내거나 사람의 성질, 감정 등을 나타내는 말입니다. 일본어의 형용사에는 'い형용사'와 'な형용사'가 있습니다. 여기에서는 먼저 い형용사를 공부하겠습니다.

01 ～い ~(하)다 <い형용사의 기본형/명사 수식형>

い형용사란 기본형의 어미가 い로 끝나는 형용사입니다. い형용사는 뒤에 오는 명사를 수식할 때(명사 수식형)에도 형태가 바뀌지 않습니다.

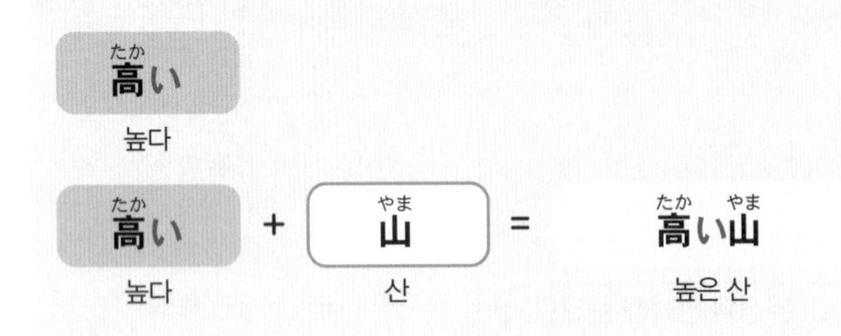

この キムチは 辛(から)い。[辛(から)い]
이 김치는 맵다.

彼(かれ)は お酒(さけ)に 強(つよ)い。[強(つよ)い]
그는 술이 세다.

みゆきさんは 優(やさ)しい 人(ひと)です。[優(やさ)しい]
미유키 씨는 상냥한 사람입니다.

昨日(きのう)は いい 天気(てんき)でした。[いい]
어제는 좋은 날씨였습니다(날씨가 좋았습니다).

- キムチ 김치
- 辛(から)い 맵다
- 強(つよ)い 세다
- 優(やさ)しい 상냥하다
- いい 좋다
- 天気(てんき) 날씨
- 風(かぜ) 바람
- 秋(あき) 가을
- 食(た)べ物(もの) 음식
- おいしい 맛있다
- 季節(きせつ) 계절

실력 쌓기 제시된 단어를 참고하여 일본어 문장을 완성해 보세요.

▶정답 p.259

1. 오늘은 바람이 세다. (強(つよ)い)

   今日(きょう)は 風(かぜ)が ______________________________。

2. 가을은 음식이 맛있는 계절이다. (おいしい)

   秋(あき)は 食(た)べ物(もの)が ______________________________季節(きせつ)だ。

02 ～です ~(습)니다 〈い형용사의 긍정 정중 표현〉

い형용사의 기본형에 「～です」를 붙이면 い형용사의 긍정 정중 표현이 됩니다.

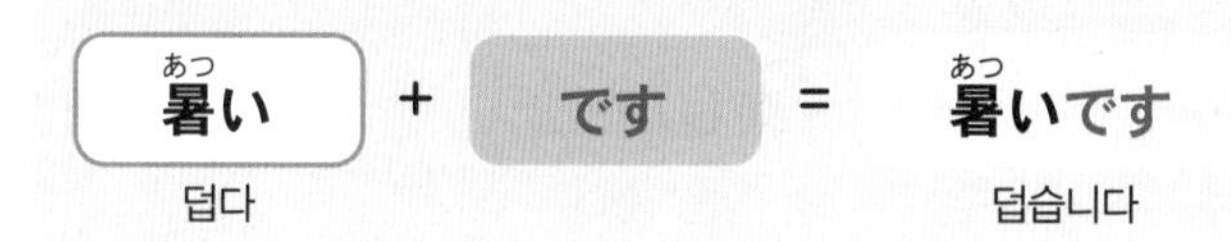

このパンは おいしいです。[おいしい]
이 빵은 맛있습니다.

ショッピングは 楽(たの)しいです。[楽(たの)しい]
쇼핑은 즐겁습니다.

今日(きょう)は とても 寒(さむ)いですね。[寒(さむ)い]
오늘은 무척 춥네요.

あの 人(ひと)の 話(はなし)は いつも 面白(おもしろ)いです。[面白(おもしろ)い]
저 사람의 이야기는 언제나 재미있습니다.

パン 빵
ショッピング 쇼핑
楽(たの)しい 즐겁다
とても 매우, 무척
寒(さむ)い 춥다
話(はなし) 이야기
いつも 항상
面白(おもしろ)い 재미있다
弱(よわ)い 약하다
家(いえ) 집
お風呂場(ふろば) 욕실
広(ひろ)い 넓다

실력 쌓기 제시된 단어를 참고하여 일본어 문장을 완성해 보세요.

▶정답 p.259

1. 나는 술에 약합니다. (弱(よわ)い)

   私(わたし)は お酒(さけ)に______________________________。

2. 이 집은 욕실이 매우 넓습니다. (広(ひろ)い)

   この 家(いえ)は お風呂場(ふろば)が とても______________________。

03 ～かった ~었(았)다 <い형용사의 과거 반말 표현>

い형용사를 과거 반말 표현으로 만들려면 어미 い를 빼고 「～かった」를 붙입니다.

楽しい → 楽し + かった = 楽しかった

즐겁다 → 즐거웠다

その 本は とても 厚かった。[厚い]
그 책은 매우 두꺼웠다.

あの 映画は すごく 面白かった。[面白い]
저 영화는 무척 재미있었다.

ホテルの 朝食は おいしかった。[おいしい]
호텔 조식은 맛있었다.

문법 いい·よい(좋다)의 과거형

いい·よい는 과거형으로 바꿀 때 「いい」가 아니라 「よい」에서만 활용합니다. 따라서 いい·よい의 과거형은 「よかった」입니다.

暑かったが、風が 気持ちよかった。
더웠지만, 바람이 기분 좋았다.

部長の スピーチは、とても よかった。
부장님의 스피치는 매우 좋았다.

- 本 책
- 厚い 두껍다
- 映画 영화
- すごく 몹시, 굉장히
- ホテル 호텔
- 朝食 조식
- 暑い 덥다
- 気持ちいい 기분 좋다
- よい 좋다
- スピーチ 스피치, 발표
- からし 겨자
- けっこう 꽤, 제법
- ズボン 바지
- ウエスト 허리
- ゆるい 헐렁하다

실력 쌓기 제시된 단어를 참고하여 일본어 문장을 완성해 보세요.

▶정답 p.259

1. 겨자가 꽤 매웠다. (辛い)

   からしが けっこう ______________________________。

2. 바지 허리가 헐렁했다. (ゆるい)

   ズボンの ウエストが ______________________________。

04 ～かったです ～었(았)습니다 <い형용사의 과거 정중 표현>

い형용사의 과거형은 어미 い를 빼고 「～かった」를 붙입니다. 정중하게 말하려면 「～かった」 뒤에 「～です」만 붙이면 됩니다.

厚(あつ)い → 厚(あつ) + かったです = 厚(あつ)かったです

두껍다 → 두꺼웠습니다

週末(しゅうまつ)は 家事(かじ)で 忙(いそが)しかったです。[忙(いそが)しい]
주말은 집안일로 바빴습니다.

その 魚(さかな)は 骨(ほね)が 少(すく)なかったです。[少(すく)ない]
그 생선은 가시가 적었습니다.

この 夏(なつ)は、雨(あめ)が 多(おお)かったです。[多(おお)い]
이번 여름은 비가 많았습니다.

＋문법 いい·よい(좋다)의 과거 정중 표현

いい·よい의 과거 정중 표현도 「いい」가 아니라 「よい」에서만 활용합니다. 따라서 いい·よい의 과거형인 よかった에 그대로 「～です」만 붙여 「よかったです」로 만들면 됩니다.

天気(てんき)は とても よかったです。
날씨는 매우 좋았습니다.

先月(せんげつ)の 会社(かいしゃ)の 売(う)り上(あ)げが すごく よかったです。
지난달 회사 매상이 굉장히 좋았습니다.

週末(しゅうまつ) 주말
家事(かじ) 집안일
忙(いそが)しい 바쁘다
魚(さかな) 생선
骨(ほね) 뼈, 가시
少(すく)ない 적다
夏(なつ) 여름
多(おお)い 많다
先月(せんげつ) 지난달
売(う)り上(あ)げ 매상
教室(きょうしつ) 교실
暖(あたた)かい (기온 등이) 따뜻하다
安(やす)い 싸다

실력 쌓기 제시된 단어를 참고하여 일본어 문장을 완성해 보세요.

▶정답 p.259

1. 교실 안은 따뜻했습니다. (暖(あたた)かい)
   教室(きょうしつ)の 中(なか)は ______________________________。

2. 오늘은 돼지고기가 저렴했습니다. (安(やす)い)
   今日(きょう)は 豚肉(ぶたにく)が ______________________________。

05 ～く ない ~(하)지 않다 <い형용사의 부정 반말 표현>

い형용사의 어미 い를 く로 바꾸고, 부정을 뜻하는 ない를 붙여서 「～く ない」의 형태로 만들면 い형용사의 부정 표현이 됩니다.

軽(かる)い → 軽(かる)く + ない = 軽(かる)く ない

가볍다 → 가볍지 않다

事務室(じむしつ)は 狭(せま)く ない。[狭(せま)い]

사무실은 좁지 않다.

一人飯(ひとりめし)も 悪(わる)く ない。[悪(わる)い]

혼밥도 나쁘지 않다.

あの 荷物(にもつ)は 重(おも)く ない。[重(おも)い]

저 짐은 무겁지 않다.

今頃(いまごろ) 北海道(ほっかいどう)は 暑(あつ)く ない。[暑(あつ)い]

지금쯤 홋카이도는 덥지 않다.

事務室(じむしつ) 사무실
狭い(せま) 좁다
一人飯(ひとりめし) 혼자 먹는 밥
悪い(わる) 나쁘다
荷物(にもつ) 짐
重い(おも) 무겁다
今頃(いまごろ) 지금쯤
北海道(ほっかいどう) 홋카이도
近い(ちか) 가깝다
ぬるい 미지근하다
ビール 맥주

실력 쌓기 제시된 단어를 참고하여 일본어 문장을 완성해 보세요.

▶정답 p.259

1. 집은 역에서 가깝지 않다. (近(ちか)い)

   家(いえ)は 駅(えき)から ________________。

2. 미지근한 맥주는 맛있지 않다. (おいしい)

   ぬるい ビールは ________________。

06 ～く ないです / ～く ありません
~(하)지 않습니다 <い형용사의 부정 정중 표현>

い형용사의 부정 반말 표현인 「～く ない」를 정중하게 표현하려면 ない 뒤에 「～です」를 붙여서 「～く ないです」라고 하거나, ないです를 ありません으로 바꿔 「～く ありません」이라고 합니다.

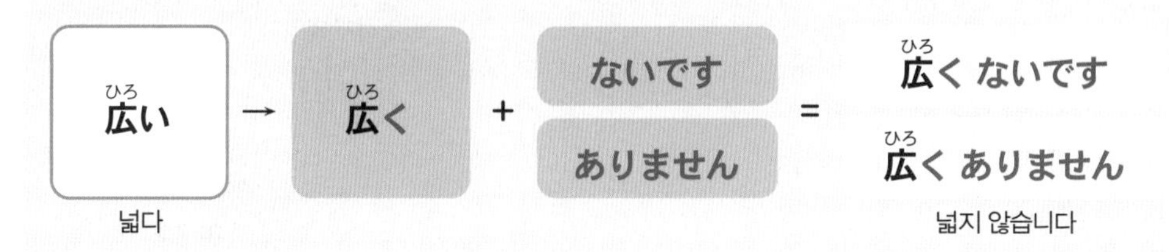

あの メロンは 甘く ないです。[甘い]
저 멜론은 달지 않습니다.

今日は 暑く ないですね。[暑い]
오늘은 덥지 않네요.

寿司は 安く ありません。[安い]
초밥은 싸지 않습니다.

この 薬は 副作用が 少なく ありません。[少ない]
이 약은 부작용이 적지 않습니다.

메론 멜론
甘い 달다
寿司 초밥
薬 약
副作用 부작용
ドラマ 드라마
高校生 고등학생
睡眠時間 수면 시간
長い 길다

문법 いい·よい(좋다)의 부정 표현

いい·よい의 부정 표현도 「いい」가 아니라 「よい」에서만 활용합니다. 따라서 いい·よい의 부정 표현은 「よく ない」이고, 부정형 정중 표현은 「よく ないです / よく ありません」입니다.

실력 쌓기 제시된 단어를 참고하여 일본어 문장을 완성해 보세요.

▶정답 p.259

1. 이 드라마는 재미없습니다. (面白い)

   この ドラマは＿＿＿＿＿＿＿＿＿＿＿＿＿＿＿＿。

2. 고등학생은 수면 시간이 길지 않습니다. (長い)

   高校生は 睡眠時間が＿＿＿＿＿＿＿＿＿＿＿＿＿＿＿＿。

07 ～く なかった ~(하)지 않았다 <い형용사의 과거 부정 반말 표현>

い형용사의 부정 표현인 「～く ない」를 과거 표현으로 만들려면 ない를 なかった로 고쳐서 「～く なかった」로 만들면 됩니다.

暖(あたた)かい → 暖(あたた)かく ＋ なかった ＝ 暖(あたた)かく なかった

따뜻하다 → 따뜻하지 않았다

先週(せんしゅう)は 忙(いそが)しく なかった。[忙(いそが)しい]

지난주는 바쁘지 않았다.

あの メロンは 甘(あま)く なかった。[甘(あま)い]

저 멜론은 달지 않았다.

今年(ことし)の 冬(ふゆ)は 寒(さむ)く なかった。[寒(さむ)い]

올겨울은 춥지 않았다.

この アニメは 全然(ぜんぜん) 面白(おもしろ)く なかった。[面白(おもしろ)い]

이 애니메이션은 전혀 재미있지 않았다.

先週(せんしゅう) 지난주
今年(ことし) 올해
冬(ふゆ) 겨울
アニメ 애니메이션
全然(ぜんぜん) 전혀
苦(にが)い 쓰다
国語(こくご) 국어
期末(きまつ)テスト 기말고사
難(むずか)しい 어렵다

실력 쌓기 제시된 단어를 참고하여 일본어 문장을 완성해 보세요.

▶정답 p.259

1. 이 약은 쓰지 않았다. (苦(にが)い)

   この 薬(くすり)は＿＿＿＿＿＿＿＿＿＿＿＿＿＿＿＿＿＿。

2. 국어 기말고사는 어렵지 않았다. (難(むずか)しい)

   国語(こくご)の 期末(きまつ)テストは＿＿＿＿＿＿＿＿＿＿＿＿＿＿＿＿＿＿。

08 ～く なかったです / ～く ありませんでした

～(하)지 않았습니다 <い형용사의 과거 부정 정중 표현>

い형용사의 과거 부정 정중 표현은, い형용사의 과거 부정 표현인「～く なかった」에 정중 표현인「～です」를 붙여「～く なかったです」로 만듭니다. 이때 なかったです는 동일한 표현인 ありませんでした로 바꾸어「～く ありませんでした」로 만들어도 됩니다.

電車の 中は 人が 多く なかったです(=多く ありませんでした)。[多い]
전철 안에는 사람이 많지 않았습니다.

東京は 暑く なかったです(=暑く ありませんでした)。[暑い]
도쿄는 덥지 않았습니다.

昨日は 天気が よく なかったです(=よく ありませんでした)。[よい]
어제는 날씨가 좋지 않았습니다.

➕ 문법 い형용사의 과거 부정 정중 표현

「～く ない」에 과거 정중 표현인「～でした」를 붙여 くないでした로 만들거나, 또는 과거 표현인「た」를 중복해서 くなかったでした로 만들면 틀린 표현이 되므로 주의하세요.

달지 않았습니다 → (○) 甘く なかったです / 甘く ありませんでした
(×) 甘く ないでした / 甘く なかったでした

地震 지진
会食 회식

실력 쌓기 제시된 단어를 참고하여 일본어 문장을 완성해 보세요.

▶정답 p.259

1. 올해는 지진이 많지 않았습니다. (多い)
   今年は 地震が ______________________________。

2. 어제 회식은 즐겁지 않았습니다. (楽しい)
   昨日の 会食は ______________________________。

09 ～くて ~(하)고, ~(해)서 <い형용사의 연결형(て형)>

い형용사의 연결형(て형)은 기본형의 어미 い를 く로 바꾸고 て를 붙여서 만듭니다. '~(하)고, ~(해)서'라고 해석되며 문장의 중지, 열거, 원인 등의 의미를 나타냅니다.

冷たい	→	冷たく	+	て	=	冷たくて
차다						차고, 차서

夏は暑くて、冬は寒いです。[暑い]
여름은 덥고 겨울은 춥습니다.

この肉は柔らかくておいしいです。[柔らかい]
이 고기는 부드럽고 맛있습니다.

家が駅から遠くて家賃は高くないです。[遠い]
집이 역에서 멀어서 집세는 비싸지 않습니다.

彼女はかわいくてきれいです。[かわいい]
그녀는 귀엽고 예쁩니다.

문법 いい·よい(좋다)의 て형

いい·よい는 て형으로 바꾸어 '좋고, 좋아서'를 나타낼 때 「いい」가 아니라 「よい」에서만 활용합니다. 따라서 いい·よい의 て형은 「よくて」입니다.

今日は天気もよくて、風も涼しいです。
오늘은 날씨도 좋고, 바람도 시원합니다.

문법 ～くて의 기본적 의미 용법

① 문장의 중지 또는 앞 문장과 뒤 문장의 대비 관계 [~(하)고]
夏は暑くて、冬は寒いです。여름은 덥고 겨울은 춥습니다.

② 원인·이유 [~(해)서]
空気がよくて、気持ちがいいです。공기가 좋아서 기분이 좋습니다.

③ 병렬 [~(하)고]
この本は厚くて重いです。이 책은 두껍고 무겁습니다.

肉 고기
柔らかい 부드럽다
遠い 멀다
家賃 집세
高い 높다, 비싸다
かわいい 귀엽다
きれいだ 예쁘다, 깨끗하다
涼しい 시원하다
空気 공기
気持ち 마음, 기분
固い 딱딱하다
まずい 맛없다
辺り 주변
海 바다
深い 깊다
危ない 위험하다

실력 쌓기 제시된 단어를 참고하여 일본어 문장을 완성해 보세요.

▶정답 p.259

1. 이 빵은 딱딱하고 맛없습니다. (固(かた)い)

   このパンは＿＿＿＿＿＿＿＿＿＿＿＿＿＿まずいです。

2. 이 주변은 바다가 깊어서 위험합니다. (深(ふか)い)

   この辺(あた)りは海(うみ)が＿＿＿＿＿＿＿＿＿＿＿＿＿＿危(あぶ)ないです。

10 ～く なくて ~(하)지 않고, ~(하)지 않아서 <い형용사의 부정 연결 표현>

い형용사의 부정 연결 표현인, 「～く なくて」는 い형용사의 부정 표현인 「～く ない」에 연결 표현인 「～くて」를 붙여 만듭니다.

甘(あま)く ない + くて = 甘(あま)く なくて

달지 않다 → 달지 않고, 달지 않아서

この生(なま)ハムはしょっぱく なくて おいしいです。[しょっぱい]
이 생햄은 짜지 않고 맛있습니다.

うちのキッチンは狭(せま)く なくて、明(あか)るいです。[狭(せま)い]
우리 집 주방은 좁지 않고 밝습니다.

このキムチなべは辛(から)く なくて ちょうど いいです。[辛(から)い]
이 김치찌개는 맵지 않고 딱 좋습니다.

このコードレス掃除機(そうじき)は値段(ねだん)が高(たか)く なくて、コスパは いいです。[高(たか)い]
이 무선 청소기는 값이 비싸지 않아서 가성비는 좋습니다.

- 生(なま)ハム 생햄
- しょっぱい 짜다
- うち 우리, 우리 집
- キッチン 주방
- 明(あか)るい 밝다
- キムチなべ 김치찌개
- ちょうどいい 딱 알맞다
- コードレス掃除機(そうじき) 무선 청소기
- 値段(ねだん) 가격
- コスパ 가성비, 비용 대비 효과
- 大丈夫(だいじょうぶ)だ 괜찮다
- エアコン 에어컨

실력 쌓기 제시된 단어를 참고하여 일본어 문장을 완성해 보세요.

▶정답 p.259

1. 짐이 무겁지 않아서 괜찮습니다. (重(おも)い)

   荷物(にもつ)が＿＿＿＿＿＿＿＿＿＿＿＿＿＿大丈夫(だいじょうぶ)です。

2. 이 방은 덥지 않아서 에어컨이 없다. (暑(あつ)い)

   この部屋(へや)は＿＿＿＿＿＿＿＿＿＿＿＿＿＿、エアコンがない。

11 ～く+동사 ~(하)게+동사, ~(아)어+동사 <い형용사의 동사 수식형>

い형용사는 뒤에 오는 동사를 수식할 때 어미 い를 く로 바꿔 줍니다.

大きい	→	大きく	+	切る	=	大きく 切る
크다		크게		자르다		크게 자르다

風が 強く なりました。[強い]
바람이 강해졌습니다.

来月から 家賃が 高く なります。[高い]
다음 달부터 집세가 비싸집니다.

人気ブランドの バッグを 安く 買う。[安い]
인기 브랜드의 가방을 싸게 산다.

スマホの 文字を 大きく する。[大きい]
스마트폰의 문자를 크게 한다.

来月 다음 달
人気ブランド 인기 브랜드
バッグ 가방
文字 문자
する 하다
目 눈
返信 답장
遅い 늦다
ドア 문
鍵 열쇠
新しい 새롭다
作る 만들다

+ 문법 いい·よい(좋다)의 동사 수식형

いい·よい는 뒤에 오는 동사를 수식할 때「いい」가 아니라「よい」에서만 활용합니다. 따라서 いい·よい의 동사 수식형은「よく」입니다.

これは 目を よく する 薬です。이것은 눈을 좋게 하는 약입니다.

실력 쌓기 제시된 단어를 참고하여 일본어 문장을 완성해 보세요.

▶정답 p.259

1. 답장이 늦어져서 죄송합니다. (遅い)

   返信が＿＿＿＿＿＿＿＿＿＿＿＿なって、ごめんなさい。

2. 문의 열쇠를 새로 만들었습니다. (新しい)

   ドアの 鍵を＿＿＿＿＿＿＿＿＿＿＿＿作りました。

UNIT 03 な형용사

な형용사란 기본형의 어미가 だ로 끝나는 형용사입니다. な형용사는 뒤에 오는 명사를 수식할 때 어미 だ가 な로 바뀌기 때문에 な형용사라고 부릅니다. い형용사와 달리 기본형과 명사 수식형의 활용 어미가 다르다는 점을 잘 기억해 두어야 합니다.

01 ～だ ~(하)다 <な형용사의 기본형>

な형용사는 기본형의 어미가 「～だ」로 끝납니다.

簡単だ(かんたん)

간단하다

明日(あした)は 暇(ひま)だ。[暇(ひま)だ]

내일은 한가하다.

深夜(しんや)の 仕事(しごと)は ハードだ。[ハードだ]

심야의 일은 고되다.

あの カフェは いつも にぎやかだ。[にぎやかだ]

저 카페는 항상 북적인다.

彼(かれ)は、絵(え)は 上手(じょうず)だ。しかし、字(じ)は 下手(へた)だ。[上手(じょうず)だ / 下手(へた)だ]

그는 그림은 잘 그린다. 그러나 글씨는 잘 못 쓴다.

明日(あした) 내일
暇(ひま)だ 한가하다
深夜(しんや) 심야
ハードだ 고되다, 힘들다
にぎやかだ 번화하다, 북적이다
絵(え) 그림
上手(じょうず)だ 잘하다, 능숙하다
字(じ) 글자, 글씨
下手(へた)だ 못하다, 서투르다
運動(うんどう) 운동
苦手(にがて)だ 못하다, 자신 없다
白(しろ)い 희다, 하얗다
小(ちい)さい 작다, 어리다
犬(いぬ) 개
好(す)きだ 좋아하다

실력 쌓기 제시된 단어를 참고하여 일본어 문장을 완성해 보세요.

▶정답 p.259

1. 나는 운동을 잘 못한다. (苦手(にがて)だ)

   私(わたし)は 運動(うんどう)が＿＿＿＿＿＿＿＿＿＿＿＿＿＿＿＿。

2. 나는 희고 작은 개를 좋아한다. (好(す)きだ)

   僕(ぼく)は 白(しろ)くて 小(ちい)さい 犬(いぬ)が＿＿＿＿＿＿＿＿＿＿＿＿＿＿＿＿。

02 ～な ~한 <な형용사의 명사 수식형>

な형용사는 뒤에 오는 명사를 수식할 때 어미 だ가 な로 바뀝니다.

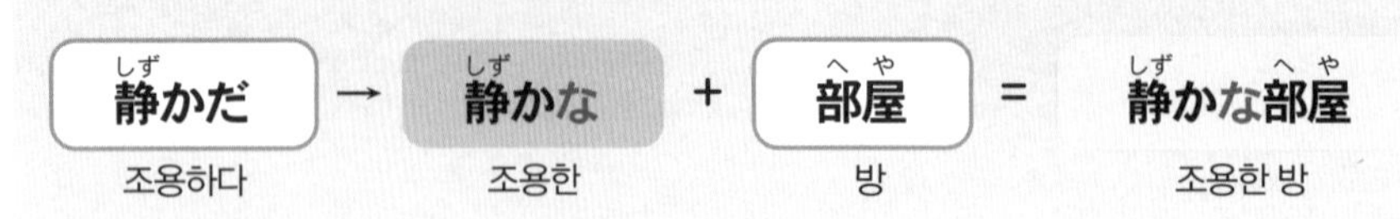

森さんは真面目な人です。[真面目だ]
모리 씨는 성실한 사람입니다.

今日は大事なオンライン会議がある。[大事だ]
오늘은 중요한 온라인 회의가 있다.

好きな食べ物は何ですか。[好きだ]
좋아하는 음식은 무엇입니까?

得意なスポーツはサッカーです。[得意だ]
잘하는(자신 있는) 스포츠는 축구입니다.

真面目だ 성실하다
大事だ 중요하다
オンライン会議 온라인 회의
ある 있다
得意だ 잘하다, 자신 있다
スポーツ 스포츠
サッカー 축구
同じだ 같다
二人 두 사람
名前 이름
夫 남편
部署 부서
同時に 동시에
休む 쉬다
なかなか 꽤, 좀처럼
幸せだ 행복하다
今晩 오늘 밤
夜 밤

문법 「同じだ(같다)」의 명사 수식형

다른 な형용사와 달리 「同じだ(같다)」는 뒤에 명사가 올 때 어미가 な로 바뀌지 않습니다. 어미 だ를 떼고 그대로 명사 앞에 씁니다. 다만, 뒤에 「～ので(~(하)기 때문에)」 등의 조사가 올 때는 「～な」의 형태로 접속합니다.

二人は同じ名前です。
두 사람은 같은 이름입니다(이름이 같습니다).

夫と会社も部署も同じなので、二人同時に休むのがなかなか難しい。
남편과 회사도 부서도 같기 때문에, 둘이 동시에 쉬는 게 꽤나 어렵다.

실력 쌓기 제시된 단어를 참고하여 일본어 문장을 완성해 보세요.

▶정답 p.259

1. 나는 행복한 사람입니다. (幸せだ)

   私は＿＿＿＿＿＿＿＿＿＿人です。

2. 오늘 밤은 조용한 밤입니다. (静かだ)

   今晩は＿＿＿＿＿＿＿＿＿＿夜です。

03 ～です ~(합)니다 <な형용사의 긍정 정중 표현>

な형용사 기본형의 어미 だ를 떼고 어간에 「～です」를 붙이면 な형용사의 긍정 정중 표현이 됩니다. '어간'이란, 동사나 형용사 등 활용하는 말에서 형태가 바뀌지 않는 앞 부분을 말합니다.

暇だ(ひま) → 暇(ひま) + です = 暇です(ひま)
한가하다 / 한가합니다

この料理(りょうり)は簡単(かんたん)です。[簡単(かんたん)だ]
이 요리는 간단합니다.

彼(かれ)は音楽(おんがく)が好(す)きです。[好(す)きだ]
그는 음악을 좋아합니다.

クリスさんはテニスが上手(じょうず)です。[上手(じょうず)だ]
크리스 씨는 테니스를 잘합니다.

電車(でんしゃ)の中(なか)は人(ひと)が少(すく)なくて静(しず)かです。[静(しず)かだ]
전철 안은 사람이 적어 조용합니다.

문법 「대상 + が + な형용사」

好(す)きだ(좋아하다), 嫌(きら)いだ(싫어하다), 上手(じょうず)だ(잘하다, 능숙하다), 下手(へた)だ(못하다, 서투르다), 得意(とくい)だ(잘하다, 자신 있다), 苦手(にがて)だ(못하다, 자신 없다) 등과 같은 な형용사 앞에 오는 대상에는 조사 「～が」를 붙여서 목적격(~을/를)을 나타냅니다.

料理(りょうり) 요리
簡単だ(かんたん) 간단하다
音楽(おんがく) 음악
テニス 테니스
静かだ(しず) 조용하다
子供(こども) 어린이
世話(せわ) 돌봄, 시중
～頃(ころ) ~때, ~쯤
虫(むし) 벌레

실력 쌓기 제시된 단어를 참고하여 일본어 문장을 완성해 보세요.

▶정답 p.260

1. 남편은 아이를 잘 돌봅니다. (上手(じょうず)だ)
   夫(おっと)は子供(こども)の世話(せわ)が＿＿＿＿＿＿＿＿＿＿＿＿。

2. 어렸을 때부터 벌레를 싫어합니다. (苦手(にがて)だ)
   小(ちい)さい頃(ころ)から虫(むし)が＿＿＿＿＿＿＿＿＿＿＿＿。

04 ～だった ~했다 <な형용사의 과거 반말 표현>

「～だった」는 「～でした」의 반말 표현이며, 동시에 「～だ」의 과거 표현입니다. 따라서 な형용사 기본형의 어미 だ를 떼고 어간에 「～だった」를 붙이면 な형용사의 과거 반말 표현이 됩니다.

親切だ(しんせつだ) → 親切(しんせつ) + だった = 親切だった(しんせつだった)

친절하다 → 친절했다

久(ひさ)しぶり！ 元気(げんき)だった？ [元気(げんき)だ]

오랜만이야! 잘 지냈어?

僕(ぼく)は 数学(すうがく)が 苦手(にがて)だった。[苦手(にがて)だ]

나는 수학을 잘 못했다.

学校(がっこう)の 図書館(としょかん)は 広(ひろ)くて 静(しず)かだった。[静(しず)かだ]

학교 도서관은 넓고 조용했다.

この 商店街(しょうてんがい)も 昔(むかし)は にぎやかだった。[にぎやかだ]

이 상점가도 예전에는 번화했다.

- 久(ひさ)しぶり 오랜만
- 元気(げんき)だ 건강하다
- 数学(すうがく) 수학
- 商店街(しょうてんがい) 상점가
- 昔(むかし) 옛날, 예전
- 大変(たいへん)だ 힘들다, 큰일이다
- 中間(ちゅうかん)テスト 중간고사

실력 쌓기 제시된 단어를 참고하여 일본어 문장을 완성해 보세요.

▶정답 p.260

1. 짐이 무거워서 힘들었다. (大変(たいへん)だ)

   荷物(にもつ)が 重(おも)くて________________________。

2. 수학 중간고사는 간단했다. (簡単(かんたん)だ)

   数学(すうがく)の 中間(ちゅうかん)テストは________________________。

05 ～でした ~했습니다 <な형용사의 과거 정중 표현>

な형용사의 과거 정중 표현은 명사의 경우와 마찬가지로, 기본형의 어미 だ를 떼고 「～でした」만 붙이면 됩니다.

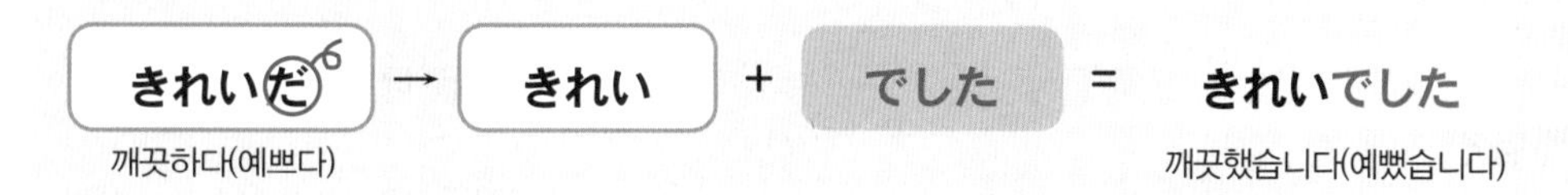

海(うみ)は 静(しず)かでした。[静(しず)かだ]
바다는 조용했습니다.

店員(てんいん)は 親切(しんせつ)でした。[親切(しんせつ)だ]
점원은 친절했습니다

彼(かれ)は ダンスが 上手(じょうず)でした。[上手(じょうず)だ]
그는 춤을 잘 추었습니다.

＋표현 な형용사의 과거 정중 표현

な형용사의 과거 정중 표현은 「～でした」 외에도, 때에 따라서는 앞에서 배운 「～だった」에 「～です」를 붙인 「～だったです」를 쓰기도 합니다. 물론 「～でした」가 더 많이 사용됩니다.

得意(とくい)だった 잘했다 → 得意(とくい)でした 잘했습니다
→ 得意(とくい)だったです 잘했습니다

親切(しんせつ)だ 친절하다
ダンス 댄스, 춤
すてきだ 멋지다
コンサート会場(かいじょう) 콘서트장

실력 쌓기 제시된 단어를 참고하여 일본어 문장을 완성해 보세요.

▶정답 p.260

1. 겨울 바다는 멋졌습니다. (すてきだ)
   冬(ふゆ)の 海(うみ)は ________________。

2. 콘서트장은 매우 혼잡했습니다(북적였습니다). (にぎやかだ)
   コンサート会場(かいじょう)は とても ________________。

06 ～じゃ(では) ない ~(하)지 않다 〈な형용사의 부정 반말 표현〉

な형용사 기본형의 어미 だ를 じゃ(では)로 바꾸고, 부정의 의미를 나타내는 ない를 붙이면 「～じゃ(では) ない」의 형태로 な형용사의 부정 반말 표현이 됩니다.

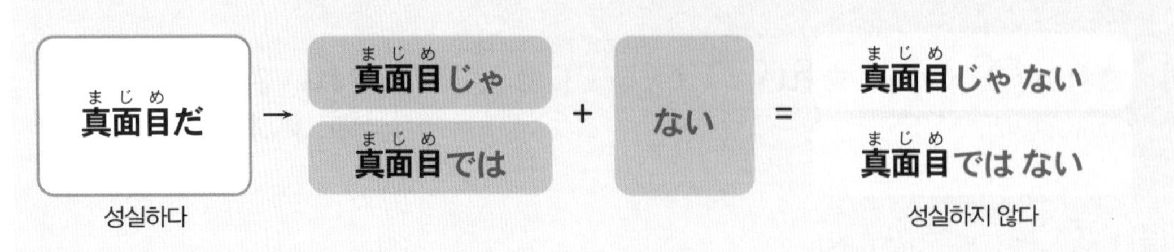

お酒(さけ)は あまり 好(す)きじゃ ない。[好(す)きだ]
술은 그다지 좋아하지 않는다.

この かばんは 丈夫(じょうぶ)じゃ ない。[丈夫(じょうぶ)だ]
이 가방은 튼튼하지 않다.

この ソファは 楽(らく)では ない。[楽(らく)だ]
이 소파는 편하지 않다.

あの カフェは 静(しず)かでは ない。[静(しず)かだ]
저 카페는 조용하지 않다.

あまり 별로, 그다지
丈夫(じょうぶ)だ 튼튼하다
楽(らく)だ 편하다
納豆(なっとう) 낫토
嫌(きら)いだ 싫어하다
食堂(しょくどう) 식당

실력 쌓기 제시된 단어를 참고하여 일본어 문장을 완성해 보세요.

▶정답 p.260

1. 나는 낫토를 싫어하지 않는다. (嫌(きら)いだ)

   私(わたし)は 納豆(なっとう)が ______________________________。

2. 이 식당의 점원은 친절하지 않다. (親切(しんせつ)だ)

   この 食堂(しょくどう)の 店員(てんいん)は ______________________________。

07 ～じゃ(では) ないです / ～じゃ(では) ありません
～(하)지 않습니다 〈な형용사의 부정 정중 표현〉

な형용사의 부정 표현인「～じゃ(では) ない」를 정중하게 말하려면 ない 뒤에「～です」를 붙여서「～じゃ(では) ないです」라고 하거나 ないです를 ありません으로 바꾸어서「～じゃ(では) ありません」으로 표현합니다.

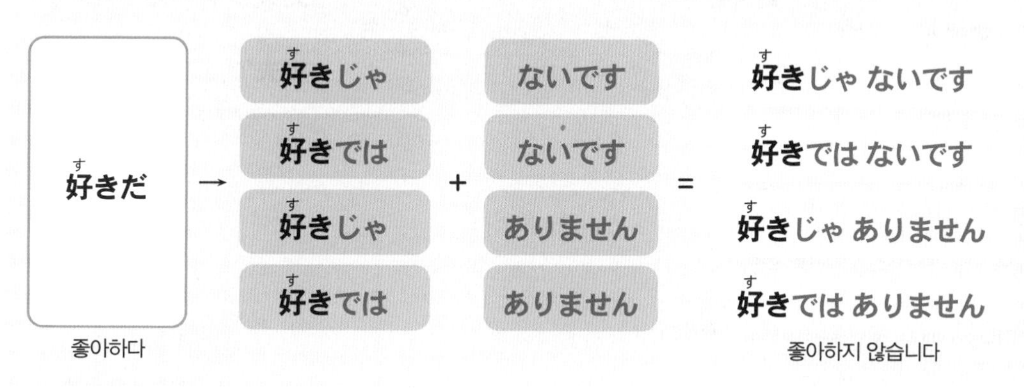

今、暇じゃ ないです。[暇だ]
지금 한가하지 않습니다.

大阪の 地下鉄は 不便では ないです。[不便だ]
오사카의 지하철은 불편하지 않습니다.

私は テニスが 好きですが、あまり 上手じゃ ありません。[上手だ]
나는 테니스를 좋아하지만, 그다지 잘하지 못합니다.

ビーガンと ベジタリアンは 同じでは ありませんか。[同じだ]
비건과 베지테리언은 같지 않은가요?

大阪 오사카
不便だ 불편하다
ビーガン 비건
ベジタリアン 베지테리언
ドレス 드레스
少し 조금
派手だ 화려하다

실력 쌓기 제시된 단어를 참고하여 일본어 문장을 완성해 보세요.

▶정답 p.260

1. 이 가방은 튼튼하지 않습니다. (丈夫だ)

   この かばんは＿＿＿＿＿＿＿＿＿＿＿＿＿＿＿＿。

2. 이 드레스, 조금 화려하지 않나요? (派手だ)

   この ドレス、少し＿＿＿＿＿＿＿＿＿＿＿＿＿＿＿＿。

08 ～じゃ(では) なかった ～(하)지 않았다 <な형용사의 과거 부정 반말 표현>

な형용사 기본형의 어미 だ를 じゃ(では)로 바꾸고, 부정의 의미를 나타내는 ない의 과거형인 なかった를 붙이면 な형용사의 과거 부정 반말 표현이 됩니다.

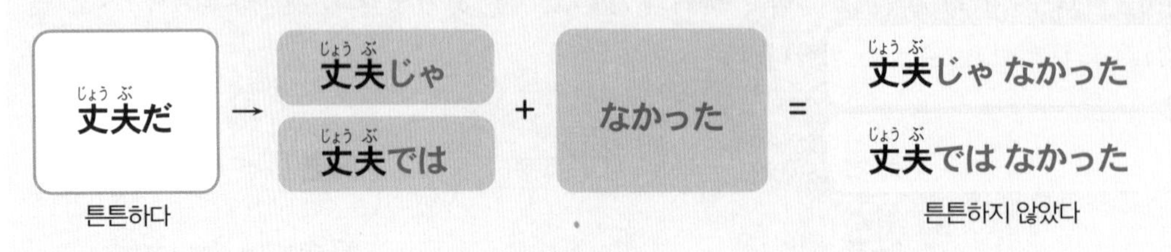

子供の 時は 魚が 好きじゃ なかった。[好きだ]
어릴 때는 생선을 좋아하지 않았다.

先週は 暇じゃ なかった。[暇だ]
지난주는 한가하지 않았다.

この 町は にぎやかでは なかった。[にぎやかだ]
이 마을은 번화하지 않았다.

今度の システムキッチンは 便利では なかった。[便利だ]
이번 시스템 키친은 편리하지 않았다.

～時 ～때
町 마을, 거리
今度 이번, 다음
システムキッチン 시스템 키친
便利だ 편리하다
試験 시험
バイト 아르바이트

실력 쌓기 제시된 단어를 참고하여 일본어 문장을 완성해 보세요.

▶정답 p.260

1. 어제 시험은 간단하지 않았다. (簡単だ)
   昨日の 試験は______________________________。

2. 이번 아르바이트는 편하지 않았다. (楽だ)
   今度の バイトは______________________________。

09 ～じゃ(では) なかったです / ～じゃ(では) ありませんでした
～(하)지 않았습니다 <な형용사의 과거 부정 정중 표현>

な형용사 기본형의 어미 だ를 じゃ(では)로 바꾸고 과거 부정 정중 표현인 なかったです나 이와 같은 의미 기능을 하는 ありませんでした를 붙여, 「～じゃ(では) なかったです」나 「～じゃ(では) ありませんでした」로 바꾸면 な형용사의 과거 부정 정중 표현이 됩니다.

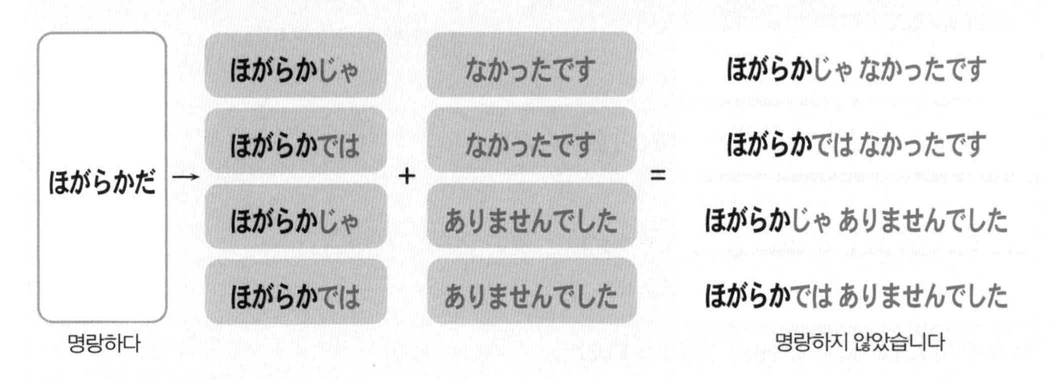

昔(むかし)、この 川(かわ)は きれいじゃ なかったです。[きれいだ]
옛날에 이 강은 깨끗하지 않았습니다.

この 店(みせ)の 店員(てんいん)は 親切(しんせつ)では なかったです。[親切(しんせつ)だ]
이 가게의 점원은 친절하지 않았습니다.

私(わたし)は 結婚前(けっこんまえ)は 幸(しあわ)せじゃ ありませんでした。[幸(しあわ)せだ]
저는 결혼 전에는 행복하지 않았습니다.

子供(こども)の 頃(ころ)から カレーが 好(す)きでは ありませんでした。[好(す)きだ]
어릴 때부터 카레를 좋아하지 않았습니다.

川(かわ) 강
結婚(けっこん) 결혼
前(まえ) 앞, 전
カレー 카레

실력 쌓기 제시된 단어를 참고하여 일본어 문장을 완성해 보세요.

▶정답 p.260

1. 일은 힘들지 않았습니다. (大変(たいへん)だ)

   仕事(しごと)は＿＿＿＿＿＿＿＿＿＿＿＿＿＿＿＿＿。

2. 그 호텔은 깨끗하지 않았습니다. (きれいだ)

   その ホテルは＿＿＿＿＿＿＿＿＿＿＿＿＿＿＿＿＿。

10 ～で ~(하)고, ~(해)서 <な형용사의 연결형(で형)>

な형용사의 연결형(で형)은 기본형의 어미 だ를 で로 바꾸면 완성됩니다. '~(하)고, ~(해)서' 라고 해석되며 문장의 중지, 열거, 원인 등의 의미를 나타냅니다.

ハンサムだ → **ハンサムで** = **ハンサムで**

잘생기다 　　　　　　　잘생기고, 잘생겨서

この ホテルは きれいで 静(しず)かです。[きれいだ]
이 호텔은 깨끗하고 조용합니다.

私(わたし)は 料理(りょうり)が 苦手(にがて)で 嫌(きら)いです。[苦手(にがて)だ]
나는 요리를 못해서 (요리하는 것을) 싫어합니다.

その かばんは 丈夫(じょうぶ)で 便利(べんり)です。[丈夫(じょうぶ)だ]
그 가방은 튼튼하고 편리합니다.

彼女(かのじょ)は 日本語(にほんご)が 得意(とくい)で、英語(えいご)が 苦手(にがて)です。[得意(とくい)だ]
그녀는 일본어를 잘하고, 영어를 못합니다.

日本語(にほんご) 일본어
英語(えいご) 영어
おばあさん 할머니

실력 쌓기 제시된 단어를 참고하여 일본어 문장을 완성해 보세요.

▶정답 p.260

1. 할머니는 항상 건강하고 밝습니다. (元気(げんき)だ)

   おばあさんは いつも ______________________ 明(あか)るいです。

2. 나는 요리에 자신 있고 좋아합니다. (得意(とくい)だ)

   私(わたし)は 料理(りょうり)が ______________________ 好(す)きです。

11 ～に ~(하)게 <な형용사의 동사 수식형>

な형용사가 뒤에 오는 동사를 수식할 때는 기본형의 어미 だ를 に로 바꾸어 줍니다.

今年(ことし)は ナスが 立派(りっぱ)に 育(そだ)つ。[立派(りっぱ)だ]
올해는 가지가 잘 자란다.

野菜(やさい)は 水(みず)で きれいに します。[きれいだ]
채소는 물로 깨끗하게 합니다(씻습니다).

おじいさんは お好(この)み焼(や)きを 上手(じょうず)に 焼(や)く。[上手(じょうず)だ]
할아버지는 오코노미야키를 잘 굽는다.

ここは 図書館(としょかん)です。静(しず)かに して ください。[静(しず)かだ]
여기는 도서관입니다. 조용히 해 주세요.

ナス 가지
立派(りっぱ)だ 훌륭하다
育(そだ)つ 자라다
野菜(やさい) 채소
おじいさん 할아버지
お好(この)み焼(や)き 오코노미야키
焼(や)く 굽다
午後(ごご) 오후
食事(しょくじ) 식사
手(て) 손
洗(あら)う 씻다

실력 쌓기 제시된 단어를 참고하여 일본어 문장을 완성해 보세요.

▶정답 p.260

1. 오후 3시부터는 한가해진다. (暇(ひま)だ)

   午後(ごご) 3時(さんじ)からは＿＿＿＿＿＿＿＿＿＿＿＿＿＿＿＿なる。

2. 식사 전에는 손을 깨끗하게 씻는다. (きれいだ)

   食事(しょくじ)の 前(まえ)には、手(て)を＿＿＿＿＿＿＿＿＿＿＿＿＿＿＿＿洗(あら)う。

UNIT 04 동사

'동사'란 사람이나 사물의 동작이나 작용을 나타내거나, 자연의 상태나 현상 등을 나타내는 말입니다.

01 일본어 동사의 특징

일본어 동사는 어미가 う단, 즉, 어미의 마지막 음이 [-u]음으로 끝납니다.

일본어 글자(발음)인 50음도에서 う단은 う·く·す·つ·ぬ·ふ·む·ゆ·る로 9개의 글자가 있지만, 이들 중 ふ나 ゆ로 끝나는 동사는 없습니다. 대신에, ぐ나 ぶ로 끝나는 동사가 있습니다. 즉, 일본어의 모든 동사는 다음의 9가지 글자로 끝납니다. 이들 9가지 글자를 '동사의 어미'라고도 합니다.

う・く・す・つ・ぬ・む・る・ぐ・ぶ

02 일본어 동사의 종류

일본어 동사는 어미의 변화(활용의 차이)에 따라 1, 2, 3그룹의 3가지 그룹의 동사로 나뉩니다. 이들을 쉽게 구별하기 위해 먼저 일본어 동사를 크게 두 가지로 나누어 설명하겠습니다.

(1) 어미가 る로 끝나지 않는 동사
(2) 어미가 る로 끝나는 동사

먼저 '어미가 る로 끝나지 않는 동사'는 무조건 1그룹 동사입니다. 그리고 '어미가 る로 끝나는 동사'는 외형적인 차이에 따라 1그룹, 2그룹, 3그룹 동사로 나뉩니다.

우선 '어미가 る로 끝나는 동사' 중 1그룹 동사와 2그룹 동사를 살펴보겠습니다.

동사의 어미 る 앞에는 모음만 올 수 있는데, 일본어 모음은 [a], [i], [u], [e], [o]뿐입니다. 어미 る 바로 앞에 [a], [u], [o] 음이 오면 1그룹 동사, る 앞에 [i], [e] 음이 오면 2그룹 동사입니다. 다만 일부 예외가 있습니다.

그리고 3그룹 동사는 来(く)る(오다), する(하다) 2개의 동사밖에 없습니다.

1 1그룹 동사

1 어미가 る로 끝나지 않는 1그룹 동사

-う: 言(い)う 말하다, 買(か)う 사다, 歌(うた)う 노래하다, 習(なら)う 배우다 등
-く: 書(か)く 쓰다, 歩(ある)く 걷다, 聞(き)く 듣다(묻다) 등
-ぐ: 泳(およ)ぐ 수영하다, 脱(ぬ)ぐ 벗다, 急(いそ)ぐ 서두르다 등
-す: 話(はな)す 이야기하다, 出(だ)す 내다, 貸(か)す 빌려주다 등
-つ: 待(ま)つ 기다리다, 立(た)つ 서다, 持(も)つ 들다(가지다) 등
-ぬ: 死(し)ぬ 죽다
-む: 読(よ)む 읽다, 飲(の)む 마시다, 休(やす)む 쉬다, 頼(たの)む 부탁하다 등
-ぶ: 遊(あそ)ぶ 놀다, 飛(と)ぶ 날다, 呼(よ)ぶ 부르다 등

京都(きょうと)で抹茶(まっちゃ)パフェを買(か)う。 교토에서 말차 파르페를 산다.

スマホでオンライン授業(じゅぎょう)を聞(き)く。 스마트폰으로 온라인 수업을 듣는다.

玄関(げんかん)で靴(くつ)を脱(ぬ)ぐ。 현관에서 신발을 벗는다.

今日(きょう)は僕(ぼく)がお金(かね)を出(だ)す。 오늘은 내가 돈을 낸다.

京都(きょうと) 교토
抹茶(まっちゃ)パフェ 말차 파르페
オンライン授業(じゅぎょう) 온라인 수업
聞(き)く 듣다, 묻다
玄関(げんかん) 현관
脱(ぬ)ぐ 벗다
お金(かね)を出(だ)す 돈을 내다

2 어미가 る로 끝나는 1그룹 동사

る 앞의 음이 [a], [u], [o]인 동사입니다.

[a-る]: ある[a-る] 있다, 終(お)わる[owa-る] 끝나다, 分(わ)かる[waka-る] 알다 등
[u-る]: 売(う)る[u-る] 팔다, 送(おく)る[oku-る] 보내다, 作(つく)る[tsuku-る] 만들다 등
[o-る]: 折(お)る[o-る] 꺾다, 乗(の)る[no-る] 타다, 起(お)こる[oko-る] 일어나다 등

マンションの前(まえ)に公園(こうえん)がある。
아파트 앞에 공원이 있다.

質問(しつもん)の答(こた)えが分(わ)かる。
질문의 답을 알다.

スーパーでスイカを安(やす)く売(う)る。
슈퍼에서 수박을 싸게 판다.

電動(でんどう)キックボードに乗(の)る。
전동 킥보드를 탄다.

マンション 아파트
公園(こうえん) 공원
質問(しつもん) 질문
答(こた)え 답, 대답
分(わ)かる 알다
スーパー 슈퍼마켓
スイカ 수박
売(う)る 팔다
電動(でんどう)キックボード 전동 킥보드
乗(の)る 타다

3 예외 1그룹 동사

어미 る 앞의 음이 [i] 또는 [e]라서 2그룹 동사처럼 보이지만, 예외적으로 1그룹인 소수의 동사를 말합니다.

走(はし)る 달리다, 知(し)る 알다, 切(き)る 자르다, 入(はい)る 들어가(오)다, 要(い)る 필요하다,
帰(かえ)る 돌아가(오)다, 減(へ)る 줄다 등

運動場(うんどうじょう)をゆっくり走(はし)る。
운동장을 천천히 달린다.

相手(あいて)の好(この)みを知(し)る。
상대방의 취향을 알다.

海外旅行(かいがいりょこう)にはパスポートが要(い)る。
해외여행에는 여권이 필요하다.

- **運動場(うんどうじょう)** 운동장
- **ゆっくり** 천천히, 푹
- **走(はし)る** 달리다
- **相手(あいて)** 상대방
- **好(この)み** 취향
- **知(し)る** 알다
- **海外旅行(かいがいりょこう)** 해외여행
- **パスポート** 여권
- **要(い)る** 필요하다

2 2그룹 동사

어미가 る로 끝나는 동사 중, る 앞에 [i], [e] 음이 오는 동사를 말합니다. (예외 1그룹 동사는 제외)

[i-る]: 居(い)る[i-る] 있다, 見(み)る[mi-る] 보다, 起(お)きる[oki-る] 일어나다 등
[e-る]: 寝(ね)る[ne-る] 자다, 出(で)る[de-る] 나가(오)다, 食(た)べる[tabe-る] 먹다 등

ネットフリックスでドラマを見(み)る。
넷플릭스로 드라마를 본다.

私(わたし)の父(ちち)は朝(あさ)6時(ろくじ)に起(お)きる。
우리 아빠는 아침 6시에 일어난다.

いつもの時間(じかん)に家(いえ)を出(で)る。
여느 때와 같은 시간에 집을 나선다.

漢字(かんじ)の書(か)き方(かた)を教(おし)える。
한자 쓰는 법을 가르친다.

- **ネットフリックス** 넷플릭스
- **見(み)る** 보다
- **朝(あさ)** 아침
- **起(お)きる** 일어나다
- **時間(じかん)** 시간
- **出(で)る** 나가(오)다
- **漢字(かんじ)** 한자
- **書(か)き方(かた)** 쓰는 법
- **教(おし)える** 가르치다

3 3그룹 동사

3그룹 동사는 来(く)る(오다)와 する(하다) 두 개밖에 없습니다. 명사가 する에 붙어 「명사+する」의 형태가 되는 것도 3그룹 동사에 속합니다.

学校に新しい先生が来る。학교에 새로운 선생님이 온다.

自宅で一人飲みをする。집에서 혼술을 한다.

レトルトカレーを電子レンジでチンする。
레토르트 카레를 전자레인지에 돌린다.

⊕ 문법 헷갈리는 동사들

다음과 같이 한자는 다르지만 음이 같은 동사의 경우, 1그룹 동사인지 2그룹 동사인지 잘 구별해야 합니다. 또한 3그룹 동사 する와 음이 같은 1그룹 동사도 있습니다.

帰る 돌아가(오)다 (1그룹) – 変える 바꾸다 (2그룹)
切る 자르다 (1그룹) – 着る 입다 (2그룹)
要る 필요하다 (1그룹) – 居る (사람, 동물 등이) 있다 (2그룹)

する (깨를) 갈다 (1그룹) – する 하다 (3그룹)

自宅 집, 자택
一人飲み 술을 혼자 마심
レトルトカレー 레토르트 카레
電子レンジ 전자레인지
チンする 전자레인지로 가열하다

03 존재 동사 ある와 いる

일본어에서 '있다, 없다' 중 '있다'에 해당하는 단어는 「ある」와 「いる」가 있는데 각각 쓰임이 다릅니다.

ある: 물건이나 식물이 있을 때
いる: 사람이나 동물이 있을 때

그리고 「ある」의 반대말은 「ない」이고 「いる」의 반대말은 「いない」입니다.
ある 있다 ↔ ない 없다 〈물건, 식물의 유무〉
いる 있다 ↔ いない 없다 〈사람, 동물의 유무〉

「ある」, 「いる」, 「ない」의 정중한 표현은 다음과 같습니다.
ある 있다 → あります 있습니다
ない 없다 → ないです(=ありません) 없습니다
いる 있다 → います 있습니다
いない 없다 → いないです(=いません) 없습니다

奈良公園(ならこうえん)にはシカがいる。
나라 공원에는 사슴이 있다.

雨(あめ)の日(ひ)はお客(きゃく)さんがいない。
비 오는 날은 손님이 없다.

国際線(こくさいせん)カウンターの近(ちか)くに両替所(りょうがえしょ)がある。
국제선 카운터 근처에 환전소가 있다.

財布(さいふ)の中(なか)に現金(げんきん)がない。
지갑 안에 현금이 없다.

奈良公園(ならこうえん) 나라 공원
シカ 사슴
雨(あめ)の日(ひ) 비 오는 날
お客(きゃく)さん 손님
国際線(こくさいせん) 국제선
カウンター 카운터
近(ちか)く 근처
両替所(りょうがえしょ) 환전소
現金(げんきん) 현금
動物園(どうぶつえん) 동물원
ライオン 사자
建物(たてもの) 건물
たくさん 많이

실력 쌓기 제시된 단어를 참고하여 일본어 문장을 완성해 보세요.

▶정답 p.260

1. 동물원에 사자가 없습니다. (いる)
   動物園(どうぶつえん)にライオンが________________。

2. 교토에는 높은 건물이 없습니다. (ない)
   京都(きょうと)には高(たか)い建物(たてもの)が________________。

3. 오사카에는 맛있는 음식이 많이 있습니다. (ある)
   大阪(おおさか)にはおいしい食(た)べ物(もの)がたくさん________________。

정리하기

동사의 기본형

✧ 1그룹 동사

① 어미가 る로 끝나지 않는 모든 동사

② 어미가 る로 끝나는 1그룹 동사 중 る 앞의 음이 [a], [u], [o]인 동사

③ 예외 1그룹 동사

✧ 2그룹 동사

어미가 る로 끝나는 동사 중, る 앞의 음이 [i] 또는 [e] 음인 동사

✧ 3그룹 동사

来る와 する(명사+する를 포함)

1그룹 동사	2그룹 동사		3그룹 동사
う단 [u]	[i-る]	[e-る]	
買う[u] 사다	いる 있다	寝る 자다	来る 오다
聞く[ku] 듣다	見る 보다	出る 나가(오)다	する 하다
貸す[su] 빌려주다	浴びる 뒤집어쓰다	食べる 먹다	
待つ[tsu] 기다리다	起きる 일어나다	入れる 넣다	
死ぬ[nu] 죽다	落ちる 떨어지다	開ける 열다	
飲む[mu] 마시다	降りる 내리다	建てる 세우다	
乗る[ru] (탈것을) 타다	着る 입다	教える 가르치다	
急ぐ[gu] 서두르다	出来る 할 수 있다	ほめる 칭찬하다	
呼ぶ[bu] 부르다	閉じる 닫다	辞める 그만두다	

UNIT 05 동사의 ます형

「～ます」는 동사에 붙어 정중 표현을 만드는 말로, 동사 그룹별로 만드는 방법이 다릅니다. 여기에서는 동사의 ます형과 부정 표현, ます형에 접속되는 표현 등에 대해 알아보겠습니다.

01 ～ます ~(합)니다, ~(할) 겁니다 <동사의 긍정 정중 표현>

동사에 「～ます」가 붙으면 우리말로는 '~(합)니다, ~(할) 겁니다'에 해당하는 정중 표현이 되며, 현재, 혹은 가까운 미래를 나타냅니다. 이때 동사의 어미가 변한 형태를 '동사의 ます형'이라고 합니다.

1 1그룹 동사의 ます형

1그룹 동사의 경우는 동사의 어미 う단을 い단으로 바꿔 ます형을 만든 후, 정중을 나타내는 「～ます」를 붙여 정중 표현을 만듭니다.

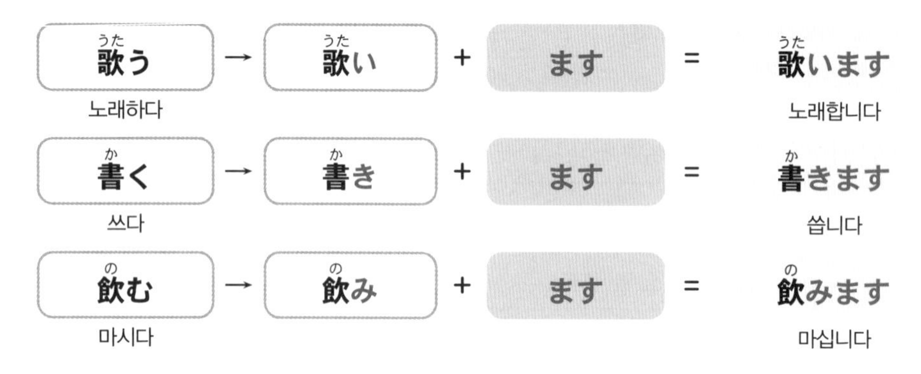

미니 테스트

제시된 동사를 「ます형」으로 바꾸고 정중 표현으로 만들어 보세요.

▶정답 p.261

① 読む(よ) 읽다 ________ ② 歩く(ある) 걷다 ________ ③ 話す(はな) 이야기하다 ________

④ 持つ(も) 들다 ________ ⑤ 死ぬ(し) 죽다 ________ ⑥ 使う(つか) 사용하다 ________

⑦ 遊ぶ(あそ) 놀다 ________ ⑧ 急ぐ(いそ) 서두르다 ________ ⑨ 入る(はい) 들어가(오)다 ________

答(こた)えを書(か)きます。[書(か)く]

답을 씁니다.

家(いえ)へ帰(かえ)ります。[帰(かえ)る]

집에 돌아갑니다.

安(やす)くていいかばんを選(えら)びます。[選(えら)ぶ]

싸고 좋은 가방을 고릅니다.

海外(かいがい)のビジネスパートナーとアポを取(と)ります。[取(と)る]

해외 비즈니스 파트너와 약속을 잡습니다.

帰(かえ)る 돌아가(오)다
海外(かいがい) 해외
ビジネスパートナー 비즈니스 파트너
アポを取(と)る 약속을 잡다
新宿(しんじゅく) 신주쿠
人間(にんげん) 인간, 사람
いつか 언젠가
死(し)ぬ 죽다
高校時代(こうこうじだい) 고교 시절
友達(ともだち) 친구
会(あ)う 만나다

실력 쌓기 제시된 단어를 참고하여 일본어 문장을 완성해 보세요.

▶정답 p.261

1. 밤에는 신주쿠에서 술을 마십니다. (飲(の)む)
   夜(よる)は新宿(しんじゅく)でお酒(さけ)を＿＿＿＿＿＿＿＿＿＿＿＿＿＿＿＿。
2. 사람은 누구나 언젠가는 죽습니다. (死(し)ぬ)
   人間(にんげん)は誰(だれ)でもいつかは＿＿＿＿＿＿＿＿＿＿＿＿＿＿＿＿。
3. 오랜만에 고교 시절 친구를 만납니다. (会(あ)う)
   久(ひさ)しぶりに高校時代(こうこうじだい)の友達(ともだち)に＿＿＿＿＿＿＿＿＿＿＿＿＿＿＿＿。

2 2그룹 동사의 ます형

2그룹 동사는 어미 る를 없애 ます형을 만든 후, 「~ます」를 붙여 정중 표현을 만듭니다.

미니 테스트

제시된 동사를 「ます형」으로 바꾸고 정중 표현으로 만들어 보세요. ▶정답 p.261

① 借りる 빌리다 ________ ② 答える 대답하다 ________

りんごを食べます。[食べる]
사과를 먹습니다.

友達に本を借ります。[借りる]
친구에게 책을 빌립니다.

朝は7時に起きます。[起きる]
아침에는 7시에 일어납니다.

寂しい時は映画を見ます。[見る]
외로울 때는 영화를 봅니다.

借りる 빌리다
寂しい 외롭다
寝る 자다
みんな 모두
ゲーム 게임
ルール 룰, 규칙
決める 정하다
セーター 스웨터
上 위
着る 입다

실력 쌓기 제시된 단어를 참고하여 일본어 문장을 완성해 보세요. ▶정답 p.261

1. 오빠는 항상 밤 10시에 잡니다. (寝る)
   兄はいつも夜10時に________。

2. 다 같이 게임의 룰을 정합니다. (決める)
   みんなでゲームのルールを________。

3. 스웨터 위에 흰 코트를 입습니다. (着る)
   セーターの上に白いコートを________。

3 3그룹 동사의 ます형

3그룹 동사는 불규칙하기 때문에 「来(く)る」는 「来(き)ます」, 「する」는 「します」라고 외우면 됩니다.

来(く)る 오다	→	**来(き)ます** 옵니다
する 하다	→	**します** 합니다

미니 테스트

제시된 동사를 「ます형」으로 바꾸고 정중 표현으로 만들어 보세요.

▶정답 p.261

① 来(く)る 오다 ______________　② 勉強(べんきょう)する 공부하다 ______________

あと3分(さんぷん)でバスが来(き)ます。[来(く)る]
3분 뒤에 버스가 옵니다.

日本語(にほんご)の宿題(しゅくだい)をします。[する]
일본어 숙제를 합니다.

電動(でんどう)キックボードをレンタルします。[レンタルする]
전동 퀵보드를 대여합니다.

あと 앞으로
宿題(しゅくだい) 숙제
レンタルする 대여하다
遊(あそ)ぶ 놀다
〜まで 〜까지
オンラインゲーム 온라인 게임
デート代(だい) 데이트 비용
割(わ)り勘(かん) 각자 부담함

실력 쌓기 제시된 단어를 참고하여 일본어 문장을 완성해 보세요.

▶정답 p.261

1. 친구가 집에 놀러 옵니다. (来(く)る)
   友達(ともだち)が家(いえ)に遊(あそ)びに______________________________。

2. 친구와 밤까지 온라인 게임을 합니다. (する)
   友達(ともだち)と夜(よる)までオンラインゲームを______________________________。

3. 데이트 비용을 각자 부담합니다. (割(わ)り勘(かん)にする)
   デート代(だい)を______________________________。

02 ～ました ~(했)습니다 <동사의 과거 정중 표현>

「～ました」는 「～ます」의 과거형으로, 「～ます」에 과거의 뜻을 나타내는 た가 붙어 만들어진 말입니다. 동사의 ます형에 접속하면 과거 정중 표현이 됩니다. 우리말로는 '~(했)습니다'라고 해석됩니다.

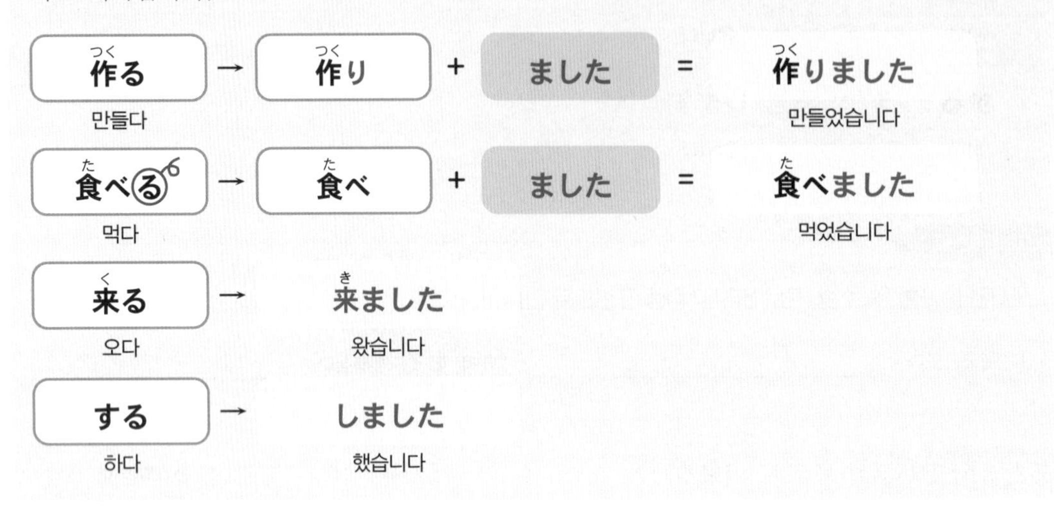

運動靴(うんどうぐつ)を洗濯機(せんたくき)で洗(あら)いました。
운동화를 세탁기로 빨았습니다.

パンダの赤(あか)ちゃんが生(う)まれました。
아기 판다가 태어났습니다.

新(あたら)しい担任(たんにん)の先生(せんせい)が来(き)ました。
새 담임 선생님이 왔습니다.

運動靴(うんどうぐつ) 운동화
洗濯機(せんたくき) 세탁기
パンダ 판다
赤ちゃん(あか) 아기
生まれる(う) 태어나다
担任(たんにん) 담임
見つける(み) 찾다, 발견하다
結婚する(けっこん) 결혼하다
夏休み(なつやす) 여름 방학
始まる(はじ) 시작되다

실력 쌓기 제시된 단어를 참고하여 일본어 문장을 완성해 보세요.

▶정답 p.261

1. 집세가 싼 방을 찾았습니다. (見(み)つける)

   家賃(やちん)の安(やす)い部屋(へや)を______________________________。

2. 나는 서른 살 때 결혼했습니다. (結婚(けっこん)する)

   私(わたし)は30歳(さんじゅっさい)の時(とき)に______________________________。

3. 어제부터 여름 방학이 시작됐습니다. (始(はじ)まる)

   昨日(きのう)から夏休(なつやす)みが______________________________。

03 ～ません ~(하)지 않습니다, ~(하)지 않을 겁니다 <동사의 부정 정중 표현>

동사를 ます형으로 만들어서 「～ません」을 접속하면 정중한 부정 표현이 됩니다.

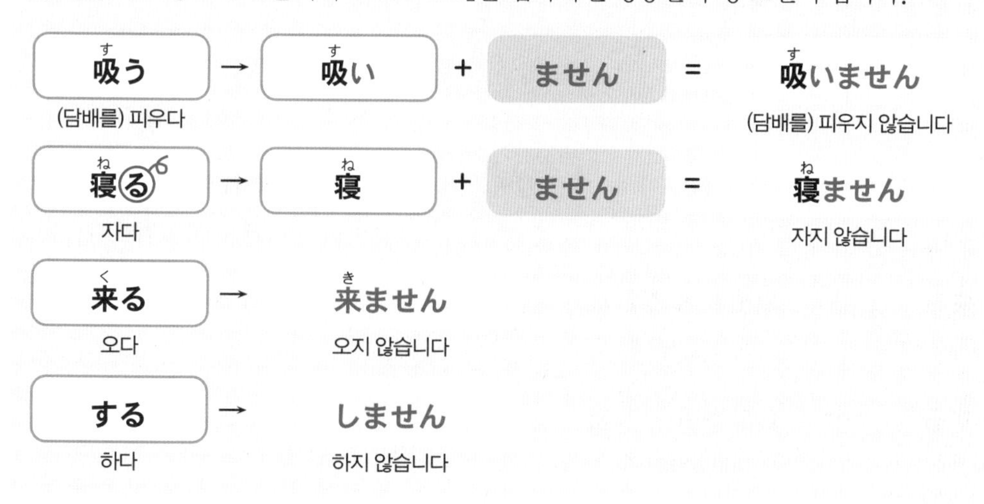

自動ドアがうまく作動しません。
자동문이 잘 작동하지 않습니다.

タクシーがなかなか捕まりません。
택시가 좀처럼 잡히지 않습니다.

雨の日はお客さんが全然来ません。
비 오는 날은 손님이 전혀 오지 않습니다.

この階にトイレは一つしかありません。
이 층에 화장실은 하나밖에 없습니다.

自動ドア 자동문
うまく 잘
作動する 작동하다
タクシー 택시
捕まる 잡히다
階 (건물의) 층
～しか ~밖에
足りる 충분하다
意味 의미

실력 쌓기 제시된 단어를 참고하여 일본어 문장을 완성해 보세요.

▶정답 p.261

1. 돈이 부족합니다. (足りる)

   お金が____________________。

2. 버스가 좀처럼 오지 않습니다. (来る)

   バスがなかなか____________________。

3. 선생님, 질문의 의미를 모르겠습니다. (分かる)

   先生、質問の意味が____________________。

04 ～ませんでした ～(하)지 않았습니다 <동사의 과거 부정 정중 표현>

동사의 정중한 과거 부정 표현은 ます형에 「～ませんでした」를 접속하여 만듭니다.

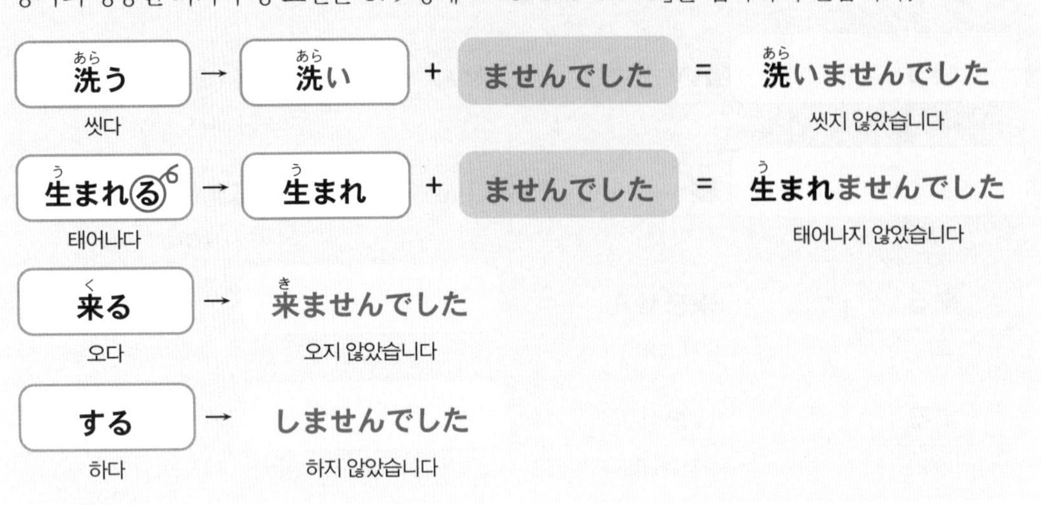

ワイファイが繋(つな)がりませんでした。
와이파이가 연결되지 않았습니다.

昨日(きのう)はどうして来(き)ませんでしたか。
어제는 왜 안 왔어요?

ショートメールが届(とど)きませんでした。
문자가 도착하지(오지) 않았습니다.

今月(こんげつ)はボーナスが出(で)ませんでした。
이번 달은 보너스가 나오지 않았습니다.

ワイファイ 와이파이
繋(つな)がる 연결되다
ショートメール 문자 메시지
届(とど)く 도착하다
今月(こんげつ) 이번 달
ボーナス 보너스
進(すす)む 진척되다
声(こえ) 목소리
よく 잘
聞(き)こえる 들리다
一日中(いちにちじゅう) 하루 종일

실력 쌓기 제시된 단어를 참고하여 일본어 문장을 완성해 보세요.

▶정답 p.261

1. 어제는 일이 진척되지 않았습니다. (進(すす)む)
   昨日(きのう)は仕事(しごと)が＿＿＿＿＿＿＿＿＿＿＿＿＿＿＿＿。

2. 선생님의 목소리가 잘 안 들렸습니다. (聞(き)こえる)
   先生(せんせい)の声(こえ)がよく＿＿＿＿＿＿＿＿＿＿＿＿＿＿＿＿。

3. 어제는 하루종일 아무것도 하지 않았습니다. (する)
   昨日(きのう)は一日中(いちにちじゅう)何(なに)も＿＿＿＿＿＿＿＿＿＿＿＿＿＿＿＿。

05 동사의 ます형에 접속되는 표현

동사 ます형의 연습을 겸해서, 동사를 ます형으로 변형해 복합동사 형식으로 만드는 '시간 표현' 몇 가지를 공부하겠습니다.

1 동사의 ます형 + はじめる(だす) ~(하)기 시작하다

동작이나 작용의 시작을 나타내는 시간 표현으로, 특히 「~だす」는 보통 동작이 돌발적, 무의지적인 경우에 많이 쓰입니다.

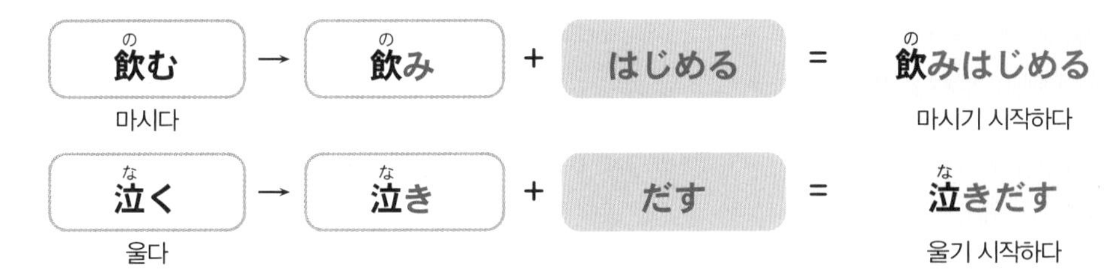

5歳(ごさい)の時(とき)に水泳(すいえい)を習(なら)いはじめました。
5살 때 수영을 배우기 시작했습니다.

昨日(きのう)からダイエットをしはじめました。
어제부터 다이어트를 하기 시작했습니다.

急(きゅう)に雨(あめ)が降(ふ)りだしました。
갑자기 비가 내리기 시작했습니다.

きれいな花(はな)が咲(さ)きはじめました(=だしました)。
예쁜 꽃이 피기 시작했습니다.

~歳(さい) ~세
水泳(すいえい) 수영
習(なら)う 배우다
ダイエット 다이어트
急(きゅう)に 갑자기
降(ふ)る (눈, 비 등이) 내리다
花(はな) 꽃
咲(さ)く (꽃이) 피다
動(うご)く 움직이다

실력 쌓기 제시된 단어를 참고하여 일본어 문장을 완성해 보세요.

▶정답 p.261

1. 학생들은 모두 달리기 시작했습니다. (走(はし)る, ~はじめる)

学生(がくせい)たちは、みんな＿＿＿＿＿＿＿＿＿＿＿＿＿＿。

2. 갑자기 엘리베이터가 움직이기 시작했습니다. (動(うご)く, ~だす)

急(きゅう)にエレベーターが＿＿＿＿＿＿＿＿＿＿＿＿＿＿。

2 동사의 ます형 + つづける 계속(쭉) ~(하)다

동작이나 작용이 계속됨을 나타낼 때 사용되는 시간 표현입니다. 대부분의 경우는 つづける가 사용되지만, 「降(ふ)る((눈, 비가) 오다)」의 경우 등에는 つづく를 사용하기도 합니다.

待(ま)つ → 待(ま)ち + つづける = 待(ま)ちつづける

기다리다 / 계속 기다리다

一日中(いちにちじゅう)お酒(さけ)を飲(の)みつづけます。

하루 종일 술을 계속 마십니다.

面白(おもしろ)くて、朝(あさ)まで小説(しょうせつ)を読(よ)みつづける。

재미있어서 아침까지 소설을 쭉 읽는다.

彼(かれ)を一日中(いちにちじゅう)待(ま)ちつづけました。

그를 하루 종일 계속 기다렸습니다.

梅雨(つゆ)なので、雨(あめ)が降(ふ)りつづく。

장마라서 비가 계속 내린다.

小説(しょうせつ) 소설
読(よ)む 읽다
梅雨(つゆ) 장마
歩(ある)く 걷다
歌(うた)う 노래하다
~も ~(이)나

실력 쌓기 제시된 단어를 참고하여 일본어 문장을 완성해 보세요.

▶정답 p.261

1. 하루 종일 계속 걸었습니다. (歩(ある)く)

   一日中(いちにちじゅう)＿＿＿＿＿＿＿＿＿＿＿＿＿＿＿＿。

2. 그녀는 한 시간이나 계속 노래를 불렀습니다. (歌(うた)う)

   彼女(かのじょ)は１時間(いちじかん)も＿＿＿＿＿＿＿＿＿＿＿＿＿＿＿＿。

3 동사의 ます형 + おわる 다 ~(하)다, 끝까지 ~(하)다

동작, 작용이 종료됨을 나타낼 때 사용되는 시간 표현입니다.

話す(はなす) → 話し(はなし) + おわる = 話しおわる(はなし)

이야기하다 → 다 이야기하다

宿題(しゅくだい)をしおわる。
숙제를 다 하다.

お皿(さら)を洗(あら)いおわった。
접시를 다 씻었다.

レポートを書(か)きおわりました。
리포트를 다 썼습니다.

その本(ほん)は読(よ)みおわりました。
그 책은 다 읽었습니다.

お皿(さら) 접시
レポート 리포트
書(か)く 쓰다
ほとんど 거의
食(た)べる 먹다
最終回(さいしゅうかい) 마지막 회

실력 쌓기 제시된 단어를 참고하여 일본어 문장을 완성해 보세요.

▶정답 p.261

1. 거의 다 먹었습니다. (食(た)べる)

   ほとんど____________________。

2. 드라마를 마지막회까지 다 보았습니다. (見(み)る)

   ドラマを最終回(さいしゅうかい)まで____________________。

정리하기

동사의 정중 표현(～ます) 만들기

✧ 1그룹 동사: 동사의 어미 う단을 い단으로 바꾸고 「～ます」를 붙입니다.

✧ 2그룹 동사: 동사의 어미, 즉 る를 없애고 「～ます」를 붙입니다.

✧ 3그룹 동사: 불규칙 활용 동사이므로 그대로 암기하세요. 来(く)る는 来(き)ます, する는 します 입니다.

동사 그룹	어미 변화+ます	기본형	정중형(～ます)
1그룹	う단→ い단+ます	買(か)う 사다	買(か)います 삽니다
		聞(き)く 듣다	聞(き)きます 듣습니다
		貸(か)す 빌려주다	貸(か)します 빌려줍니다
		待(ま)つ 기다리다	待(ま)ちます 기다립니다
		死(し)ぬ 죽다	死(し)にます 죽습니다
		飲(の)む 마시다	飲(の)みます 마십니다
		乗(の)る (탈것을) 타다	乗(の)ります 탑니다
		急(いそ)ぐ 서두르다	急(いそ)ぎます 서두릅니다
		呼(よ)ぶ 부르다	呼(よ)びます 부릅니다
2그룹	る+ます	見(み)る 보다	見(み)ます 봅니다
		起(お)きる 일어나다	起(お)きます 일어납니다
		寝(ね)る 자다	寝(ね)ます 잡니다
		食(た)べる 먹다	食(た)べます 먹습니다
3그룹	불규칙 활용	来(く)る 오다	来(き)ます 옵니다
		する 하다	します 합니다

UNIT 06 동사의 て형

여기에서는 동사의 て형(연결형)을 만드는 방법과 て형을 활용한 다양한 표현에 대해 알아봅니다.

01 동사의 て형 ~(하)고, ~(해)서 <동사의 연결형(て형)>

동사의 て형(연결형)은 동사에 「~て」가 연결될 때 바뀌는 동사의 어미 형태를 가리키는 말입니다. 동사에 붙는 「~て」는 우리말의 '~(하)고, ~(해)서'에 해당합니다. 이때 「~て」는 앞 문장과 뒤 문장을 연결해 주는 역할을 합니다. 동사의 て형을 만드는 방법은 다음과 같습니다.

1 1그룹 동사의 て형

1그룹 동사는 동사의 어미에 따라 바뀌는 형태가 달라집니다.

1 う, つ, る로 끝나는 동사는 어미를 떼고 「~って」를 붙입니다.

会(あ)う → 会(あ) + って = 会(あ)って
만나다 → 만나고, 만나서

待(ま)つ → 待(ま) + って = 待(ま)って
기다리다 → 기다리고, 기다려서

乗(の)る → 乗(の) + って = 乗(の)って
타다 → 타고, 타서

2 ぬ, む, ぶ로 끝나는 동사는 어미를 떼고 「~んで」를 붙입니다.

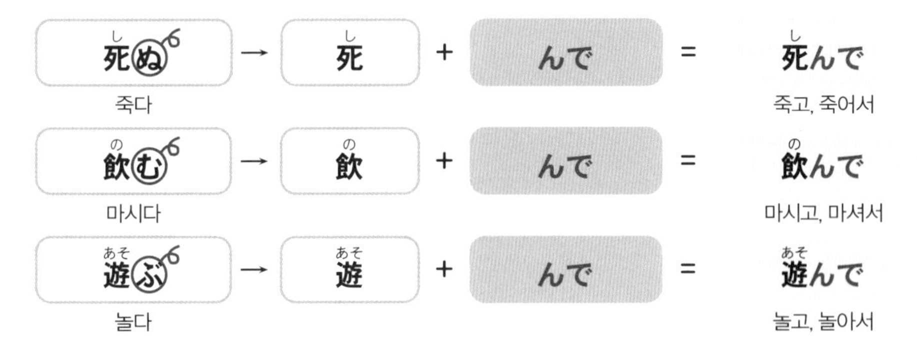

3 く, ぐ로 끝나는 동사는 어미를 떼고 각각 「～いて」, 「～いで」를 붙입니다.

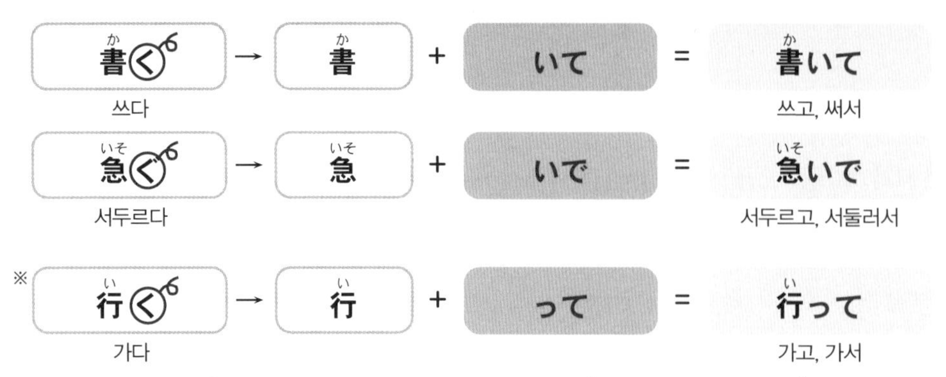

※ 예외적으로 동사 「行(い)く(가다)」는 て형으로 바꿀 때 법칙에 따라 「行(い)いて」라고 하지 않고, 「行(い)って」라고 해야 합니다.

4 す로 끝나는 동사는 어미를 떼고 「～して」를 붙입니다.

話(はな)す → 話(はな) + して = 話(はな)して

이야기하다 → 이야기하고, 이야기해서

미니 테스트

제시된 동사를 「～て」로 바꾸어 써 보세요. ▶정답 p.261

① 読(よ)む 읽다 ________	② 歩(ある)く 걷다 ________	③ 押(お)す 누르다 ________
④ 持(も)つ 들다 ________	⑤ 死(し)ぬ 죽다 ________	⑥ 使(つか)う 사용하다 ________
⑦ 遊(あそ)ぶ 놀다 ________	⑧ 急(いそ)ぐ 서두르다 ________	⑨ 入(はい)る 들어가(오)다 ________

急(いそ)いで靴下(くつした)を脱(ぬ)ぎました。[急(いそ)ぐ]

서둘러서 양말을 벗었습니다.

家(いえ)から学校(がっこう)まで歩(ある)いて行(い)きます。[歩(ある)く]

집에서 학교까지 걸어서 갑니다.

品物(しなもの)を安(やす)く買(か)って、高(たか)く売(う)りました。[買(か)う]

물건을 싸게 사서, 비싸게 팔았습니다.

お酒(さけ)を飲(の)んで、顔(かお)が赤(あか)くなりました。[飲(の)む]

술을 마셔서 얼굴이 빨개졌습니다.

毎週水曜日(まいしゅうすいようび)にゴミを出(だ)してください。[出(だ)す]

매주 수요일에 쓰레기를 내 주세요.

パン屋(や)に行(い)って、サンドイッチを買(か)いました。[行(い)く]

빵집에 가서 샌드위치를 샀습니다.

靴下(くつした) 양말
品物(しなもの) 물품, 상품
顔(かお) 얼굴
赤(あか)い 빨갛다
毎週(まいしゅう) 매주
ゴミを出(だ)す 쓰레기를 내놓다
パン屋(や) 빵집
サンドイッチ 샌드위치
風邪(かぜ)をひく 감기에 걸리다
原宿(はらじゅく) 하라주쿠
トマト 토마토
細(こま)かい 잘다, 작다
切(き)る 자르다
サラダ 샐러드
入(い)れる 넣다

실력 쌓기 제시된 단어를 참고하여 일본어 문장을 완성해 보세요.

▶정답 p.261

1. 천천히 이야기해 주세요. (話(はな)す)

 ゆっくり＿＿＿＿＿＿＿＿＿＿＿＿＿＿＿＿＿ください。

2. 신발을 벗고 안으로 들어갔습니다. (脱(ぬ)ぐ)

 靴(くつ)を＿＿＿＿＿＿＿＿＿＿＿＿＿＿＿＿＿中(なか)に入(はい)りました。

3. 감기에 걸려서 회사를 쉬었습니다. (ひく)

 風邪(かぜ)を＿＿＿＿＿＿＿＿＿＿＿＿＿＿、会社(かいしゃ)を休(やす)みました。

4. 오랜만에 하라주쿠에서 놀다 왔습니다. (遊(あそ)ぶ)

 久(ひさ)しぶりに原宿(はらじゅく)で＿＿＿＿＿＿＿＿＿＿＿＿＿＿来(き)ました。

5. 토마토를 잘게 잘라서 샐러드에 넣었습니다. (切(き)る)

 トマトを細(こま)かく＿＿＿＿＿＿＿＿＿＿＿＿サラダに入(い)れました。

2 2그룹 동사의 て형

2그룹 동사는 동사의 어미 る를 떼고 「～て」를 붙입니다. 2그룹 동사의 て형은 앞 과에서 배운 ます형과 어미의 변화 형태가 동일합니다.

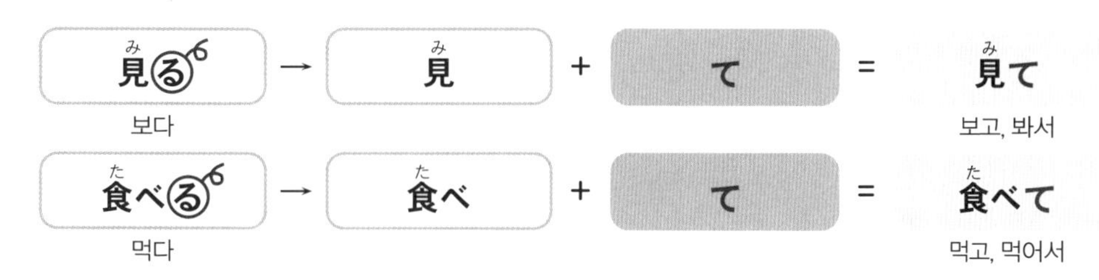

미니 테스트

제시된 동사를 「～て」로 바꾸어 써 보세요.

▶정답 p.262

① 落(お)ちる 떨어지다 ＿＿＿＿＿＿＿＿　② 教(おし)える 가르치다 ＿＿＿＿＿＿＿＿

早く寝て早く起きます。[寝る]
일찍 자고 일찍 일어납니다.

肉を食べて元気を出します。[食べる]
고기를 먹고 힘을 냅니다.

週末はドラマを見て過ごします。[見る]
주말은 드라마를 보며 지냅니다.

新しいスーツを着て入学式に行きます。[着る]
새 양복을 입고 입학식에 갑니다.

早く 빨리, 일찍
元気を出す 힘을 내다
過ごす 지내다, 보내다
スーツ 양복
入学式 입학식
次 다음
答える 대답하다
窓 창문
開ける 열다
閉める 닫다

실력 쌓기 제시된 단어를 참고하여 일본어 문장을 완성해 보세요.

▶정답 p.262

1. 다음 질문에 답해 주세요. (答える)
   次の質問に＿＿＿＿＿＿＿＿＿＿＿＿＿＿ください。

2. 창문을 열고, 문을 닫았습니다. (開ける)
   窓を＿＿＿＿＿＿＿＿＿＿＿＿＿＿、ドアを閉めました。

3 3그룹 동사의 て형

불규칙 활용 동사이므로 그대로 암기하세요. 3그룹 동사의 て형 또한 ます형과 어미의 변화 형태가 동일해서 기억하기 쉽습니다.

미니 테스트

제시된 동사를 「~て」로 바꾸어 써 보세요.

▶정답 p.262

① 来る 오다 ＿＿＿＿＿＿　② 運動する 운동하다 ＿＿＿＿＿＿

午後2時までに会社に来てください。[来る] 오후 2시까지 회사로 와 주세요.

その日はゲームをして過ごしました。[する] 그날은 게임을 하며 보냈습니다.

自己紹介してください。[自己紹介する] 자기소개해 주세요.

その日 그날
自己紹介 자기소개
化粧 화장
出かける 외출하다

실력 쌓기 제시된 단어를 참고하여 일본어 문장을 완성해 보세요.

▶정답 p.262

1. 손님이 와서 바쁩니다. (来る)

お客さんが________________忙しいです。

2. 지금부터 화장을 하고 나갑니다. (する)

今から化粧を________________出かけます。

02 동사 て형의 의미

- 순차 동작: 순차적으로 행하는 동작을 나타낼 때 씁니다.
- 동시 동작: 어떠한 일을 하는 동시에 다른 일을 할 때 씁니다.
- 이유: 이어지는 문장에 오는 행위에 대한 이유를 나타냅니다.
- 수단·방법: 어떤 수단이나 방법을 사용했는지 나타낼 때 씁니다.
- 동작의 병렬: 관련 있는 동작을 나란히 늘어놓을 때 씁니다.

今晩は日記を書いて寝ます。
오늘 밤은 일기를 쓰고 잘 거예요. 순차 동작

椅子に座って、テレビを見ます。
의자에 앉아서 텔레비전을 봅니다. 동시 동작

今日は風邪をひいて、会社を休みました。
오늘은 감기에 걸려서 회사를 쉬었습니다. 이유

自転車に乗って、スーパーへ行きました。
자전거를 타고 슈퍼에 갔습니다. 수단·방법

うちの子はよく寝て、よく食べます。
우리 아이는 잘 자고 잘 먹습니다. 동작의 병렬

日記 일기
椅子 의자
座る 앉다
テレビ 텔레비전
子 아이

03 ～ている

「～ている」는 기본적으로 ① 현재 어떤 동작을 하고 있다는 '진행'을 나타내거나, ② 어떠한 동작이나 상황 등이 끝난 후의 '결과 상태'가 지속됨을 나타냅니다.

1 ~(하)고 있다 <동작의 진행 표현>

일부 동사(계속 동사)의 て형에 「～ている」를 붙이면 현재 어떤 동작을 하고 있다는 '진행'을 나타냅니다.

動く →	動	+ いて	+ いる	= 動いている
움직이다				움직이고 있다

今、アニメを見ています。 지금 애니메이션을 보고 있습니다.

今、カレンダーに予定を書いています。 지금 달력에 일정을 적고 있습니다.

外には白い雪が降っています。 바깥에는 하얀 눈이 내리고 있습니다.

今夜は久しぶりにワインを飲んでいます。
오늘 밤은 오랜만에 와인을 마시고 있습니다.

문법 계속 동사

'계속 동사'란 일정 시간 동안 동작이 계속됨을 나타내는 동사입니다.
「～ている」와 함께 쓰여 '동작이 진행 중'이라는 것을 나타냅니다.

자동사	走る 달리다, 歩く 걷다, 泣く 울다, 遊ぶ 놀다, 燃える 타다 등
타동사	食べる 먹다, 書く 쓰다, 開ける 열다, 売る 팔다 등 대부분의 타동사

カレンダー 달력
予定 예정, 일정
外 바깥
雪 눈
今夜 오늘 밤
ワイン 와인
男の人 남자
住む 살다
パスタ 파스타
合う 맞다, 어울리다
探す 찾다

실력 쌓기 제시된 단어를 참고하여 일본어 문장을 완성해 보세요.

▶정답 p.262

1. 남자가 세차를 하고 있다. (洗う)

   男の人が車を＿＿＿＿＿＿＿＿＿＿＿＿＿＿。

2. 나는 아파트에 살고 있습니다. (住む)

   私はマンションに＿＿＿＿＿＿＿＿＿＿＿＿＿＿。

3. 파스타에 어울리는 술을 찾고 있습니다. (探す)

パスタに合うお酒を＿＿＿＿＿＿＿＿＿＿＿＿＿＿＿＿＿＿。

2 ~(되)어 있다 <동작의 결과 상태 표현>

일부 동사(순간 동사)의 て형에「～ている」를 붙이면 어떠한 동작이나 상황 등이 끝난 후의 '결과 상태'가 지속됨을 나타냅니다.

壊れる → 壊れ ＋ て ＋ いる ＝ 壊れている

부서지다 　　　　　　　　　　　　부서져 있다

彼女はピンク色のスカートをはいている。
그녀는 분홍색 스커트를 입고 있다.

田中さんはベージュのセーターを着ています。
다나카 씨는 베이지 색 스웨터를 입고 있습니다.

銀行からお金を借りています。 은행에서 돈을 빌렸습니다(빌린 상태입니다).

お弁当に豚カツが入っています。 도시락에 돈가스가 들어 있습니다.

문법 순간 동사

'순간 동사'란 순간적인 동작이나 변화를 나타내는 동사입니다.「～ている」와 함께 쓰여 '동작의 결과 상태'를 나타냅니다.

자동사	死ぬ 죽다, 開く 열리다, 座る 앉다, 落ちる 떨어지다, 出る 나가(오)다, 行く 가다, 来る 오다, 帰る 돌아가(오)다, 結婚する 결혼하다 등
타동사	(かばんを) 持つ (가방을) 들다, 知る 알다, 忘れる 잊다, 借りる 빌리다 등 극소수의 타동사

ドアが開いている。 문이 열려 있다.

ゴキブリが死んでいる。 바퀴벌레가 죽어 있다.

兄は外国人と結婚している。[結婚する] 형은 외국 사람과 결혼했다.

彼女はお母さんによく似ている。[似る] 그녀는 어머니를 많이 닮았다.

※ '~을 닮다'라고 할 때「似る」 앞에는 조사 に가 오며, 동사는 항상「似ている」의 형태를 취합니다.

ピンク色 분홍색
スカート 스커트
はく (하의를) 입다
ベージュ 베이지
銀行 은행
お弁当 도시락
豚カツ 돈가스
ゴキブリ 바퀴벌레
外国人 외국인
お母さん 어머니, 엄마
似る 닮다
道 길
落ちる 떨어지다
裏の門 뒷문
閉まる 닫히다
バス乗り場 버스 정류장
並ぶ 늘어서다

실력 쌓기 제시된 단어를 참고하여 일본어 문장을 완성해 보세요.

▶정답 p.262

1. 길에 돈이 떨어져 있다. (落ちる)

   道にお金が＿＿＿＿＿＿＿＿＿＿＿＿＿＿＿＿。

2. 뒷문은 항상 닫혀 있습니다. (閉まる)

   裏の門はいつも＿＿＿＿＿＿＿＿＿＿＿＿＿＿＿＿。

3. 버스 정류장에 많은 사람들이 줄을 서 있습니다. (並ぶ)

   バス乗り場にたくさんの人が＿＿＿＿＿＿＿＿＿＿＿＿＿＿＿＿。

3 ~(하)지 않다 〈미완료〉

'미완료 표현'은 이미 지나간 과거가 아닌, 동작이 아직 끝나지 않은 상태를 나타냅니다. 특히 앞 문장에 부사어「まだ(아직)」가 오면 뒤 문장에서는 대부분 '미완료 표현'인「~ていない(ていません)」를 쓰게 됩니다.

買う → 買 + って + いない = 買っていない

사다 / (아직) 사지 않았다

私は長い間恋愛をしていない。
나는 오랫동안 연애를 하지 않았다.

まだ食事の用意は出来ていません。
아직 식사 준비는 되지 않았습니다.

赤ちゃんの名前はまだ決まっていません。
아기의 이름은 아직 정해지지 않았습니다.

- **長い間** 오랫동안
- **恋愛** 연애
- **用意** 준비
- **出来る** 되다, 완성되다
- **決まる** 정해지다
- **昼ご飯** 점심밥
- **年末** 연말

실력 쌓기 제시된 단어를 참고하여 일본어 문장을 완성해 보세요.

▶정답 p.262

1. 점심은 아직 안 먹었습니다. (食べる)

   昼ご飯はまだ＿＿＿＿＿＿＿＿＿＿＿＿＿＿＿＿。

2. 여름 방학 숙제가 아직 끝나지 않았다. (終わる)

   夏休みの宿題がまだ＿＿＿＿＿＿＿＿＿＿＿＿＿＿＿＿。

3. 아직 연말 예정은 정해지지 않았습니다. (決まる)

まだ年末の予定は＿＿＿＿＿＿＿＿＿＿＿＿＿＿＿＿＿＿＿＿。

04 ～ておく ~(해) 두다, ~(해) 놓다 <준비>

동사의 て형에 붙는「～ておく」는 무언가를 하기 전에 준비해 두는 것을 나타냅니다.

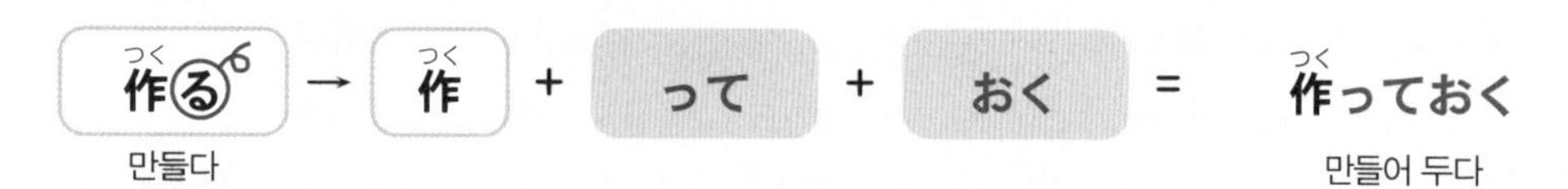

サラダを作っておきます。
샐러드를 만들어 둡니다.

コインロッカーにスーツケースを入れておく。
코인 로커에 여행 가방을 넣어 둔다.

目覚まし時計をセットしておきます。
알람 시계를 맞추어 놓습니다.

コインロッカー 코인 로커
目覚まし時計 알람 시계
セットする 세팅하다
単語 단어
調べる 조사하다, 알아보다

회화체에서는「～ておく」를「～とく」로 줄여서 말하기도 합니다.

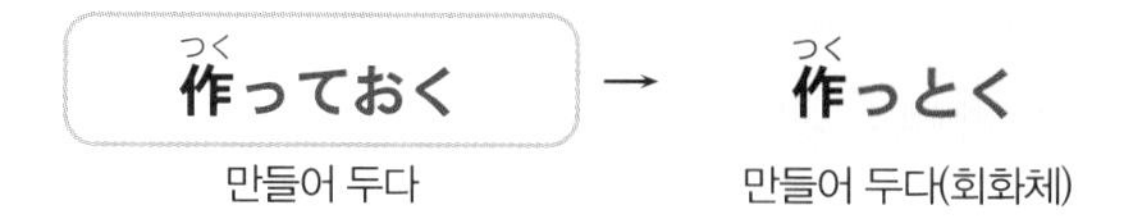

실력 쌓기 제시된 단어를 참고하여 일본어 문장을 완성해 보세요.

▶정답 p.262

1. 규칙을 정해 놓는다. (決める)

ルールを＿＿＿＿＿＿＿＿＿＿＿＿＿＿＿＿＿＿＿＿。

2. 맥주를 꺼내 놓습니다. (出す)

ビールを＿＿＿＿＿＿＿＿＿＿＿＿＿＿＿＿＿＿＿＿。

3. 단어의 뜻을 조사해 놓습니다. (調べる)

単語の意味を＿＿＿＿＿＿＿＿＿＿＿＿＿＿＿＿＿＿＿＿。

05 ～てくる

동사의 て형에 「～てくる」를 붙이면, ① '어떤 행위를 하고 온다'는 뜻을 나타내거나, ② '과거에서 현재를 향한 점진적인 변화' 또는 '동작이나 상태의 시작'을 나타냅니다.

1 ~(하)고 오다

동사의 て형에 붙는 「～てくる」는 「くる(来る)」라는 동사의 뜻 그대로 공간적 이동을 나타내어 '~(하)고 오다'라고 해석할 수 있습니다.

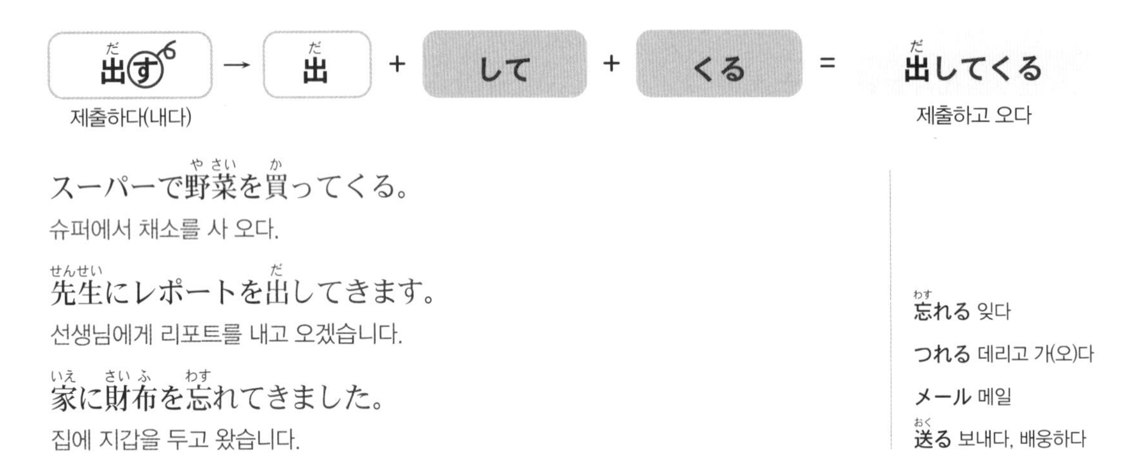

スーパーで野菜(やさい)を買(か)ってくる。
슈퍼에서 채소를 사 오다.

先生(せんせい)にレポートを出(だ)してきます。
선생님에게 리포트를 내고 오겠습니다.

家(いえ)に財布(さいふ)を忘(わす)れてきました。
집에 지갑을 두고 왔습니다.

忘(わす)れる 잊다
つれる 데리고 가(오)다
メール 메일
送(おく)る 보내다, 배웅하다

실력 쌓기 제시된 단어를 참고하여 일본어 문장을 완성해 보세요.

▶정답 p.262

1. 개를 데려왔습니다. (つれる)

   犬(いぬ)を＿＿＿＿＿＿＿＿＿＿＿＿＿＿＿＿＿＿＿＿。

2. 메일을 보내고 왔습니다. (送(おく)る)

   メールを＿＿＿＿＿＿＿＿＿＿＿＿＿＿＿＿＿＿＿＿。

2 ~(해) 오다, ~(해)지다, ~(하)기 시작하다

동사의 て형에 붙는 「～てくる」가 '~(하)고 오다'라고 해석되지 않을 때는 과거에서 현재로의 점진적인 변화 혹은 동작이나 상태의 시작을 나타냅니다.
이러한 표현들은 「だんだん(점점)」, 「ますます(점점 더)」, 「どんどん(점점, 자꾸자꾸)」 등의 부사어와 함께 쓰이는 경우가 많습니다.

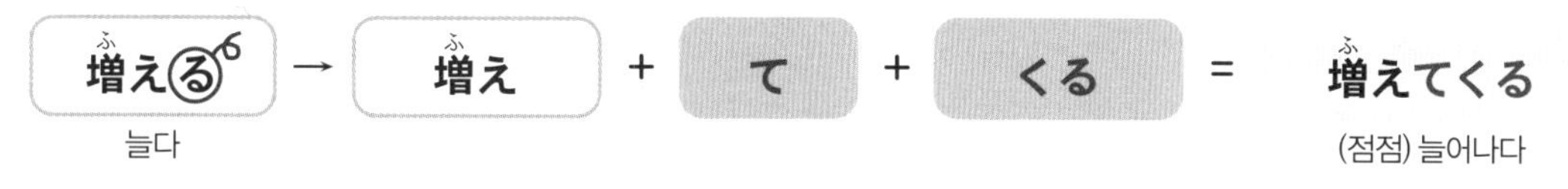

給料(きゅうりょう)がだんだん増(ふ)えてくる。

월급이 점점 늘어난다. 변화

だんだん寒(さむ)くなってきます。

점점 추워집니다. 변화

突然雨(とつぜんあめ)が降(ふ)ってきました。

갑자기 비가 내리기 시작했습니다. 시작

給料(きゅうりょう) 급여, 월급
突然(とつぜん) 갑자기
お腹(なか)が減(へ)る 배가 고프다
慣(な)れる 익숙해지다
太(ふと)る 살찌다

실력 쌓기 제시된 단어를 참고하여 일본어 문장을 완성해 보세요.

▶정답 p.262

1. 배가 고파지기 시작했다. (減(へ)る)

   お腹(なか)が＿＿＿＿＿＿＿＿＿＿＿＿＿＿＿＿＿＿＿＿。

2. 새 회사에(점차적으로) 익숙해졌습니다. (慣(な)れる)

   新(あたら)しい会社(かいしゃ)に＿＿＿＿＿＿＿＿＿＿＿＿＿＿＿＿＿＿＿＿。

3. 우리 집 개가 살찌기 시작했습니다. (太(ふと)る)

   うちの犬(いぬ)が＿＿＿＿＿＿＿＿＿＿＿＿＿＿＿＿＿＿＿＿。

06 | ～ていく

동사의 て형에 「～ていく」를 붙이면, ① '어떤 행위를 하고 이동한다'는 뜻을 나타내거나, ② '현재에서 미래로 어떤 변화가 진행된다'는 뜻을 나타냅니다.

1 ~(하)고 가다

동사의 て형에 붙는 「～ていく」는 「いく(行く)」라는 동사의 뜻 그대로 공간적 이동을 나타내어 '~(하)고 가다'라고 해석할 수 있습니다.

歩(ある)く → 歩(ある) + いて + いく = 歩(ある)いていく

걷다 → 걸어가다

公園まで歩いていく。 공원까지 걸어간다.

ここでご飯を食べていきます。 여기서 밥을 먹고 가겠습니다.

ご飯 밥
猫 고양이

실력 쌓기 제시된 단어를 참고하여 일본어 문장을 완성해 보세요.

▶정답 p.262

1. 역까지 뛰어간다. (走る)

駅まで＿＿＿＿＿＿＿＿＿＿＿＿＿＿＿＿＿＿＿＿。

2. 고양이를 데려갔습니다. (つれる)

猫を＿＿＿＿＿＿＿＿＿＿＿＿＿＿＿＿＿＿＿＿。

2 ~(해) 가다, ~(해)지다

동사의 て형에 붙는 「～ていく」가 '~(하)고 가다'라고 해석되지 않을 때는 현재에서 미래를 향한 점진적인 변화를 나타냅니다. 이러한 표현은 「だんだん(점점)」, 「ますます(점점 더)」, 「どんどん(점점, 자꾸자꾸)」 등의 부사어와 함께 쓰이는 경우가 많습니다.

消える 꺼지다(사라지다) → 消え + て + いく = 消えていく 꺼져 가다(사라져 가다)

ろうそくがだんだん消えていく。
촛불이 점점 꺼져 간다.

景気がますます悪くなっていく。
경기가 갈수록 나빠져 간다.

木の葉が赤くなっていきます。
나뭇잎이 빨갛게 물들어 갑니다.

ろうそく 초, 촛불
景気 경기
なる 되다
木の葉 나뭇잎
つもる 쌓이다
これから 앞으로, 이제부터
ずっと 쭉, 계속
生きる 살다

실력 쌓기 제시된 단어를 참고하여 일본어 문장을 완성해 보세요.

▶정답 p.262

1. 점점 눈이 쌓여 간다. (つもる)

どんどん雪が＿＿＿＿＿＿＿＿＿＿＿＿＿＿＿＿＿＿＿＿。

2. 앞으로도 쭉 혼자 살아간다. (生きる)

これからもずっと一人で＿＿＿＿＿＿＿＿＿＿＿＿＿＿＿＿。

07 ～てみる ~(해) 보다

「～てみる」는 みる가 본동사로 쓰여 동사 見る의 원래 뜻을 나타내는 경우도 있으나, 대부분의 경우 '어떠한 행위를 시도한다'는 뜻으로 많이 쓰입니다.

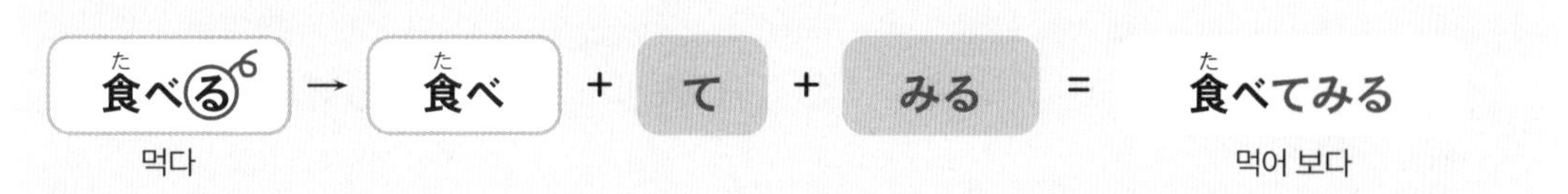

試しに食べてみる。
시험 삼아 먹어 보다.

一度やってみます。
한번 해 보겠습니다.

今日はいつもと違う道を歩いてみる。
오늘은 평상시와 다른 길을 걸어 본다.

試し 시험, 시도
一度 한번
やる 하다
違う 다르다, 틀리다
若者 젊은이
言葉 말, 언어
交番 파출소
チャレンジする 도전하다

실력 쌓기 제시된 단어를 참고하여 일본어 문장을 완성해 보세요.

▶정답 p.262

1. 젊은이의 말을 써 보다. (使う)
   若者の言葉を____________________。
2. 파출소에서 길을 물어보다. (聞く)
   交番で道を____________________。
3. 새로운 요리에 도전해 보았습니다. (チャレンジする)
   新しい料理に____________________。

08 ～てしまう ~(해) 버리다(하고 말다) <완료, 후회, 유감>

「～てしまう」는 동작이 완료됨을 나타내거나, 의도치 않은 행위를 해 그에 대한 후회 또는 유감 등을 나타낼 때 쓰입니다.

読む → 読 + んで + しまう = 読んでしまう

읽다 → 다 읽어 버리다

昨日、その漫画を全部読んでしまいました。

어제, 그 만화를 전부 읽어 버렸습니다. 완료

家に宿題を忘れて来てしまいました。

(깜빡 잊고) 집에 숙제를 두고 와 버렸습니다. 후회

バスの中に傘を忘れてしまいました。

버스 안에 우산을 두고 와 버렸습니다. 유감

漫画 만화
全部 전부
傘 우산
売り切れる 다 팔리다
偽物 가짜, 가품
本社 본사
連絡 연락
遅れる 늦어지다

실력 쌓기 제시된 단어를 참고하여 일본어 문장을 완성해 보세요.

▶정답 p.262

1. 물건은 다 팔렸습니다. (売り切れる)

   品物は＿＿＿＿＿＿＿＿＿＿＿＿＿＿＿＿＿＿＿＿。

2. 가짜 가방을 사고 말았습니다. (買う)

   偽物のかばんを＿＿＿＿＿＿＿＿＿＿＿＿＿＿＿＿。

3. 본사로의 연락이 늦어져 버렸습니다. (遅れる)

   本社への連絡が＿＿＿＿＿＿＿＿＿＿＿＿＿＿＿＿。

정리하기

동사의 て형 만들기

✧ 1그룹 동사: 동사의 어미에 따라 바뀌는 형태가 달라집니다.
① う, つ, る로 끝나는 동사는 어미를 떼고 「～って」를 붙입니다.
② ぬ, む, ぶ로 끝나는 동사는 어미를 떼고 「～んで」를 붙입니다.
③ く, ぐ로 끝나는 동사는 어미를 떼고 각각 「～いて」, 「～いで」를 붙입니다.
※ 行(い)く는 行(い)って로 바뀝니다.
④ す로 끝나는 동사는 어미를 떼고 「～して」를 붙입니다.

✧ 2그룹 동사: 어미 る를 떼고 「～て」를 붙입니다.

✧ 3그룹 동사: 불규칙 활용 동사이므로 그대로 암기하세요. 来(く)る는 来(き)て, する는 して입니다.

동사 그룹	동사 어미	어미 변화+て	기본형	연결형(～て)
1그룹	う	～って	買(か)う 사다	買(か)って 사고, 사서
	つ		待(ま)つ 기다리다	待(ま)って 기다리고, 기다려서
	る		乗(の)る (탈것을) 타다	乗(の)って 타고, 타서
	ぬ	～んで	死(し)ぬ 죽다	死(し)んで 죽고, 죽어서
	む		飲(の)む 마시다	飲(の)んで 마시고, 마셔서
	ぶ		呼(よ)ぶ 부르다	呼(よ)んで 부르고, 불러서
	く	～いて	焼(や)く 굽다	焼(や)いて 굽고, 구워서
	ぐ	～いで	急(いそ)ぐ 서두르다	急(いそ)いで 서두르고, 서둘러서
	す	～して	消(け)す 끄다	消(け)して 끄고, 꺼서
	※ 예외		行(い)く 가다	行(い)って 가고, 가서
2그룹	る	~~る~~+て	見(み)る 보다	見(み)て 보고, 봐서
			起(お)きる 일어나다	起(お)きて 일어나고, 일어나서
			寝(ね)る 자다	寝(ね)て 자고, 자서
			食(た)べる 먹다	食(た)べて 먹고, 먹어서
3그룹	불규칙 활용		来(く)る 오다	来(き)て 오고, 와서
			する 하다	して 하고, 해서

UNIT 07 동사의 た형

동사의 た형은 동사의 과거형으로, '~(했)다'라는 뜻을 나타냅니다. 여기에서는 동사의 た형을 만드는 방법과 た형을 활용한 다양한 표현을 알아봅니다.

01 동사의 た형 ~(했)다 <동사의 과거형(た형)>

동사에 「～た」를 접속하면 '~(했)다'라는 뜻의 과거형이 됩니다. 동사에 た를 붙일 때 바뀌는 동사 형태를 た형이라고 하는데, 만드는 방법은 앞에서 익힌 동사 て형과 같습니다. 결국 「て(で)」 대신에 「た(だ)」를 사용하면 됩니다. 「～た」는 우리말의 '~었(았)다'에 해당합니다.

1 1그룹 동사의 た형

1그룹 동사는 동사의 어미에 따라 바뀌는 형태가 달라집니다.

1 う, つ, る로 끝나는 동사는 어미를 떼고 「～った」를 붙입니다.

会(あ)う → 会(あ) + った = 会(あ)った
만나다 → 만났다

待(ま)つ → 待(ま) + った = 待(ま)った
기다리다 → 기다렸다

乗(の)る → 乗(の) + った = 乗(の)った
타다 → 탔다

2 ぬ, む, ぶ로 끝나는 동사는 어미를 떼고 「～んだ」를 붙입니다.

死(し)ぬ → 死(し) + んだ = 死(し)んだ
죽다 → 죽었다

飲(の)む → 飲(の) + んだ = 飲(の)んだ
마시다 → 마셨다

遊(あそ)ぶ → 遊(あそ) + んだ = 遊(あそ)んだ
놀다 → 놀았다

3 く, ぐ로 끝나는 동사는 어미를 떼고 각각 「~いた」, 「~いだ」를 붙입니다.

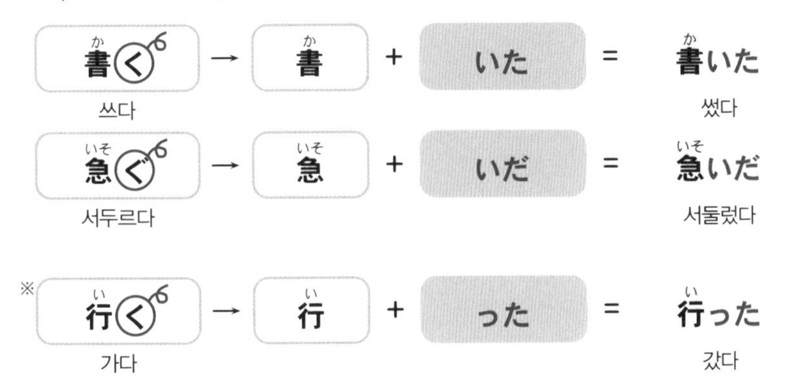

※ 예외적으로 동사 「行(い)く(가다)」는 た형으로 바꿀 때 법칙에 따라 「行(い)いた」라고 하지 않고, 「行(い)った」라고 해야 합니다.

4 す로 끝나는 동사는 어미를 떼고 「~した」를 붙입니다.

話(はな)す → 話 + した = 話(はな)した

이야기하다 → 이야기했다

미니 테스트

제시된 동사를 「~た」로 바꾸어 써 보세요.

▶정답 p.263

① 読(よ)む 읽다 ________　② 歩(ある)く 걷다 ________　③ 話(はな)す 이야기하다 ________

④ 持(も)つ 들다 ________　⑤ 死(し)ぬ 죽다 ________　⑥ 使(つか)う 사용하다 ________

⑦ 遊(あそ)ぶ 놀다 ________　⑧ 急(いそ)ぐ 서두르다 ________　⑨ 入(はい)る 들어가(오)다 ________

去年(きょねん)、車(くるま)の免許(めんきょ)を取(と)った。[取(と)る] 작년에 자동차 면허를 땄다.

夜遅(よるおそ)くまで友達(ともだち)と外(そと)で遊(あそ)んだ。[遊(あそ)ぶ] 밤늦게까지 친구와 밖에서 놀았다.

お腹(なか)すいたね。何(なに)食(た)べる？ [すく] 배고프네. 뭐 먹을래?

アルバイトでお金(かね)を稼(かせ)いだ。[稼(かせ)ぐ] 아르바이트로 돈을 벌었다.

家賃(やちん)の安(やす)い部屋(へや)を探(さが)した。[探(さが)す] 집세가 싼 방을 찾았다.

今日(きょう)は会社(かいしゃ)から家(いえ)まで歩(ある)いて帰(かえ)った。[帰(かえ)る]
오늘은 회사에서 집까지 걸어서 돌아갔다.

免許(めんきょ)を取(と)る 면허를 따다
夜遅(よるおそ)くまで 밤늦게까지
お腹(なか)がすく 배가 고프다
アルバイト 아르바이트
稼(かせ)ぐ (돈을) 벌다
家賃(やちん) 집세
拾(ひろ)う 줍다
パリ 파리
~代(だい) ~대
花束(はなたば) 꽃다발
喜(よろこ)ぶ 기뻐하다
試着室(しちゃくしつ) 피팅룸

실력 쌓기 제시된 단어를 참고하여 일본어 문장을 완성해 보세요.

▶정답 p.263

1. 길에서 만 엔을 주웠다. (拾う)

   道で1万円を______________________。

2. 그녀는 20대를 파리에서 보냈다. (過ごす)

   彼女は20代をパリで______________________。

3. 그녀는 꽃다발을 보고 매우 기뻐했다. (喜ぶ)

   彼女は花束を見てとても______________________。

4. 피팅룸에 들어갈 때 신발을 벗었다. (脱ぐ)

   試着室に入る時、靴を______________________。

2 2그룹 동사의 た형

2그룹 동사는 어미 る를 떼고 「~た」를 붙입니다. 2그룹 동사의 た형은 앞에서 배운 て형과 어미 변화 형태가 동일합니다.

見る (보다) → 見 + た = 見た (봤다)

食べる (먹다) → 食べ + た = 食べた (먹었다)

미니 테스트

제시된 동사를 「~た」로 바꾸어 써 보세요.

▶정답 p.263

① 借りる 빌리다 ______________　② 決める 정하다 ______________

ネットフリックスで日本のドラマを見た。[見る]
넷플릭스로 일본 드라마를 봤다.

今日は寒いので、黒いコートを着た。[着る]
오늘은 추워서 검은 코트를 입었다.

昨日は子供のそばで寝た。[寝る] 어제는 아이 옆에서 잤다.

寿司屋で海鮮丼を食べた。[食べる] 초밥집에서 해산물덮밥을 먹었다.

黒い 검다
そば 옆
寿司屋 초밥집
海鮮丼 해산물덮밥
カーテン 커튼
車内 차내

실력 쌓기 제시된 단어를 참고하여 일본어 문장을 완성해 보세요.

▶정답 p.263

1. 커튼을 치고 집을 나섰다. (出(で)る)

   カーテンを閉(し)めて家(いえ)を＿＿＿＿＿＿＿＿＿＿＿＿＿＿＿＿＿＿＿＿。

2. 오늘은 아침 일찍 일어났다. (起(お)きる)

   今日(きょう)は朝早(あさはや)く＿＿＿＿＿＿＿＿＿＿＿＿＿＿＿＿＿＿＿＿。

3. 차 안이 더워서 창문을 열었다. (開(あ)ける)

   車内(しゃない)が暑(あつ)いので、窓(まど)を＿＿＿＿＿＿＿＿＿＿＿＿＿＿＿＿＿＿＿＿。

3 3그룹 동사의 た형

불규칙 활용 동사이므로 그대로 암기하세요. 3그룹 동사의 た형도 て형과 어미 변화 형태가 동일합니다.

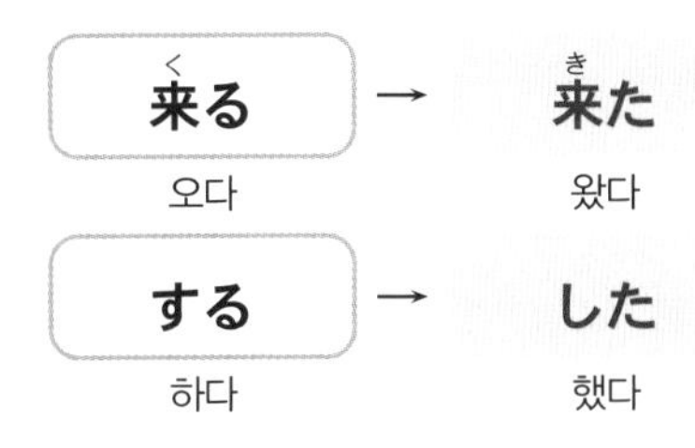

미니 테스트

제시된 동사를 「~た」로 바꾸어 써 보세요.

▶정답 p.263

① 来(く)る 오다 ＿＿＿＿＿＿＿＿＿＿　② 掃除(そうじ)する 청소하다 ＿＿＿＿＿＿＿＿＿＿

泥棒(どろぼう)はこの窓(まど)から入(はい)って来(き)た。[来(く)る]

도둑은 이 창문으로 들어왔다.

週末(しゅうまつ)は母(はは)とショッピングをした。[する]

주말에는 엄마와 쇼핑을 했다.

私(わたし)は年下(としした)の女性(じょせい)と結婚(けっこん)した。[結婚(けっこん)する]

나는 연하의 여성과 결혼했다.

泥棒(どろぼう) 도둑
入(はい)る 들어가(오)다
年下(としした) 연하
女性(じょせい) 여성
レストラン 레스토랑
予約(よやく)する 예약하다

실력 쌓기 제시된 단어를 참고하여 일본어 문장을 완성해 보세요.

▶정답 p.263

1. 오늘은 손님이 많이 왔다. (来る)

   今日はお客さんがたくさん＿＿＿＿＿＿＿＿＿＿＿＿＿＿＿＿。

2. 1시에 레스토랑을 예약했다. (予約する)

   1時にレストランを＿＿＿＿＿＿＿＿＿＿＿＿＿＿＿＿＿＿。

02 「동사+た」의 의미 용법

1 과거의「た」

과거의「た」란, 한마디로 우리말의 '~었다'에 해당하는 말입니다. 다시 말하면, '있었다', '먹었다'에서 '~었다'에 해당하는 말로, 현재 이전에 일어났던 과거를 나타내는 표현입니다.

ここに本がある。 여기에 책이 있다. 현재

これから会社へ行く。 이제부터 회사에 간다(갈 것이다). 미래

本があった。/ 会社へ行った。 책이 있었다. / 회사에 갔다. 과거

문법 일본어의 시제

- 과거: 모든 동사의 た형, い형용사·な형용사의 た형
- 현재: 상태 동사(ある(있다), 要る(필요하다) 등)의 기본형
- 미래: 동작 동사(行く(가다), 読む(읽다) 등)의 기본형

	비과거	비과거	과거
동사	미래(앞으로)	현재(지금)	과거(이전에)
상태 동사	X	ある 있다	あった 있었다
い형용사	X	暑い 덥다	暑かった 더웠다
な형용사	X	好きだ 좋아하다	好きだった 좋아했다
동작 동사	行く 가다	X	行った 갔다

※ い형용사와 な형용사는 상태 동사와 동일한 시제 관계를 나타냅니다.

2 완료의「た」

완료의「た」는 '과거'와 달리, '동작이 이미 실현됐다'는 뜻만을 나타냅니다. 그러나 문장 속에서「た」가 과거의 의미로 쓰였는지, 완료의 의미로 쓰였는지 구별하기는 어렵습니다.「た」의 두 가지 의미가 명확히 드러나는 것은 질문에 대한 부정의 응답이 나올 때입니다.

① 아직 점심을 먹을 시간이 남아 있는 경우 (오후 1시)

A 昼(ひる)ご飯(はん)、食(た)べた? 점심 먹었어?

B (긍정) うん、食(た)べた。 응, 먹었어. **완료의 た**

(부정) いや、まだ、食(た)べていない。 아니, 아직 안 먹었어. **미완료**

② 이미 점심 먹을 시간이 지나간 경우 (오후 5시)

A 昼(ひる)ご飯(はん)、食(た)べた? 점심 먹었어?

B (긍정) うん、食(た)べた。 응, 먹었어. **과거의 た**

(부정) いや、食(た)べなかった。 아니, 안 먹었어. **과거 부정**

①은 아직 점심 시간이 남아 있는 상황에서 행위의 완료 여부를 묻고 있으므로, 이때의「た」는 '점심을 먹는 행위가 완료되었음'을 나타냅니다. 이와는 달리 ②에서는 점심 시간이 지난 상황에서 '과거'에 점심을 먹었는지 묻고 있는 상황이므로 이때의「た」는 '과거'를 나타냅니다. 또한, 부정으로 답할 때 과거든 완료든 '과거 부정'의 식으로 표현하는 우리말과 달리, 일본어에서는 과거의 부정은 '과거 부정 표현'을 쓰고, 완료의 부정은 '미완료 표현'을 써서 표현합니다.

	우리말	일본어
과거 부정	안 먹었다(안 먹었습니다)	食(た)べなかった(食(た)べなかったです)
미완료	안 먹었다(안 먹었습니다)	食(た)べていない(食(た)べていません)

昨日(きのう)は店(みせ)の掃除(そうじ)をしませんでした(=しなかったです)。

어제는 가게 청소를 하지 않았습니다. **과거 부정**

部長(ぶちょう)はまだ結婚(けっこん)していません。

부장님은 아직 결혼하지 않았습니다. **미완료**

掃除(そうじ) 청소

03 「た」를 사용하는 다양한 표현

1 ～たことがある ～(한) 적이 있다

동사의 과거형에 ことがある를 붙인 「～たことがある」는 과거의 경험을 나타내는 표현입니다.

行く(い) → 行った + ことがある = 行ったことがある
가다 / 간 적이 있다

一度(いちど)だけ芸能人(げいのうじん)に会(あ)ったことがあります。
딱 한 번 연예인을 만난 적이 있습니다.

他人(たにん)の気持(きも)ちを考(かんが)えたことがありますか。
다른 사람의 기분을 생각해 본 적이 있나요?

馬肉(ばにく)をまだ食(た)べたことがありません。
말고기를 아직 먹어 본 적이 없습니다.

私(わたし)はイノシシを見(み)たことがありません。
저는 멧돼지를 본 적이 없습니다.

～だけ ～만, ～뿐
芸能人(げいのうじん) 연예인
他人(たにん) 타인, 다른 사람
考(かんが)える 생각하다
馬肉(ばにく) 말고기
イノシシ 멧돼지
ディズニーランド 디즈니랜드
富士山(ふじさん) 후지산
登(のぼ)る 오르다

실력 쌓기 제시된 단어를 참고하여 일본어 문장을 완성해 보세요.

▶정답 p.263

1. 도쿄 디즈니랜드에 간 적이 있나요? (行(い)く)
   東京(とうきょう)のディズニーランドへ＿＿＿＿＿＿＿＿＿＿＿＿。

2. 나는 후지산에 오른 적이 없습니다. (登(のぼ)る)
   私(わたし)は富士山(ふじさん)に＿＿＿＿＿＿＿＿＿＿＿＿。

2 ～たほうがいい ~(하)는 편이 좋다(~(하)는 쪽이 좋다)

「～たほうがいい」는 상대방에게 화자의 의견을 제안하거나 충고할 때 쓰이는 표현입니다. 우리말로는 현재형으로 해석돼도 일반적으로 일본어로는 과거형 「～た」에 「～ほうがいい」가 붙는다는 것에 주의해야 합니다.

運動(うんどう)する → 運動(うんどう)した + ほうがいい = 運動(うんどう)したほうがいい

운동하다 / 운동하는 편이 좋다

君(きみ)はもっと勉強(べんきょう)したほうがいい。 자네는 좀 더 공부하는 게 좋겠어.

試験(しけん)の日(ひ)は早(はや)く家(いえ)を出(で)たほうがいいですよ。
시험 날은 일찍 집을 나서는 편이 좋아요.

風邪(かぜ)の時(とき)はマスクをつけたほうがいいですよ。
감기에 걸렸을 때는 마스크를 쓰는 편이 좋아요.

- 君(きみ) 너, 자네
- もっと 더욱, 좀 더
- 勉強(べんきょう)する 공부하다
- マスクをつける 마스크를 쓰다
- すぐ 곧바로
- 歯(は)を磨(みが)く 이를 닦다

실력 쌓기 제시된 단어를 참고하여 일본어 문장을 완성해 보세요.

▶정답 p.263

1. 식사를 하고 바로 이를 닦는 것이 좋다. (磨(みが)く)

 食事(しょくじ)をして、すぐ歯(は)を＿＿＿＿＿＿＿＿＿＿＿＿＿＿＿＿。

2. 여기에서는 머니까, 택시를 타는 편이 좋겠습니다. (乗(の)る)

 ここからは遠(とお)いので、タクシーに＿＿＿＿＿＿＿＿＿＿＿＿＿＿＿＿。

3 ～たばかりだ ~(한) 지 얼마 안 됐다

「～たばかりだ」는 시간적으로 또는 심리적으로 동작이 완료되고 얼마 지나지 않았음을 나타낼 때 사용되는 표현입니다.

시작하다 / 막 시작했다

さっき食(た)べたばかりだから、今(いま)はお腹(なか)がいっぱいです。
좀 전에 막 먹어서, 지금은 배가 부릅니다. 시간적

日本(にほん)に来(き)たばかりの頃(ころ)は、分(わ)からないことが多(おお)かった。
일본에 온 지 얼마 안 됐을 때는 모르는 것이 많았다. 심리적

木村(きむら)さんは去年結婚(きょねんけっこん)したばかりなのに、もう離婚(りこん)を考(かんが)えている。
기무라 씨는 작년에 막 결혼했는데, 벌써 이혼을 생각하고 있다. 심리적

- さっき 아까, 좀 전
- お腹(なか)がいっぱいだ 배가 부르다
- もう 이제, 벌써
- 離婚(りこん) 이혼
- 着(つ)く 도착하다
- 頭(あたま)がぼーっとする 머리가 멍하다

실력 쌓기 제시된 단어를 참고하여 일본어 문장을 완성해 보세요.

▶정답 p.263

1. 어제 막 일본에 도착했습니다. (着(つ)く)

昨日(きのう)、日本(にほん)に＿＿＿＿＿＿＿＿＿＿＿＿＿＿。

2. 지금 막 일어났기 때문에(잠에서 깼기 때문에) 머리가 멍합니다. (起(お)きる)

今(いま)＿＿＿＿＿＿＿＿＿＿なので、頭(あたま)がぼーっとしています。

4 ～たまま ~(한) 채로(그대로)

「～たまま」는 바뀌지 않고 원래의 상태대로 유지되거나 유지시킬 때 사용합니다.

開(あ)けるⓡ → 開(あ)けた + まま = 開(あ)けたまま

열다 → 연 채로

コートにタグがついたままですよ。
코트에 태그가 그대로 달린 채예요.

会議室(かいぎしつ)には靴(くつ)を履(は)いたままで入(はい)った。
회의실에는 구두를 신은 채로 들어갔다.

暑(あつ)いからエアコンをつけたままにしておきます。
더우니까 에어컨을 켜 놓은 채로 두겠습니다.

タグ 태그, (제품) 꼬리표
つく 붙다, 켜지다
履(は)く (신발을) 신다
つける 붙이다, 켜다
めがねをかける 안경을 쓰다
シャワーを浴(あ)びる 샤워를 하다

실력 쌓기 제시된 단어를 참고하여 일본어 문장을 완성해 보세요.

▶정답 p.263

1. 텔레비전을 켠 채로 자 버렸다. (つける)

テレビを＿＿＿＿＿＿＿＿＿＿＿＿＿＿、寝(ね)てしまった。

2. 안경을 낀 채로 샤워를 하고 말았다. (かける)

めがねを＿＿＿＿＿＿＿＿＿＿シャワーを浴(あ)びてしまった。

정리하기

동사의 た형 만들기

✧ 1그룹 동사: 동사의 어미에 따라 바뀌는 형태가 달라집니다.
① う, つ, る로 끝나는 동사는 어미를 떼고 「～った」를 붙입니다.
② ぬ, む, ぶ로 끝나는 동사는 어미를 떼고 「～んだ」를 붙입니다.
③ く, ぐ로 끝나는 동사는 어미를 떼고 각각 「～いた」, 「～いだ」를 붙입니다.
※ 行く는 行った로 바뀝니다.
④ す로 끝나는 동사는 어미를 떼고 「～した」를 붙입니다.

✧ 2그룹 동사: 어미 る를 떼고 「～た」를 붙입니다.

✧ 3그룹 동사: 불규칙 활용 동사이므로 그대로 암기하세요. 来る는 来た, する는 した입니다.

동사 그룹	동사 어미	어미 변화+た	기본형	과거형(～た)
1그룹	う	～った	買う 사다	買った 샀다
	つ		待つ 기다리다	待った 기다렸다
	る		乗る (탈것을) 타다	乗った 탔다
	ぬ	～んだ	死ぬ 죽다	死んだ 죽었다
	む		飲む 마시다	飲んだ 마셨다
	ぶ		呼ぶ 부르다	呼んだ 불렀다
	く	～いた	焼く 굽다	焼いた 구웠다
	ぐ	～いだ	急ぐ 서두르다	急いだ 서둘렀다
	す	～した	消す 끄다	消した 껐다
	※ 예외		行く 가다	行った 갔다
2그룹	る	る+た	見る 보다	見た 봤다
			起きる 일어나다	起きた 일어났다
			寝る 자다	寝た 잤다
			食べる 먹다	食べた 먹었다
3그룹	불규칙 활용		来る 오다	来た 왔다
			する 하다	した 했다

UNIT 08 동사의 ない형

동사의 ない형(부정형)은 동사에 「～ない」가 연결될 때 바뀌는 동사의 어미 형태를 가리키는 말입니다. 여기에서는 동사의 ない형을 만드는 방법과 「동사+ない」를 활용한 다양한 표현에 대해 알아보겠습니다.

01 동사의 ない형 ~(하)지 않다 〈동사의 부정형〉

동사에 「～ない」를 접속하면 '~(하)지 않다'라는 의미의 부정형이 됩니다. 동사에 「～ない」를 붙일 때 바뀌는 동사 형태를 ない형이라고 합니다.

1 1그룹 동사의 ない형

1그룹 동사는 동사의 어미 う단을 あ단으로 바꾸어 그 뒤에 부정의 의미를 나타내는 「～ない」를 접속합니다. 단, 어미가 う로 끝나는 동사는 あ가 아닌, わ로 바꿉니다.

動(うご)く → 動(うご)か + ない = 動(うご)かない

움직이다 → 움직이지 않다

미니 테스트

제시된 동사를 「～ない」로 바꾸어 써 보세요.

▶정답 p.263

① 読(よ)む 읽다 ________ ② 歩(ある)く 걷다 ________ ③ 押(お)す 누르다 ________

④ 持(も)つ 들다 ________ ⑤ 死(し)ぬ 죽다 ________ ⑥ 使(つか)う 사용하다 ________

⑦ 遊(あそ)ぶ 놀다 ________ ⑧ 急(いそ)ぐ 서두르다 ________ ⑨ 入(はい)る 들어가(오)다 ________

彼女(かのじょ)は日曜(にちよう)には誰(だれ)にも会(あ)わない。[会(あ)う]

그녀는 일요일에는 아무도 만나지 않는다.

うちの家族(かぞく)は食事中(しょくじちゅう)には話(はな)さない。[話(はな)す]

우리 가족은 식사 중에는 이야기하지 않는다.

ここは寒(さむ)くてバナナは育(そだ)たない。[育(そだ)つ]

여기는 추워서 바나나는 자라지 않는다.

主人公(しゅじんこう)は決(けっ)して死(し)なない。[死(し)ぬ]

주인공은 결코 죽지 않는다.

日曜(にちよう) 일요(일)
家族(かぞく) 가족
～中(ちゅう) ~(하는) 중
話(はな)す 이야기하다
バナナ 바나나
育(そだ)つ 자라다
主人公(しゅじんこう) 주인공
決(けっ)して 결코

物価(ぶっか)が上(あ)がっても、給料(きゅうりょう)は上(あ)がらない。[上(あ)がる]
물가가 올라도 월급은 오르지 않는다.

문법 あるの 부정 표현

동사「ある(있다)」의 부정 표현은「あらない」가 아니라「ない」입니다. 또한 ない의 정중 표현은「ないです」또는「ありません」입니다. (▶ p.51)

ある 있다 ↔ ない 없다

仕事(しごと)を休(やす)む暇(ひま)がない。[ある] 일을 쉴 틈이 없다.

貯金(ちょきん)があまりないです(=ありません)。 저금이 별로 없습니다.

物価(ぶっか) 물가
上(あ)がる 오르다
暇(ひま) 짬, 여유
貯金(ちょきん) 저금
レシート 영수증
捨(す)てる 버리다
主人(しゅじん) 남편
趣味(しゅみ) 취미, 취향

실력 쌓기 제시된 단어를 참고하여 일본어 문장을 완성해 보세요.

▶정답 p.263

1. 나는 아직 모르는 것이 많습니다. (知(し)る)
   私(わたし)はまだ＿＿＿＿＿＿＿＿ことが多(おお)いです。
2. 영수증은 필요 없으니 버려 주세요. (要(い)る)
   レシートは＿＿＿＿＿＿＿＿ので捨(す)ててください。
3. 남편과는 음악 취향이 맞지 않는다. (合(あ)う)
   主人(しゅじん)とは音楽(おんがく)の趣味(しゅみ)が＿＿＿＿＿＿＿＿。

2 2그룹 동사의 ない형

2그룹 동사는 동사의 어미, 즉 る를 없애고 그 뒤에「〜ない」를 접속하여 만듭니다.

着(き)る → 着(き) ＋ ない ＝ 着(き)ない
입다 / 입지 않다

미니 테스트

제시된 동사를「〜ない」로 바꾸어 써 보세요. ▶정답 p.263

① 起(お)きる 일어나다 ＿＿＿＿＿＿　② 捨(す)てる 버리다 ＿＿＿＿＿＿

雨の日はお客さんがいない。[いる]
비 오는 날은 손님이 없다.

普段はあまり着ない色です。[着る]
평소에는 별로 입지 않는 색입니다.

暑くてもエアコンをつけない。[つける]
더워도 에어컨을 켜지 않는다.

彼は性格はいいけど、モテないです。[モテる]
그는 성격은 좋지만, 인기가 없습니다.

普段 보통, 평소
色 색
性格 성격
モテる 인기가 있다
卒業する 졸업하다
単位 단위, 학점
雲 구름
月 달
見える 보이다
シャワー 샤워기
お湯 뜨거운 물

실력 쌓기 제시된 단어를 참고하여 일본어 문장을 완성해 보세요.

▶정답 p.263

1. 졸업하기에는 학점이 부족하다. (足りる)
   卒業するには単位が＿＿＿＿＿＿＿＿＿＿＿＿＿＿＿＿。
2. 구름이 많아서 달이 보이지 않는다. (見える)
   雲が多くて月が＿＿＿＿＿＿＿＿＿＿＿＿＿＿＿＿。
3. 샤워기에서 뜨거운 물이 나오지 않는다. (出る)
   シャワーからお湯が＿＿＿＿＿＿＿＿＿＿＿＿＿＿＿＿。

3 3그룹 동사의 ない형

불규칙 활용 동사이므로 그대로 암기하세요. 「来る」는 「来ない」, 「する」는 「しない」로 바꿉니다.

来る 오다	→	**来ない** 오지 않다
する 하다	→	**しない** 하지 않다

미니 테스트

제시된 동사를 「～ない」로 바꾸어 써 보세요.

▶정답 p.264

① 来る 오다 ＿＿＿＿＿＿＿＿　② 運転する 운전하다 ＿＿＿＿＿＿＿＿

泥棒が入ってこないか心配です。[来る]
도둑이 들어오지 않을까 걱정입니다.

明日は寝坊をしないように気をつけます。[する]
내일은 늦잠을 자지 않도록 주의하겠습니다.

自動ドアがうまく作動しない。[作動する]
자동문이 잘 작동하지 않는다.

心配だ 걱정이다
寝坊 늦잠
気をつける 조심하다
作動する 작동하다
休日 휴일
化粧 화장

실력 쌓기 제시된 단어를 참고하여 일본어 문장을 완성해 보세요.

▶정답 p.264

1. 버스가 좀처럼 오지 않는다. (来る)

 バスがなかなか______________________。

2. 휴일에는 화장을 하지 않는다. (する)

 休日は化粧を______________________。

02 동사 ない의 다양한 변화 표현

1 동사 ない의 정중 표현 ~(하)지 않습니다

1 ～ないです

동사의 부정형 ない에 '~입니다'에 해당하는 「～です」를 접속시켜 「～ないです」의 형태로 만들 수 있습니다. 이때 「～ないです」는 실제 회화에서 「～ないんです」로 사용되는 경우가 많습니다.

分かる → 分からない + です = 分からないです
알다 모릅니다

帽子が小さくて頭が入らないです。
모자가 작아서 머리가 들어가지 않습니다.

雨の日はお客さんが全然来ないです。
비 오는 날은 손님이 전혀 오지 않습니다.

私は料理に自信がないんです。
나는 요리에 자신이 없어요.

頭 머리
自信 자신(감)

실력 쌓기 제시된 단어를 참고하여 일본어 문장을 완성해 보세요.

▶정답 p.264

1. 저는 고기는 안 먹어요. (食べる, ～んです)

   私は肉は＿＿＿＿＿＿＿＿＿＿＿＿＿＿＿＿＿＿。

2. 휴일에는 아침 일찍 안 일어나요. (起きる, ～んです)

   休みの日は朝早く＿＿＿＿＿＿＿＿＿＿＿＿＿＿＿＿＿＿。

2 ～ません

동사의 ます형에「～ません」을 접속시킨 형태도 정중한 부정 표현으로 사용할 수 있습니다.

見える（보이다） → 見え ＋ ません ＝ 見えません（보이지 않습니다）

帽子が小さくて頭が入りません。 모자가 작아서 머리가 들어가지 않습니다.

雨の日はお客さんが全然来ません。 비 오는 날은 손님이 전혀 오지 않습니다.

私は料理に自信がありません。 나는 요리에 자신이 없습니다.

言う 말하다

실력 쌓기 제시된 단어를 참고하여 일본어 문장을 완성해 보세요.

▶정답 p.264

1. 올해는 눈이 별로 오지 않습니다. (降る)

   今年はあまり雪が＿＿＿＿＿＿＿＿＿＿＿＿＿＿＿＿＿＿。

2. 이 이야기는 누구에게도 말하지 않겠습니다. (言う)

   この話は誰にも＿＿＿＿＿＿＿＿＿＿＿＿＿＿＿＿＿＿。

2 동사+なかった ~(하)지 않았다 <동사의 부정 과거 표현>

동사의 부정형 ない에서 어미 い를 떼고「～かった」를 붙이면 부정의 과거 표현이 됩니다. 이는 형용사의 과거 표현을 만들 때와 동일합니다.

拾う（줍다） → 拾わない（줍지 않다） ＋ かった ＝ 拾わなかった（줍지 않았다）

お金が足りなかった。
돈이 부족했다.

値段が高いから買わなかった。
가격이 비싸서 사지 않았다.

何時間待っても彼女は来なかった。
몇 시간을 기다려도 그녀는 오지 않았다.

高校生の頃は、ほとんど本を読まなかった。
고등학생 때는 거의 책을 읽지 않았다.

待つ 기다리다
サイズ 사이즈
小学生 초등학생

실력 쌓기 제시된 단어를 참고하여 일본어 문장을 완성해 보세요.

▶정답 p.264

1. 신발 사이즈가 맞지 않았다. (合う)
   靴のサイズが＿＿＿＿＿＿＿＿＿＿＿＿。

2. 초등학생 때까지는 친구와 놀지 않았다. (遊ぶ)
   小学生の時までは友達と＿＿＿＿＿＿＿＿＿＿＿＿。

3 동사+なかったです / 동사+ませんでした ~(하)지 않았습니다 〈동사의 부정 과거 정중 표현〉

1 동사+なかったです

'동사 ない의 과거 정중 표현'은 なかった에 「～です」를 붙여 「～なかったです」 형태로 만들 수 있습니다. 이때 「～なかったです」는 실제 회화 장면에서는 「～なかったんです」로 사용되는 경우가 많습니다.

答える	→	答えない	+	かったです	=	答えなかったです
대답하다		대답하지 않다				대답하지 않았습니다

一晩中、お酒を全然飲まなかった。
밤새 술을 전혀 마시지 않았다.

昨日、どうして来なかったんですか。
어제, 왜 안 왔어요?

一晩中 밤새

A この商店街(しょうてんがい)にはおいしい料理(りょうり)がたくさんあります。

이 상점가에는 맛있는 음식이 많이 있습니다.

B そうなんですか。知(し)らなかったです。

그래요? 몰랐어요.

商店街(しょうてんがい) 상점가

실력 쌓기 제시된 단어를 참고하여 일본어 문장을 완성해 보세요.

▶정답 p.264

1. 그는 아무 말도 안 했어요. (言(い)う, ～んです)

彼(かれ)は何(なに)も＿＿＿＿＿＿＿＿＿＿＿＿＿＿＿＿＿＿＿＿。

2. 오늘은 학교에 안 갔어요. (行(い)く)

今日(きょう)は学校(がっこう)に＿＿＿＿＿＿＿＿＿＿＿＿＿＿＿＿＿＿＿＿。

2 동사+ませんでした

'동사 ない의 과거 정중 표현'은 「동사+ません」에 「～でした」를 붙여, 「～ませんでした」로도 만들 수 있습니다. 「～なかったです」보다는 「～ませんでした」가 좀 더 정중한 느낌을 주며, 「～ませんでした」는 회화체, 문장체 양쪽 모두에 사용할 수 있습니다.

乗(の)る	→	乗(の)りません	+	でした	=	乗(の)りませんでした
타다		타지 않습니다				타지 않았습니다

寝坊(ねぼう)して授業(じゅぎょう)に間(ま)に合(あ)いませんでした。

늦잠을 자서 수업에 늦었습니다.

先月(せんげつ)はボーナスが出(で)ませんでした。

지난달에는 보너스가 나오지 않았습니다.

試着室(しちゃくしつ)には鏡(かがみ)がありませんでした。

피팅룸에는 거울이 없었습니다.

寝坊(ねぼう)する 늦잠자다
授業(じゅぎょう) 수업
間(ま)に合(あ)う (시간에) 맞다
鏡(かがみ) 거울
今週(こんしゅう) 이번 주

실력 쌓기 제시된 단어를 참고하여 일본어 문장을 완성해 보세요.

▶정답 p.264

1. 이번 주는 손님이 별로 오지 않았습니다. (来(く)る)

今週(こんしゅう)はあまりお客(きゃく)さんが＿＿＿＿＿＿＿＿＿＿＿＿＿＿＿＿＿＿＿＿。

2. 지난주에는 방 청소를 하지 않았습니다. (する)

先週(せんしゅう)は部屋(へや)の掃除(そうじ)を＿＿＿＿＿＿＿＿＿＿＿＿＿＿＿＿＿＿＿＿。

4 ～ないでください ～(하)지 마세요

동사의 ない형에 「～ないでください」를 접속하면 '～(하)지 마세요'라는 뜻이 됩니다. 상대방에게 어떤 행위를 하지 말라고 '요구', '부탁'할 때 사용합니다.

入る(はい) → 入ら(はい) + ないでください = 入らないでください(はい)

들어가(오)다 　　　　　　　　　　　　　　　　　　　 들어가(오)지 마세요

私(わたし)のものを勝手(かって)に使(つか)わないでください。
제 것을 마음대로 쓰지 마세요.

そうやってすぐに怒(おこ)らないでください。
그렇게 바로 화내지 마세요.

授業(じゅぎょう)以外(いがい)のことは話(はな)さないでください。
수업 이외의 일은 이야기하지 마세요.

+ 문법 「～ないで」 VS 「～なくて」

- ～ないで: '~하지 않고'라는 뜻으로, 어떠한 행위를 하지 않고 메인이 되는 다른 행위를 하는 것을 나타냅니다. 「～ず(に)」로 바꿔 쓸 수 있습니다.
- ～なくて: '~하지 않아서'라는 뜻으로, 앞의 부정적인 사태가 원인이 되어 그 결과로 뒤의 사태가 일어났음을 나타냅니다.

昨日(きのう)は寝(ね)ないで勉強(べんきょう)しました。
어제는 자지 않고 공부했습니다.

救急車(きゅうきゅうしゃ)が来(こ)なくてみんな困(こま)っています。
구급차가 오지 않아서 모두 곤란해하고 있습니다.

もの 것, 물건
勝手(かって)に 마음대로
そうやって 그렇게
すぐに 곧, 즉시
怒(おこ)る 화내다
以外(いがい) 이외
救急車(きゅうきゅうしゃ) 구급차
困(こま)る 곤란하다
氷(こおり) 얼음
立(た)つ 서다

실력 쌓기 제시된 단어를 참고하여 일본어 문장을 완성해 보세요.

▶정답 p.264

1. 물에 얼음은 넣지 마세요. (入(い)れる)
   お水(みず)に氷(こおり)は＿＿＿＿＿＿＿＿＿＿＿＿＿＿＿＿＿＿＿。

2. 의자 위에는 서지 말아 주세요. (立(た)つ)
   椅子(いす)の上(うえ)には＿＿＿＿＿＿＿＿＿＿＿＿＿＿＿＿＿＿＿。

정리하기

동사의 ない형 만들기

✧ 1그룹 동사: 어미 う단을 あ단으로 바꾸고 「～ない」를 붙입니다.
(단, 어미가 う로 끝나는 동사는 あ가 아닌 わ로 바꿉니다.)

✧ 2그룹 동사: 어미 る를 떼고 「～ない」를 붙입니다.

✧ 3그룹 동사: 불규칙 활용 동사이므로 그대로 암기하세요. 来(く)る는 来(こ)ない, する는 しない 입니다.

동사 그룹	어미 변화+ない	기본형	부정형(～ない)
1그룹	う단→ あ단+ない	買(か)う 사다	買(か)わない 사지 않다
		聞(き)く 듣다	聞(き)かない 듣지 않다
		貸(か)す 빌려주다	貸(か)さない 빌려주지 않다
		待(ま)つ 기다리다	待(ま)たない 기다리지 않다
		死(し)ぬ 죽다	死(し)なない 죽지 않다
		飲(の)む 마시다	飲(の)まない 마시지 않다
		乗(の)る (탈것을) 타다	乗(の)らない 타지 않다
		急(いそ)ぐ 서두르다	急(いそ)がない 서두르지 않다
		呼(よ)ぶ 부르다	呼(よ)ばない 부르지 않다
2그룹	る+ない	見(み)る 보다	見(み)ない 보지 않다
		起(お)きる 일어나다	起(お)きない 일어나지 않다
		寝(ね)る 자다	寝(ね)ない 자지 않다
		食(た)べる 먹다	食(た)べない 먹지 않다
3그룹	불규칙 활용	来(く)る 오다	来(こ)ない 오지 않다
		する 하다	しない 하지 않다

UNIT 09 명사 수식

'명사 수식'이란, 뒤에 오는 명사를 자세히 설명하거나, 명사가 가리키는 대상을 한정하기 위해 명사 앞에 여러 문장 성분을 두는 것을 말합니다. 여기서는 일본어의 다양한 명사 수식 방법에 대해 알아보겠습니다.

01 명사 + 명사

명사와 명사가 연결될 때는 기본적으로 명사와 명사 사이에 「の」가 들어갑니다. 「명사+の+명사」의 형태로 쓰며, 앞의 명사가 뒤의 명사를 수식합니다. 보통 '~의'라고 해석하며, 경우에 따라서는 「の」를 따로 해석하지 않고, 명사와 명사를 그대로 접속시켜 해석하기도 합니다.

お店(みせ)の店員(てんいん)
가게(의) 점원

大学(だいがく)の先輩(せんぱい)
대학(의) 선배

アクセサリーのサンプル
액세서리(의) 샘플

営業部(えいぎょうぶ)の田中(たなか)さん
영업부(의) 다나카 씨

大学(だいがく) 대학(교)
先輩(せんぱい) 선배
アクセサリー 액세서리
サンプル 샘플
営業部(えいぎょうぶ) 영업부
社員(しゃいん) 사원

실력 쌓기 제시된 단어를 참고하여 일본어 문장을 완성해 보세요.

▶정답 p.264

1. 사원의 이름 (社員(しゃいん), 名前(なまえ))

____

2. 아이의 얼굴 (子供(こども), 顔(かお))

____

02 い형용사＋명사

い형용사 뒤에 명사가 올 때는, い형용사의 기본형과 같은 형태로 명사를 수식합니다. 즉, い형용사의 명사 수식형은 기본형과 동일합니다.

最近の映画は面白いものが多い。
요즘 영화는 재밌는 것이 많다.

店で一番安い品物を買いました。
가게에서 가장 싼 물건을 샀습니다.

新しいアイコンをアップロードする。
새 아이콘을 업로드한다.

最近 최근, 요즘
一番 가장, 제일
アイコン 아이콘
アップロードする 업로드하다
ジャケット 재킷
濡れる 젖다
冷たい 차갑다
うどん 우동

실력 쌓기 제시된 단어를 참고하여 일본어 문장을 완성해 보세요.

▶정답 p.264

1. 검은 재킷이 비에 젖었습니다. (黒い, ジャケット)

   ＿＿＿＿＿＿＿＿＿＿＿＿が雨に濡れました。

2. 오늘은 시원한 우동이 먹고 싶습니다. (冷たい, うどん)

   今日は＿＿＿＿＿＿＿＿＿＿＿＿が食べたいです。

03 な형용사＋명사

な형용사 뒤에 명사가 올 때는 기본형의 어미 だ를 な로 바꾸어 명사를 수식합니다.

有名だ → 有名な + 医者 = 有名な医者
유명하다 유명한 의사 유명한 의사

自然が豊かな場所に行きたいです。
자연이 풍부한 곳에 가고 싶습니다.

きれいなハンカチを母にプレゼントする。
예쁜 손수건을 어머니께 선물한다.

たくさん勉強して立派な大人になりたいです。
많이 공부해서 훌륭한 어른이 되고 싶습니다.

自然 자연
豊かだ 풍부하다
場所 곳, 장소
ハンカチ 손수건
プレゼントする 선물하다
大人 어른
必要だ 필요하다
大切だ 소중하다
ギター 기타
なくなる 없어지다

실력 쌓기 제시된 단어를 참고하여 일본어 문장을 완성해 보세요.

▶정답 p.264

1. 필요하신 게 있으신가요? (必要だ, もの)

_______________________________があります か。

2. 소중한 기타가 없어졌습니다. (大切だ, ギター)

_______________________________がなくなりました。

04 동사+명사

동사 뒤에 명사가 올 때는, 동사의 어미 변화가 없는 기본형과 같은 형태로 명사를 수식합니다. 즉, 동사의 명사 수식형은 기본형과 동일합니다.

1 동사 기본형+명사

동사의 현재 긍정형 뒤에 명사가 올 때는 어미가 바뀌지 않고 그대로 접속됩니다.

教える + **仕事** = **教える仕事**
가르치다 / 일 / 가르치는 일

来週は家族と福岡に行く予定です。
다음 주에는 가족과 후쿠오카에 갈 예정입니다.

会議に使う資料をまとめてください。
회의에 사용할 자료를 정리해 주세요.

この料理に合うワインは何ですか。 이 요리에 어울리는 와인은 뭐예요?

来週 다음 주
福岡 후쿠오카
会議 회의
資料 자료
まとめる 합치다, 정리하다
泊まる 묵다, 머무르다
増える 늘다

실력 쌓기 제시된 단어를 참고하여 일본어 문장을 완성해 보세요.

▶정답 p.264

1. 오늘 밤 묵을 호텔은 어디입니까? (泊まる, ホテル)

   今晩＿＿＿＿＿＿＿＿＿＿＿＿＿＿＿＿＿＿＿＿＿＿はどこですか。

2. 최근에는 태블릿을 사용하는 학생이 늘고 있다. (使う, 学生)

   最近はタブレットを＿＿＿＿＿＿＿＿＿＿＿＿＿＿＿＿が増えている。

2 동사ない+명사

동사의 부정형 뒤에 명사가 올 때는 ない의 어미가 바뀌지 않고 그대로 접속됩니다.

計算が合わないのはおかしいです。
계산이 맞지 않는 것은 이상합니다.

読み方が分からない漢字があります。
읽는 법을 모르는 한자가 있습니다.

犬が知らない人に向かって吠えている。
개가 모르는 사람을 향해 짖고 있다.

計算 계산
おかしい 이상하다
読み方 읽는 법
向かう 향하다
吠える 짖다
この頃 요즘
服 옷

실력 쌓기 제시된 단어를 참고하여 일본어 문장을 완성해 보세요.

▶정답 p.264

1. 요즘에는 공부를 하지 않는 학생이 많아졌다. (勉強をする)

   この頃は＿＿＿＿＿＿＿＿＿＿＿＿＿＿＿＿＿＿＿学生が多くなった。

2. 평소에는 그다지 입지 않는 옷입니다. (着る, 服)

   普段はあまり＿＿＿＿＿＿＿＿＿＿＿＿＿＿＿＿＿＿＿＿＿＿＿です。

3 동사た+명사

동사의 과거형 뒤에 명사가 올 때는 어미가 바뀌지 않고 た에 그대로 접속됩니다.

二人がけんかした理由を聞きました。
두 사람이 싸운 이유를 들었습니다.

黒板に書いた文字を消しました。
칠판에 쓴 글씨를 지웠습니다.

スマホを使って撮影した映画です。
스마트폰을 사용해 촬영한 영화입니다.

週末は新しく買ったゲームをします。
주말에는 새로 산 게임을 할 겁니다.

- **汚れる** 더러워지다
- **けんかする** 싸우다
- **理由** 이유
- **黒板** 칠판
- **文字** 문자
- **消す** 끄다, 지우다
- **撮影する** 촬영하다
- **一目ぼれする** 한눈에 반하다
- **相手** 상대방
- **告白する** 고백하다

실력 쌓기 제시된 단어를 참고하여 일본어 문장을 완성해 보세요.

▶정답 p.264

1. 어제 본 영화는 무척 재미있었다. (見る, 映画)
   昨日＿＿＿＿＿＿＿＿＿＿＿＿＿＿＿＿はとても面白かった。
2. 첫눈에 반한 상대에게 고백했습니다. (一目ぼれする, 相手)
   ＿＿＿＿＿＿＿＿＿＿＿＿＿＿＿＿＿＿に告白しました。

4 동사 なかった+명사

동사의 과거 부정형 뒤에 명사가 올 때는 어미 변화 없이 なかった에 그대로 접속됩니다.

伝えなかった	+	こと	=	伝えなかったこと
전하지 않았다		것		전하지 않은 것

あなたが来なかった理由を言ってください。
당신이 오지 않은 이유를 말해 주세요.

何もしなかった日の方がもっと疲れるのはなぜですか。
아무것도 하지 않은 날이 더 피곤한 것은 어째서인가요?

家に帰って、分からなかった問題を調べて勉強します。
집에 가서 몰랐던 문제를 알아보고 공부합니다.

- **伝える** 전하다
- **方** 편, 쪽
- **疲れる** 피곤하다
- **問題** 문제
- **読書** 독서
- **始める** 시작하다
- **秘密** 비밀

실력 쌓기 제시된 단어를 참고하여 일본어 문장을 완성해 보세요.

▶정답 p.264

1. 전혀 책을 읽지 않던 그가 독서를 시작했다. (読む, 彼)

全然本を＿＿＿＿＿＿＿＿＿＿＿＿＿＿＿＿が読書を始めた。

2. 이것은 누구에게도 말하지 않았던 비밀입니다. (言う, 秘密)

これは誰にも＿＿＿＿＿＿＿＿＿＿＿＿＿＿＿＿です。

05 동사의 명사 수식 관련 표현

1 형식 명사 もの, こと, の와 연결

'형식 명사'란, 일반 명사를 대신해서 사용되는 명사로 단독으로는 구체적인 의미를 나타내지 못합니다. 대표적으로는 もの, こと, の 등이 있습니다. 우리말의 '~것'에 해당합니다.

1 もの

주로 눈에 보이는 구체적인 물건을 표현할 때 사용되는 형식 명사입니다.

光る	+	もの	=	光るもの
빛나다		것		빛나는 것

今日売るものは、これです。 오늘 팔 물건은 이것입니다.

昨日買ったものは何ですか。 어제 산 것은 뭐예요?

彼が食べたものが納豆です。 그가 먹은 것이 낫토입니다.

先に 먼저

실력 쌓기 제시된 단어를 참고하여 일본어 문장을 완성해 보세요.

▶정답 p.264

1. 맛있는 것을 가장 먼저 먹는다. (おいしい)

＿＿＿＿＿＿＿＿＿＿＿＿＿＿＿＿を一番先に食べる。

2. 좋은 것을 사용해서 만들었습니다. (いい)

＿＿＿＿＿＿＿＿＿＿＿＿＿＿＿＿を使って作りました。

2 こと

주로 눈에 보이지 않는 추상적인 개념을 표현할 때 사용되는 형식 명사입니다. 문장에 표현된 생각이나 상황, 동작 등을 대신해서 나타낼 때 사용합니다.

알다 / 것 / 아는 것

僕(ぼく)の言(い)ったことを誤解(ごかい)しないでください。
제가 한 말을 오해하지 마세요.

学校(がっこう)で勉強(べんきょう)したことが役(やく)に立(た)っています。
학교에서 공부한 것이 도움이 되고 있습니다.

飲(の)み会(かい)で酔(よ)っ払(ぱら)ったことを後悔(こうかい)しています。
술자리에서 취한 것을 후회하고 있습니다.

誤解(ごかい)する 오해하다
役(やく)に立(た)つ 도움이 되다
飲(の)み会(かい) 회식, 술자리
酔(よ)っ払(ぱら)う 취하다
後悔(こうかい)する 후회하다
減(へ)る 줄다

실력 쌓기 제시된 단어를 참고하여 일본어 문장을 완성해 보세요.

▶정답 p.265

1. 이를 닦는 것은 중요하다. (歯(は)を磨(みが)く)

   ________________________は大切(たいせつ)だ。

2. 인구가 줄어들고 있는 것이 문제입니다. (減(へ)る)

   人口(じんこう)が________________________が問題(もんだい)です。

3 の

「の」는「もの」와도「こと」와도 바꾸어 쓸 수 있지만, 모든 경우에 적용되는 것은 아니므로 주의해야 합니다. 특히「の」는「こと」와 서로 바꾸어 쓸 수 있는 경우가 많습니다.

쓰다 / 것 / 쓰는 것

彼(かれ)が食(た)べた{もの/の}が納豆(なっとう)です。
그가 먹은 것이 낫토입니다.

漢字(かんじ)を覚(おぼ)える{こと/の}は難(むずか)しい。
한자를 외우는 것은 어렵다.

覚(おぼ)える 외우다, 기억하다

僕は朝早く起きる{こと/の}が苦手だ。
나는 아침 일찍 일어나는 것이 힘들다.

私は字を書くのが下手です。
저는 글씨를 쓰는 것이 서툽니다.

飲み物を注文するのを忘れました。
음료를 주문하는 것을 잊었습니다.

このダンボールを運ぶのを手伝ってください。
이 상자를 나르는 것을 도와주세요.

飲み物 음료
注文する 주문하다
ダンボール 골판지 (상자)
運ぶ 옮기다, 나르다
手伝う 돕다
甘える 어리광 부리다
日が沈む 해가 지다

실력 쌓기 제시된 단어를 참고하여 일본어 문장을 완성해 보세요.

▶정답 p.265

1. 그녀는 남에게 어리광 부리는 것을 잘한다. (甘える)
   彼女は人に＿＿＿＿＿＿＿＿＿＿＿＿＿＿＿＿が上手だ。

2. 바다에 가서 해가 지는 것을 봤습니다. (日が沈む)
   海に行って＿＿＿＿＿＿＿＿＿＿＿＿＿＿＿＿を見ました。

2 ～ところだ

「～ところだ」는 동사에 붙어 장면, 상황, 동작 등이 어떠한 발전 단계에 있는지를 표현할 경우에 사용합니다.

1 ～るところだ 막 ~(하)려던 참이다

어떤 동작이나 변화가 시작되기 직전을 나타냅니다.

出かける (외출하다) + ところだ = 出かけるところだ (막 외출하려던 참이다)

今、帰るところだ。
지금, 막 돌아가려던 참이다.

ご飯を食べるところです。
막 밥을 먹으려던 참입니다.

실력 쌓기 제시된 단어를 참고하여 일본어 문장을 완성해 보세요.

▶정답 p.265

1. 지금 막 전철을 타려던 참입니다. (乗(の)る)

今(いま)、電車(でんしゃ)に＿＿＿＿＿＿＿＿＿＿＿＿＿＿＿＿＿＿＿＿です。

2. 이제부터 집을 막 나서려던 참입니다. (出(で)る)

これから家(いえ)を＿＿＿＿＿＿＿＿＿＿＿＿＿＿＿＿＿＿＿＿です。

2 ～ているところだ 지금 한창 ~(하)는 중이다

「～ているところだ」는 동작이 한창 진행 중임을 나타냅니다.

料理(りょうり)している + **ところだ** = **料理(りょうり)しているところだ**

요리하고 있다 / 한창 요리하고 있는 중이다

今(いま)、掃除(そうじ)しているところだ。

지금 한창 청소하고 있는 중이다.

今(いま)、ご飯(はん)を食(た)べているところです。

지금 한창 밥을 먹고 있는 중입니다.

料理(りょうり)する 요리하다
晩(ばん)ご飯(はん) 저녁밥
準備(じゅんび) 준비

실력 쌓기 제시된 단어를 참고하여 일본어 문장을 완성해 보세요.

▶정답 p.265

1. 지금 한창 숙제를 하고 있는 중이다. (宿題(しゅくだい)をする)

今(いま)、＿＿＿＿＿＿＿＿＿＿＿＿＿＿＿＿＿＿＿＿だ。

2. 지금 한창 저녁밥 준비를 하고 있는 중이다. (準備(じゅんび)をする)

今(いま)、晩(ばん)ご飯(はん)の＿＿＿＿＿＿＿＿＿＿＿＿＿＿＿＿＿＿＿＿だ。

3 ～たところだ 지금 막 ~(했)다

동작이나 변화가 완료된 직후를 나타낼 때 쓰입니다.

終(お)わった + **ところだ** = **終(お)わったところだ**

끝났다 / 막 끝난 참이다

今、帰って来たところです。

지금 막 돌아온 참입니다.

たった今、駅に着いたところです。

방금 역에 도착한 참입니다.

今、電車を降りたところなので、あと5分ぐらいで着きます。

지금 막 전철에서 내렸기 때문에 앞으로 5분 정도면 도착합니다.

단, 예외도 있는데 아래 예문의 경우 「ところ」는 '장소(곳)'를 나타냅니다.

坂を登ったところに私の家があります。

언덕을 오른 곳에 우리 집이 있습니다.

終わる 끝나다
たった今 이제 막, 방금
降りる 내리다
坂 언덕
船 배

실력 쌓기 제시된 단어를 참고하여 일본어 문장을 완성해 보세요.

▶정답 p.265

1. 지금 막 배에 탔습니다. (乗る)

   今、船に＿＿＿＿＿＿＿＿＿＿＿＿＿＿＿＿＿＿です。

2. 지금 막 저녁밥을 다 먹었습니다. (食べる)

   今、晩ご飯を＿＿＿＿＿＿＿＿＿＿＿＿＿＿＿＿です。

3 ～前に ～(하기) 전에

「～前に」는 '~(하기) 전에'라는 뜻으로 두 가지 행동 중에서 어느 쪽을 먼저 할지를 나타낼 때 쓰는 표현입니다.

出る	+	前に	=	出る前に
나(오)가다		전에		나(오)가기 전에

ドアを開ける前にノックしてください。

문을 열기 전에 노크하세요.

お風呂に入る前にブレスレットを外した。

목욕하기 전에 팔찌를 풀었다.

海外旅行に行く前に保険に入っておきましょう。

해외여행을 가기 전에 보험을 들어 둡시다.

ノックする 노크하다
お風呂に入る 목욕하다
ブレスレット 팔찌
外す 풀다
保険に入る 보험을 들다

실력 쌓기 제시된 단어를 참고하여 일본어 문장을 완성해 보세요.

▶정답 p.265

1. 자기 전에 이를 닦는다. (寝る)

_______________ 歯を磨く。

2. 전철을 타기 전에 음료를 산다. (乗る)

電車に_______________飲み物を買う。

4 ～とき ~(할) 때, ~(했을) 때

「～とき」는 '~(할) 때, ~(했을) 때'라는 뜻으로, 뒤 문장에서 나타내는 동작 또는 상태가 언제 일어난 일인지를 나타낼 때 씁니다.

予約する	+	とき	=	予約するとき
예약하다		때		예약할 때

出かけるときは鍵をかけてください。
외출할 때는 문을 잠그세요.

食べるときは「いただきます」と言います。
먹을 때는 '잘 먹겠습니다'라고 말합니다.

食べたときは「ごちそうさまでした」と言います。
다 먹었을 때는 '잘 먹었습니다'라고 말합니다.

スーパーに行くときはエコバッグを持って行く。
슈퍼에 갈 때는 에코백을 가지고 간다.

鍵をかける 문을 잠그다
エコバッグ 에코백
持つ 가지다, 들다
夜行バス 심야 버스
カッター 커터

실력 쌓기 제시된 단어를 참고하여 일본어 문장을 완성해 보세요.

▶정답 p.265

1. 도쿄에 갈 때 심야 버스를 탔습니다. (行く)

東京に_______________、夜行バスに乗りました。

2. 커터를 사용할 때는 조심해 주세요. (使う)

カッターを_______________は気をつけてください。

5 ～とちゅう ~(하는) 도중에

「～とちゅう」는 '~(하는) 도중에'라는 뜻으로, 앞 문장의 동작이나 상태가 끝나지 않은 시점에 뒤 문장의 동작 등이 일어났다는 것을 나타냅니다.

공부하다 / 도중(에) / 공부하는 도중(에)

学校(がっこう)に行(い)くとちゅう、お腹(なか)が痛(いた)くなった。
학교에 가는 도중에 배가 아파졌다.

家(いえ)に帰(かえ)るとちゅう、パン屋(や)に寄(よ)りました。
집에 돌아오는 도중에 빵집에 들렀습니다.

ご飯(はん)を食(た)べているとちゅうに、電話(でんわ)がかかってきた。
밥을 먹고 있는 도중에 전화가 걸려 왔다.

お腹(なか)が痛(いた)い 배가 아프다
寄(よ)る 들르다
電話(でんわ)がかかる 전화가 걸리다
お金(かね)を落(お)とす 돈을 잃어버리다

실력 쌓기 제시된 단어를 참고하여 일본어 문장을 완성해 보세요.

▶정답 p.265

1. 슈퍼에 가는 도중에 선생님을 만났다. (行(い)く)

   スーパーに＿＿＿＿＿＿＿＿＿＿＿＿＿＿＿＿、先生(せんせい)に会(あ)った。

2. 여기에 오는 도중에 돈을 잃어버렸다. (来(く)る)

   ここに＿＿＿＿＿＿＿＿＿＿＿＿＿＿＿＿、お金(かね)を落(お)とした。

UNIT 10 조사

'조사'는 문장 속에서 다른 품사와 함께 쓰여 문법적인 의미를 더해주는 역할을 합니다. 여기에서는 일본어의 기초적인 조사와 그 의미를 알아보겠습니다.

01 ～は ~은/는

「～は」는 ① 문장의 주제를 나타낼 때, ② 대비되는 대상을 나타낼 때 씁니다.

猫(ねこ) + は = 猫(ねこ)は

고양이 → 고양이는

ミンホさんは会社員(かいしゃいん)です。 민호 씨는 회사원입니다. 주제

いちごは好(す)きですが、りんごは嫌(きら)いです。

딸기는 좋아하지만, 사과는 싫어합니다. 대비

いちご 딸기

실력 쌓기 제시된 단어를 참고하여 일본어 문장을 완성해 보세요.

▶정답 p.265

1. 우리 집은 넓다. (私(わたし)の家(いえ))

   ______________________________広(ひろ)い。

2. 그녀는 영어로 이야기하고, 그는 일본어로 이야기한다. (彼女(かのじょ), 彼(かれ))

   ______________英語(えいご)で話(はな)して、______________日本語(にほんご)で話(はな)す。

02 ～が ~이/가, ~을/를, ~(이)지만

「～が」는 ① 문장의 주어, ② 문장의 목적어, ③ 역접의 뜻을 나타냅니다.

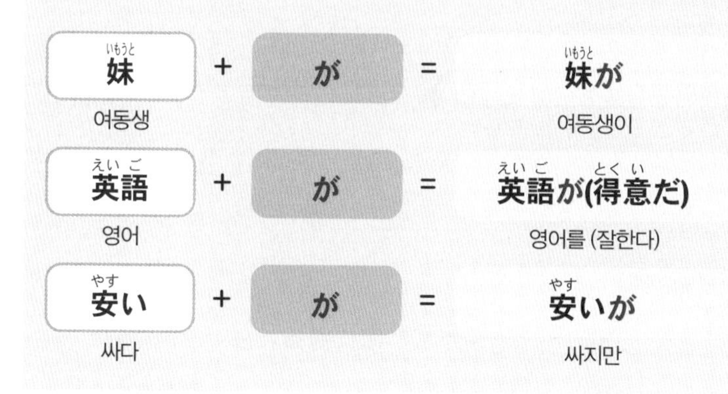

私の家には犬がいます。우리 집에는 개가 있습니다. 주어

私は彼女が好きだ。나는 그녀를 좋아한다. 목적어

復習はしましたが、予習はしませんでした。

복습은 했지만, 예습은 하지 않았습니다. 역접

復習 복습

予習 예습

실력 쌓기 제시된 단어를 참고하여 일본어 문장을 완성해 보세요.

▶정답 p.265

1. 어디가 좋아요? (どこ)

 ______________________ いいですか。

2. 나는 개를 좋아하지만, 그녀는 고양이를 좋아합니다. (好きだ)

 僕は犬が______________________、彼女は猫が好きです。

03 ～を ～을/를

「～を」는 ① 문장의 목적어, ② 통과하는 장소를 나타냅니다.

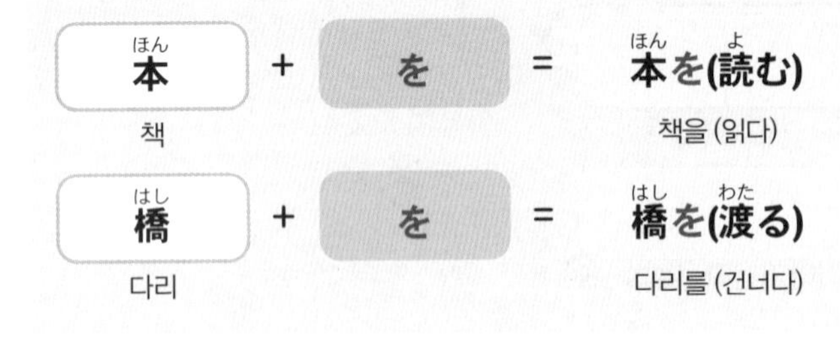

アイスクリームを三つください。아이스크림을 3개 주세요. 목적어

車がトンネルを通る。차가 터널을 통과한다. 통과 장소

アイスクリーム 아이스크림

トンネル 터널

通る 지나다, 통과하다

横断歩道 횡단보도

실력 쌓기 제시된 단어를 참고하여 일본어 문장을 완성해 보세요.

▶정답 p.265

1. 나는 일본어로 일기를 쓴다. (日記)

 私は日本語で______________________書く。

2. 횡단보도를 건너서, 집에 돌아간다. (横断歩道)

 ______________________渡って、家に帰る。

04 ～も ～도, ～(이)나

「～も」는 ① 사물을 같은 자격으로 이어주는 '병렬'의 의미를 나타낼 때, ② 수량이 예상보다 꽤 크거나 많음을 강조할 때 씁니다.

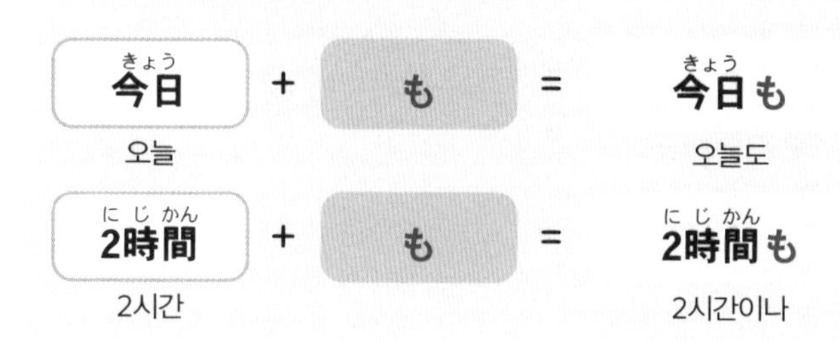

本(ほん)もノートも買(か)いました。 책도 노트도 샀습니다. 병렬

今度(こんど)の事故(じこ)で1万人(いちまんにん)も人(ひと)が死(し)んでいる。
이번 사고로 만 명이나 사람이 죽었다. 수량

ノート 노트
事故(じこ) 사고
～人(にん) ～명

실력 쌓기 제시된 단어를 참고하여 일본어 문장을 완성해 보세요.

▶정답 p.265

1. 어제는 10시간이나 잤습니다. (10時間(じゅうじかん))

   昨日(きのう)は________________________寝(ね)ました。

2. 지금은 아빠도 엄마도 집에 없습니다. (父(ちち), 母(はは))

   今(いま)は、________________________家(いえ)にいません。

05 ～の ～의, ～인, ～의 것

「～の」는 ① 소유의 뜻을 나타낼 때, ② 동격의 의미를 나타낼 때, ③ 명사에 상당하는 말로서 '~의 것'이라는 뜻을 나타낼 때 씁니다.

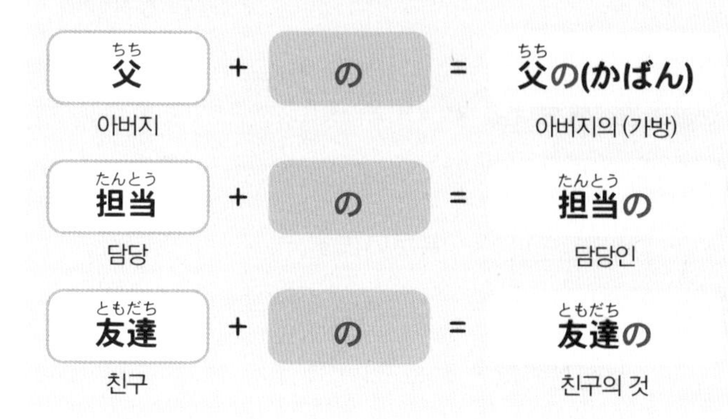

弟が私のりんごを食べた。 남동생이 나의 사과를 먹었다. 소유

こちらが部長の田中です。 이쪽이 부장인 다나카입니다. 동격

そのスマホは私のです。 그 스마트폰은 나의 것입니다. 명사 상당어

弟 (나의) 남동생
クレープ 크레이프
浅草 아사쿠사
名物 명물
人形焼 닌교야키

실력 쌓기 제시된 단어를 참고하여 일본어 문장을 완성해 보세요.

▶정답 p.265

1. 이 크레이프는 지우 씨의 것입니다. (ジウさん)

このクレープは、＿＿＿＿＿＿＿＿＿＿＿＿＿＿です。

2. 이것은 아사쿠사 명물인 닌교야키입니다. (名物)

これは浅草＿＿＿＿＿＿＿＿＿＿＿＿＿＿人形焼です。

06 ～と ～과/와, ～과/와 (함께)

「～と」는 ① '병렬'의 의미, ② 공동 행위의 대상을 나타냅니다.

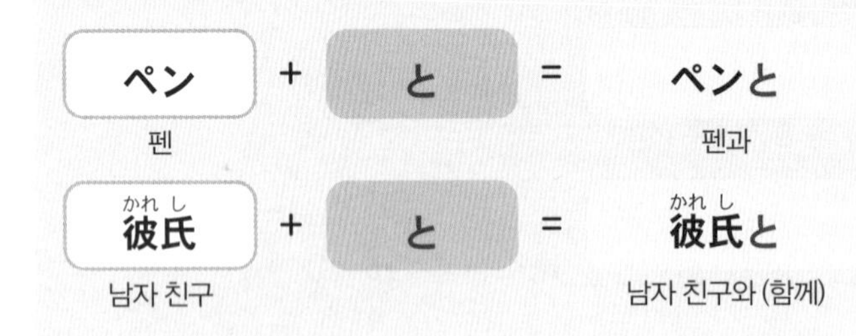

パンとたまごを食べる。 빵과 달걀을 먹는다. 병렬

毎日犬と散歩する。 매일 개와 (함께) 산책한다. 공동 행위의 대상

たまご 달걀
毎日 매일
散歩する 산책하다
姉 (나의) 누나, 언니
旅行する 여행하다

실력 쌓기 제시된 단어를 참고하여 일본어 문장을 완성해 보세요.

▶정답 p.265

1. 나에게는 형과 누나와 남동생이 있습니다. (兄, 姉)

僕には＿＿＿＿＿＿＿＿＿＿＿＿＿＿弟がいます。

2. 친구와 홋카이도를 여행할 예정입니다. (友達)

＿＿＿＿＿＿＿＿＿＿＿＿＿＿北海道を旅行する予定です。

07 ～や ~(이)랑, ~(이)나

「～や」는 같은 종류의 생물, 무생물을 두세 가지 정도 열거할 때 쓰입니다. 일반적으로는 「～など(~등, ~따위)」와 함께 쓰이는 경우가 많지만, 단독으로 쓰이기도 합니다.

パン + や + ジュース = パンやジュース
빵 주스 빵이랑 주스

うちには犬(いぬ)や猫(ねこ)などがいます。
우리 집에는 개랑 고양이 등이 있습니다.

テーブルの上(うえ)にみかんやりんごやいちごなどがあります。
테이블 위에 귤이랑 사과랑 딸기 등이 있습니다.

テーブル 테이블
みかん 귤
デパート 백화점
映画館(えいがかん) 영화관
ショッピングモール 쇼핑몰

실력 쌓기 제시된 단어를 참고하여 일본어 문장을 완성해 보세요.

▶정답 p.265

1. 백화점에서 옷이랑 신발을 샀습니다. (服(ふく), 靴(くつ))

   デパートで____________________を買(か)いました。

2. 건물 안에는 영화관이나 쇼핑몰 등이 있습니다. (映画館(えいがかん), ショッピングモール)

   建物(たてもの)の中(なか)には____________________などがあります。

08 ～など ~등, ~따위

「～など」는 하나의 예를 들거나, 혹은 몇 가지 나열한 것을 총괄하여 제시하고, 그 밖에도 같은 종류의 것이 더 있음을 나타낼 때 쓰입니다.

雑誌(ざっし) + など = 雑誌(ざっし)など
잡지 잡지 등

うちには犬(いぬ)や猫(ねこ)などがいます。
우리 집에는 개랑 고양이 등이 있습니다.

ドアの後(うし)ろにおもちゃやかばんなどがあります。
문 뒤에 장난감이랑 가방 등이 있습니다.

後(うし)ろ 뒤
おもちゃ 장난감
展望台(てんぼうだい) 전망대
動物園(どうぶつえん) 동물원
キリン 기린

실력 쌓기 제시된 단어를 참고하여 일본어 문장을 완성해 보세요.

▶정답 p.265

1. 전망대에는 레스토랑이랑 카페 등이 있습니다. (レストラン, カフェ)

   展望台(てんぼうだい)には＿＿＿＿＿＿＿＿＿＿＿＿＿＿＿＿＿＿があります。

2. 동물원에는 판다랑 사자랑 기린 등이 있습니다. (ライオン, キリン)

   動物園(どうぶつえん)にはパンダや＿＿＿＿＿＿＿＿＿＿＿＿＿＿＿＿がいます。

09 ～で ~에서, ~에, ~(으)로, ~ 때문에

「～で」는 ① 동작이 이루어지는 장소, ② 값·범위·기간, ③ 수단·도구, ④ 재료, ⑤ 원인·이유를 나타낼 때 씁니다.

ここ (여기)	+	で	=	ここで (여기에서)
一日(いちにち) (하루)	+	で	=	一日(いちにち)で (하루에(하루 동안에))
バス (버스)	+	で	=	バスで (버스로)
なす (가지)	+	で	=	なすで (가지로)
風邪(かぜ) (감기)	+	で	=	風邪(かぜ)で (감기 때문에)

駅(えき)で待(ま)ちます。역에서 기다리겠습니다. 동작이 이루어지는 장소

三個(さんこ)で500円(ごひゃくえん)です。3개에 500엔입니다. 값·범위·기간

カードで払(はら)います。카드로 지불하겠습니다. 수단·도구

木(き)でおもちゃを作(つく)る。나무로 장난감을 만든다. 재료

大雨(おおあめ)で木(き)が倒(たお)れた。큰비로 나무가 쓰러졌다. 원인·이유

～個(こ) ~개
カード 카드
払(はら)う 지불하다
大雨(おおあめ) 큰비
倒(たお)れる 쓰러지다
儲(もう)ける (돈을) 벌다

실력 쌓기 제시된 단어를 참고하여 일본어 문장을 완성해 보세요.

▶정답 p.266

1. 도서관에서 공부한다. (図書館(としょかん))

______________________________ 勉強(べんきょう)する。

2. 자전거로 학교에 간다. (自転車(じてんしゃ))

______________________________ 学校(がっこう)へ行(い)く。

3. 2년 동안에 3000만 엔을 벌었다. (2年間(にねんかん))

______________________________ 3000万円(さんぜんまんえん)を儲(もう)けた。

10 | ～に ~에, ~에게, ~하러

「～に」는 ① 장소, ② 시간, ③ 동작의 대상, ④ 동작의 목적을 나타낼 때 씁니다.

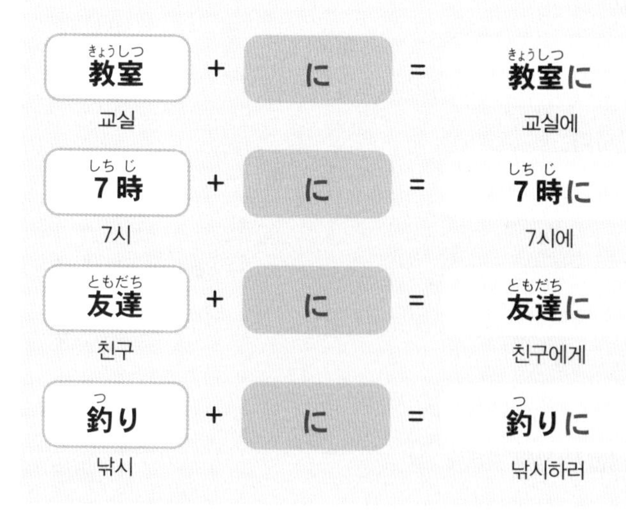

教室(きょうしつ)に学生(がくせい)がいます。교실에 학생이 있습니다. 장소

朝(あさ)8時(はちじ)に家(いえ)を出(で)た。아침 8시에 집을 나왔다. 시간

友達(ともだち)に話(はな)しかける。친구에게 말을 건다. 대상

公園(こうえん)に散歩(さんぽ)に行(い)く。공원에 산책하러 간다. 목적

話(はな)しかける 말을 걸다

문법 조사「に」의 해석

「に」 뒤에 「会う(만나다), 乗る(타다), 似る(닮다), 迷う(헤매다)」 등의 동사가 올 경우에, 「に」는 보통 '~을/를'로 해석됩니다.

弟は父に似ています。
남동생은 아버지를 닮았습니다.

新幹線に乗ったことがありますか。
신칸센을 타 본 적이 있나요?

私は彼女に会うためにここまで来ました。
나는 그녀를 만나기 위해서 이곳까지 왔습니다.

문법 시간 명사+に

① 보통 ~年(년), ~月(월), ~日(일), ~時(시) 등과 같이 시점을 나타내는 말(절대적인 시간) 뒤에는 조사 に가 붙습니다.

② 보통 明日(내일), 今日(오늘), 昨日(어제), 午前(오전), 午後(오후), 朝(아침), 夜(밤) 등과 같이 '지금'을 기준으로 하는 말(상대적인 시간) 뒤에는 に가 붙지 않습니다. 다만, 반드시 그런 것은 아닙니다.

昨日の夜は友達と映画を見ました。
어젯밤에는 친구와 영화를 봤습니다.

彼は2007年12月25日に生まれました。
그는 2007년 12월 25일에 태어났습니다.

新幹線 신칸센

~ために
~을 위해서, ~때문에

실력 쌓기 제시된 단어를 참고하여 일본어 문장을 완성해 보세요.

▶정답 p.266

1. 백화점은 저기에 있습니다. (あそこ)

デパートは____________________あります。

2. 어제는 길을 헤맸습니다. (道)

昨日は____________________迷いました。

11 | ～へ ~에, ~(으)로

「～へ」는 ① 장소, ② 방향을 나타낼 때 씁니다.

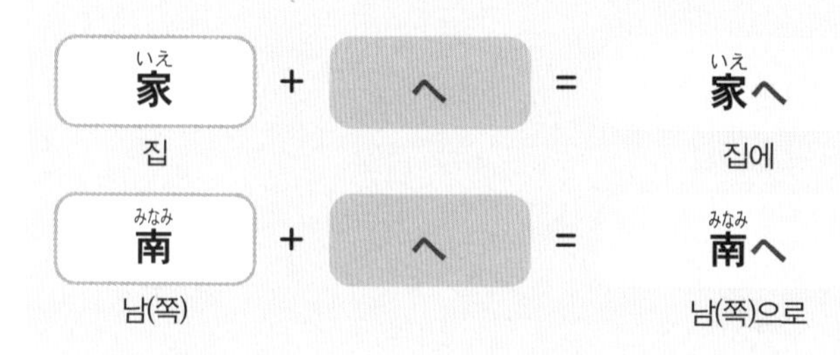

今度一緒に東京ディズニーランドへ行きましょうか。
다음에 같이 도쿄 디즈니랜드에 갈까요? 장소

これはどこへ行くバスですか。
이것은 어디로 가는 버스예요? 방향

문법 「で」VS「に」VS「へ」

- で: 동작이나 작용이 이루어지는 장소, 즉 행위 장소를 나타내는 말
- に: 사람이나 사물 등의 존재 장소, 즉 행위의 도달점(도착점)을 나타내는 말
- へ: 기본적으로 이동의 방향, 도착점을 포함해 도착점으로 향하는 경로나 방향 등 넓은 범위를 나타내는 말입니다. 그러나「へ」와「に」는 서로 바꾸어 쓸 수 있는 경우가 많습니다.

カフェで勉強をしました。카페에서 공부를 했습니다.

課長は昨日出張で広島市に行った。과장님은 어제 출장으로 히로시마시에 갔다.

その鳥は、北の空へ飛んで行った。그 새는 북쪽 하늘로 날아갔다.

一緒に 함께
出張 출장
広島市 히로시마시
鳥 새
北 북, 북쪽
空 하늘
飛ぶ 날다

실력 쌓기 제시된 단어를 참고하여 일본어 문장을 완성해 보세요.

▶정답 p.266

1. 이제부터 레스토랑에 갑니다. (レストラン)

   これから________________行きます。

2. 오늘은 오후 5시에 집에 (돌아)갑니다. (家)

   今日は午後5時に________________帰ります。

12 ～から ～에서, ～부터, ～(으)로, ～ 때문에

「～から」는 ① 시간이나 장소의 기점, ② 원료, ③ 원인·이유를 나타낼 때 씁니다.

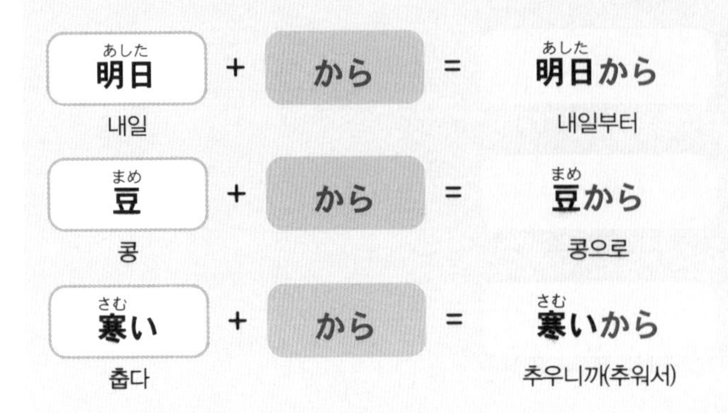

テストは何時(なんじ)から何時(なんじ)までですか。
시험은 몇 시부터 몇 시까지예요? 기점(시간)

家(いえ)から学校(がっこう)まで歩(ある)いて行(い)きます。
집에서 학교까지 걸어서 갑니다. 기점(장소)

ワインはぶどうから作(つく)る。
와인은 포도로 만든다. 원료

暗(くら)いから、電気(でんき)をつけた。
어두워서 불을 켰다. 원인·이유

テスト 테스트, 시험
ぶどう 포도
暗(くら)い 어둡다
電気(でんき)をつける 불을 켜다
日本酒(にほんしゅ) 일본주

실력 쌓기 제시된 단어를 참고하여 일본어 문장을 완성해 보세요.

▶정답 p.266

1. 일본주는 쌀로 만든다. (米(こめ))
   日本酒(にほんしゅ)は＿＿＿＿＿＿＿＿＿＿＿＿作(つく)る。

2. 어제부터 추워졌습니다. (昨日(きのう))
   ＿＿＿＿＿＿＿＿＿＿＿＿寒(さむ)くなりました。

3. 추우니까 코트를 입습니다. (寒(さむ)い)
   ＿＿＿＿＿＿＿＿＿＿＿＿コートを着(き)ます。

13 ～まで ~까지

「～まで」는 기본적으로 시간적 종료점이나 공간적 한계점·도착점을 나타냅니다.

朝(あさ) + まで = 朝(あさ)まで
아침 / 아침까지

僕(ぼく)は九日(ここのか)まで休(やす)みです。 나는 9일까지 휴가(쉬는 날)입니다.

図書館(としょかん)まで歩(ある)いて行(い)きます。 도서관까지 걸어서 갑니다.

列車(れっしゃ) 열차

실력 쌓기 제시된 단어를 참고하여 일본어 문장을 완성해 보세요.

▶정답 p.266

1. 수업은 오후 5시까지입니다. (5時(ごじ))

授業(じゅぎょう)は午後(ごご)＿＿＿＿＿＿＿＿＿＿＿＿＿＿＿＿です。

2. 이 열차는 오사카까지 갑니다. (大阪(おおさか))

この列車(れっしゃ)は＿＿＿＿＿＿＿＿＿＿＿＿＿＿＿＿行(い)きます。

14 ～か ~까, ~(이)나

「～か」는 ① 어떤 일에 대한 의문(질문)의 뜻을 나타내거나, ② 열거한 것 중에서 어느 하나를 선택하는 뜻을 나타냅니다.

撮(と)ります + か = 撮(と)りますか
찍습니다 / 찍을까요?

サラダ + か + スープ = サラダかスープ
샐러드 / 수프 / 샐러드나 수프

いつ行(い)きますか。 언제 갑니까? 의문

これは鈴木(すずき)さんの財布(さいふ)ですか。 이것은 스즈키 씨의 지갑이에요? 의문

毎日(まいにち)4時間(よじかん)か5時間(ごじかん)勉強(べんきょう)する。 매일 4시간이나 5시간 공부한다. 선택

撮(と)る (사진을) 찍다

あさって 모레

もう一度(いちど) 한번 더

실력 쌓기 제시된 단어를 참고하여 일본어 문장을 완성해 보세요.

▶정답 p.266

1. 점심은 뭘 먹었어요? (食べる)

昼ご飯は何を＿＿＿＿＿＿＿＿＿＿＿＿。

2. 내일이나 모레 다시 한번 와 주세요. (明日, あさって)

＿＿＿＿＿＿＿＿＿＿＿＿もう一度来てください。

15 ～ね ~군요, ~네요, ~(이)지요

「～ね」는 문장 끝에 붙어 감탄을 나타내거나 상대방에게 동의를 구할 때 쓰입니다.

かわいいです + **ね** = **かわいいですね**

귀엽습니다 → 귀엽네요

彼女はきれいですね。 그녀는 예쁘군요. 감탄

今日は暑いですね。 오늘은 덥네요. 동의

景色 경치

隣 옆

실력 쌓기 제시된 단어를 참고하여 일본어 문장을 완성해 보세요.

▶정답 p.266

1. 경치가 멋지네요. (すてきだ)

景色が＿＿＿＿＿＿＿＿＿＿＿＿。

2. 옆 사람들은 카레를 먹고 있군요. (食べる)

隣の人たちはカレーを＿＿＿＿＿＿＿＿＿＿＿＿。

16 ～よ ~(이)야

「～よ」는 충고, 권유, 명령 등 자신의 주장을 밀어붙일 때 쓰입니다.

禁煙です + **よ** = **禁煙ですよ**

금연입니다 → 금연이에요

お酒(さけ)は飲(の)まないほうがいいですよ。 술은 마시지 않는 편이 좋아요. 충고

もう帰(かえ)りましょうよ。 이제 돌아가요. 권유

出発(しゅっぱつ)しますよ。 출발할게요. 통고

早(はや)くやってくださいよ。 빨리 해 줘요. 명령

禁煙(きんえん) 금연
出発する(しゅっぱつ) 출발하다
もうすぐ 이제 곧

실력 쌓기 제시된 단어를 참고하여 일본어 문장을 완성해 보세요.

▶정답 p.266

1. 빨리 갑시다. (行(い)く)
   早(はや)く＿＿＿＿＿＿＿＿＿＿＿＿＿＿。

2. 이제 곧 버스가 와. (来(く)る)
   もうすぐバスが＿＿＿＿＿＿＿＿＿＿＿＿＿＿。

17 ～よね ~(그렇)지, ~지요

「～よね」는 자신의 의견을 제안하고, 듣는 이의 동의를 구할 때 쓰입니다.

禁煙(きんえん)だ + **よね** = **禁煙(きんえん)だよね**
금연이다 　　　　　　　금연이지?

学生時代(がくせいじだい)は楽(たの)しかったよね。
학창 시절은 즐거웠지.

山田(やまだ)さんは、たしか去年就職(きょねんしゅうしょく)しましたよね。
야마다 씨는 분명 작년에 취직했었지요?

オンライン会議(かいぎ)、明日(あした)だよね。
온라인 회의, 내일이지?

学生時代(がくせいじだい) 학창 시절
たしか 분명, 아마
就職する(しゅうしょく) 취직하다

실력 쌓기 제시된 단어를 참고하여 일본어 문장을 완성해 보세요.

▶정답 p.266

1. 오늘 밤 술자리에 다나카 씨도 가지? (行(い)く)
   今夜(こんや)の飲(の)み会(かい)、田中(たなか)さんも＿＿＿＿＿＿＿＿＿＿＿＿＿＿。

2. '시부야 스카이'는 전에는 백화점이었죠? (デパート)
   「渋谷(しぶや)スカイ」は、前(まえ)は＿＿＿＿＿＿＿＿＿＿＿＿＿＿。

표현 「～ね」 VS 「～よね」

화자 자신의 의견이나 견해가 듣는 사람과 완전히 같다고 확신할 때는 주로 「ね」를 사용합니다. 반면에 화자가 자신의 의견이나 견해에 대한 충분한 확신이 없을 경우에는 일반적으로 「よね」를 사용합니다.

18 ～くらい(ぐらい) ~정도, ~쯤

수량을 나타내는 말 등에 붙어 대강의 수량을 나타낼 때 쓰입니다. 「～くらい」는 「～ぐらい」라고도 합니다.

千円(せんえん) + くらい = 千円(せんえん)くらい
천 엔 → 천 엔 정도

1(いち)キロ + ぐらい = 1(いち)キロぐらい
1킬로 → 1킬로 정도

家賃(やちん)はどのくらいですか。
집세는 어느 정도예요?

一杯(いっぱい)ぐらいは大丈夫(だいじょうぶ)だと思(おも)った。
한 잔쯤은 괜찮다고 생각했다.

あと1時間(いちじかん)くらいで料理(りょうり)が出来上(できあ)がります。
앞으로 1시간 정도면 요리가 완성됩니다.

一杯(いっぱい) 한 잔
出来上(できあ)がる 되다, 완성되다
かかる (시간이) 걸리다

실력 쌓기 제시된 단어를 참고하여 일본어 문장을 완성해 보세요.

▶정답 p.266

1. 2시간 정도 공부했다. (2時間(にじかん))

______________________勉強(べんきょう)した。

2. 회사에서 집까지 얼마나 걸리나요? (どの)

会社(かいしゃ)から家(いえ)まで______________________かかりますか。

19 ～しか ～밖에

「～しか」는 항상 부정 표현과 함께 쓰여, 그것 이외에는 없음을 강조할 때 쓰입니다.

10分(じゅっぷん) + しか = 10分(じゅっぷん)しか

10분 / 10분밖에

教室(きょうしつ)には学生(がくせい)が３人(さんにん)しかいません。
교실에는 학생이 3명밖에 없습니다.

この階(かい)にトイレは一(ひと)つしかありません。
이 층에 화장실은 하나밖에 없습니다.

メニュー 메뉴

실력 쌓기 제시된 단어를 참고하여 일본어 문장을 완성해 보세요.

▶정답 p.266

1. 이것밖에 없습니다. (これ)

______________________ありません。

2. 이 가게는 메뉴가 하나밖에 없습니다. (一(ひと)つ)

このお店(みせ)はメニューが______________________ないです。

20 ～だけ ～만, ～뿐, ～만큼

「～だけ」는 정도나 범위를 한정할 때 쓰입니다.

一度(いちど) + だけ = 一度(いちど)だけ

한 번 / 한 번만

パスポートだけ見(み)せてください。
여권만 보여 주세요.

仕事(しごと)のために３か月(さんかげつ)だけ部屋(へや)を借(か)りました。
일 때문에 3개월만 방을 빌렸습니다.

見(み)せる 보이다
～か月(げつ) ～개월
撮影(さつえい)する 촬영하다

실력 쌓기 제시된 단어를 참고하여 일본어 문장을 완성해 보세요.

▶정답 p.266

1. 사과는 하나만 있습니다. (一つ)

りんごは＿＿＿＿＿＿＿＿＿＿＿＿＿＿＿＿ あります。

2. 스마트폰만을 사용해서 촬영한 영화입니다. (スマホ)

＿＿＿＿＿＿＿＿＿＿＿＿＿＿＿＿ を使って撮影した映画です。

21 | ～ほど ~정도, ~만큼

「～ほど」는 ① 대강의 수량을 나타내거나, ② 「～ほど ～ない」의 형태로 쓰여 비교를 나타내기도 합니다. くらい보다 ほど가 더 정중하게 느껴집니다.

一週間	+	ほど	=	一週間ほど
일주일				일주일 정도

100人ほど集まった。 100명 정도 모였다.

今年の冬は去年ほど寒くない。 올겨울은 작년만큼 춥지 않다.

集まる 모이다
何分 몇 분

실력 쌓기 제시된 단어를 참고하여 일본어 문장을 완성해 보세요.

▶정답 p.266

1. 여기에서 몇 분 정도 걸려요? (何分)

ここから＿＿＿＿＿＿＿＿＿＿＿＿＿＿＿＿ かかりますか。

2. 한국의 인구는 중국만큼 많지 않다. (中国)

韓国の人口は＿＿＿＿＿＿＿＿＿＿＿＿＿＿＿＿ 多くない。

22 | ～より ~보다, ~부터

「～より」는 ① 비교의 대상을 나타내거나, ② 어떤 일이 시작되는 기점을 나타낼 때 씁니다.

日本	+	より	=	日本より
일본				일본보다
2時	+	より	=	2時より
2시				2시부터

彼女の車は私の車より大きい。그녀의 차는 내 차보다 크다.

ただ今より入学式を始めます。지금부터 입학식을 시작하겠습니다.

> 大きい 크다
> ただ今 지금

실력 쌓기 제시된 단어를 참고하여 일본어 문장을 완성해 보세요.

▶정답 p.266

1. 회의는 10시부터 시작됩니다. (10時)

 会議は＿＿＿＿＿＿＿＿＿＿＿＿＿＿始まります。

2. 나는 생선보다 고기를 좋아합니다. (魚)

 私は＿＿＿＿＿＿＿＿＿＿＿＿＿＿肉が好きです。

23 ～ので ~(하)기 때문에, ~(하)니까, ~(해)서

「～ので」는 「～から」와 마찬가지로 이유, 원인을 나타내는 조사이지만, 여성의 경우, 「～ので」를 많이 씁니다. 또한 「～ので」와 「～から」는 대부분의 경우 바꾸어 쓸 수 있습니다. 「～ので」는 동사, 형용사의 명사 수식형에 접속합니다. 다만, 명사와 な형용사는 「～なので」의 형태로 접속되며, 회화체에서는 「～んで」로 표현되기도 합니다.

眠い + **ので** = **眠いので**

졸리다 / 졸려서(졸리기 때문에)

春が来たので、暖かくなった。
봄이 왔기 때문에, 따뜻해졌다.

雨が降るので、試合は中止になった。
비가 오기 때문에, 시합은 중지되었다.

海の水がきれいなので、海水浴に向いている。
바닷물이 깨끗해서 해수욕하기에 좋다.

> 春 봄
> 暖かい (기온 등이) 따뜻하다
> 試合 시합
> 中止 중지
> 海水浴 해수욕
> 向いている 알맞다
> 残業 잔업
> 帰り 귀가
> 外食 외식

실력 쌓기 제시된 단어를 참고하여 일본어 문장을 완성해 보세요.

▶정답 p.266

1. 어제는 잔업을 해서 귀가가 늦어졌다. (残業をする)

 昨日は＿＿＿＿＿＿＿＿＿＿＿＿＿＿、帰りが遅くなった。

2. 그는 돈이 없어서 외식을 하지 않는다. (お金がない)

 彼は＿＿＿＿＿＿＿＿＿＿＿＿＿＿、外食をしない。

24 ～のに ~(인)데도, ~(함)에도 불구하고

「～のに」는 예상과 반대되는 결과를 나타낼 때 쓰이는 역접 표현입니다. 동사, 형용사의 명사 수식형에 접속합니다. 다만, 명사와 な형용사의 경우는 「～なのに」의 형태로 접속합니다.

薬(くすり)を飲(の)んだ + **のに** = **薬(くすり)を飲(の)んだのに**
약을 먹었다 / 약을 먹었는데도

春(はる)なのに、まだ寒(さむ)い。
봄인데도, 아직 춥다.

お互(たが)い好(す)きなのに別(わか)れました。
서로 좋아하는데 헤어졌습니다.

彼(かれ)は体(からだ)は大(おお)きいのに、力(ちから)はあまりない。
그는 몸은 큰데, 힘은 별로 없다.

彼(かれ)の家(いえ)は学校(がっこう)から近(ちか)いのに、いつも遅刻(ちこく)する。
그의 집은 학교에서 가까운데도, 항상 지각한다.

薬(くすり)を飲(の)む 약을 먹다
お互(たが)い 서로
別(わか)れる 헤어지다
体(からだ) 몸
力(ちから) 힘
遅刻(ちこく)する 지각하다

실력 쌓기 제시된 단어를 참고하여 일본어 문장을 완성해 보세요.

▶정답 p.266

1. 이 딸기는 비쌌는데, 맛이 없었다. (高(たか)い)

このいちごは＿＿＿＿＿＿＿＿＿＿＿＿＿＿、おいしくなかった。

2. 오늘은 토요일인데도 회사에 가요? (土曜日(どようび))

今日(きょう)は＿＿＿＿＿＿＿＿＿＿＿＿＿＿＿＿会社(かいしゃ)に行(い)きますか。

25 ～けど ~(이)지만, ~(인)데

「～けど」는 역접의 의미로 쓰이는 조사 「～が」와 같은 용법으로 사용됩니다. 다만 「～が」가 문장체에 많이 사용되는 반면, 「～けど」는 주로 회화체에 많이 사용됩니다.

好(す)きだ + **けど** = **好(す)きだけど**
좋아하다 / 좋아하지만

この部屋(へや)は広(ひろ)いけど、汚(きたな)い。이 방은 넓지만, 더럽다.

勉強(べんきょう)したけど、成績(せいせき)はよくなかった。공부는 했지만, 성적은 좋지 않았다.

いい天気(てんき)ですけど、風(かぜ)が冷(つめ)たいです。좋은 날씨입니다만, 바람이 찹니다.

汚(きたな)い 더럽다
成績(せいせき) 성적
中国語(ちゅうごくご) 중국어

실력 쌓기 제시된 단어를 참고하여 일본어 문장을 완성해 보세요.

▶정답 p.266

1. 그는 일본어는 할 줄 알지만, 중국어는 못 합니다. (できる)

   彼(かれ)は日本語(にほんご)は＿＿＿＿＿＿＿＿＿＿＿＿、中国語(ちゅうごくご)はできません。

2. 고기는 좋아하지만, 오늘은 그다지 먹고 싶지 않다. (好(す)きだ)

   肉(にく)は＿＿＿＿＿＿＿＿＿＿＿＿今日(きょう)はあまり食(た)べたくない。

26 ～ながら ~(하)면서

「～ながら」는 기본적으로 두 가지 동작이 동시에 일어남을 나타내는 순접 표현으로 쓰입니다. 동사의 ます형에 접속합니다.

メモする → メモし + ながら = メモしながら

메모하다 → 메모하면서

お茶(ちゃ)を飲(の)みながら話(はな)す。
차를 마시면서 이야기한다.

テレビを見(み)ながら宿題(しゅくだい)をしたので、たくさん間違(まちが)えてしまった。
텔레비전을 보면서 숙제를 했기 때문에, 많이 틀리고 말았다.

お茶(ちゃ) 차
間違(まちが)える 틀리다

실력 쌓기 제시된 단어를 참고하여 일본어 문장을 완성해 보세요.

▶정답 p.267

1. 이야기하면서 밥을 먹는다. (話(はな)す)

   ＿＿＿＿＿＿＿＿＿＿＿＿、ご飯(はん)を食(た)べる。

2. 음악을 들으면서 공부를 한다. (聞(き)く)

   音楽(おんがく)を＿＿＿＿＿＿＿＿＿＿＿＿、勉強(べんきょう)をする。

27 ～ても(でも) ～(하)더라도, ～(해)도

「～ても(でも)」는 앞 문장과 반대되는 내용이 뒤에 올 때 쓰이는 역접 표현입니다. 동사의 て형에 접속합니다.

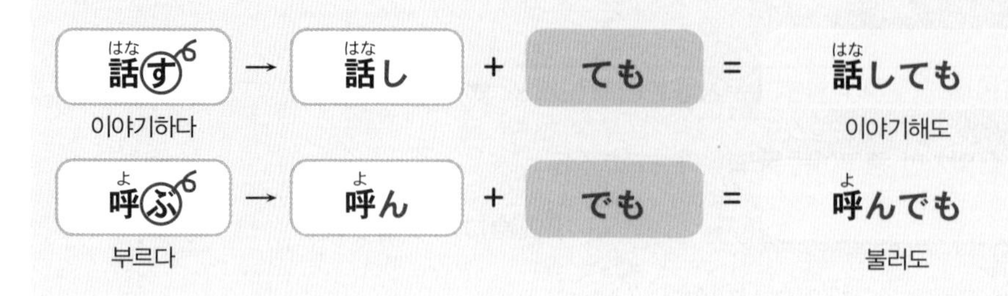

雨(あめ)が降(ふ)っても行(い)きます。
비가 내리더라도 갑니다.

いくら叱(しか)ってもやめなかった。
아무리 야단쳐도 그만두지 않았다.

何回(なんかい)言(い)ってもだめです。
몇 번이나 말해도 소용없습니다.

最近(さいきん)は友達(ともだち)と遊(あそ)んでも楽(たの)しくない。
요즘은 친구와 놀아도 즐겁지 않다.

いくら 얼마나, 아무리
叱(しか)る 혼내다, 야단치다
やめる 그만두다
何回(なんかい) 몇 번
だめだ 안 되다
熱(ねつ) 열

실력 쌓기 제시된 단어를 참고하여 일본어 문장을 완성해 보세요.

▶정답 p.267

1. 열이 있어도 학교에 갑니다. (熱(ねつ)がある)

   ______________________________学校(がっこう)に行(い)きます。

2. 생각해 봐도 전혀 답을 모르겠어요. (考(かんが)える, ～てみる)

   ______________________________、全然答(ぜんぜんこた)えが分(わ)かりません。

28 ～たり(だり) ～(하)기도 하고 (하)기도 한다, ～(하)였다 ～(하)였다 한다

「～たり(だり)」는 여러 가지 동작을 나열하거나, 서로 대립되는 동작이나 상태가 반복됨을 나타냅니다. 후자의 경우는 우리말로 해석할 때 일본어의 어순과 반대로 해석되기도 합니다. 동사의 た형, 형용사의 た형에 접속합니다. 명사와 な형용사는 「～だったり」의 형태가 됩니다.

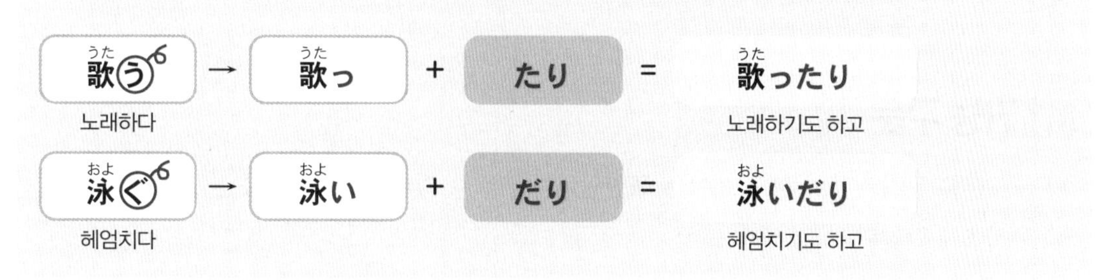

日曜日には、家で本を読んだり、音楽を聞いたりします。
일요일에는 집에서 책을 읽거나 음악을 듣거나 합니다.

食事の時間は6時だったり7時だったりする。
식사 시간은 6시였다가 7시였다가 한다.

天気がよかったり悪かったりします。
날씨가 좋았다가 나빴다가 합니다.

テレビをつけたり消したりしている。
텔레비전을 껐다 켰다 하고 있다.

買い物 쇼핑

실력 쌓기 제시된 단어를 참고하여 일본어 문장을 완성해 보세요.

▶정답 p.267

1. 아빠가 집 앞을 왔다 갔다 하고 있습니다. (行く, 来る)
   父が家の前を______________________________しています。

2. 어제는 쇼핑을 하기도 하고 식사를 하기도 했습니다. (買い物をする, 食事をする)
   昨日は______________________________しました。

UNIT 11 가능 표현

일본어의 가능 표현은 크게 두 가지 종류가 있습니다. 그중 하나는 「~ことができる」 또는 「~ができる」를 사용하여 가능 구문을 만드는 방법이며, 또 하나는 동사의 기본형을 가능형으로 만드는, 즉 가능 동사를 만드는 방법입니다.

01 가능 구문

가능 구문은 문장체에서 흔히 쓰이는 표현입니다. '할 수 있다, 가능하다'라는 뜻의 동사 できる를 사용해 만듭니다.

1 동사의 기본형+ことができる ~(할) 수 있다, ~(할) 줄 안다

作る(つく) + ことができる = 作る(つく)ことができる

만들다 / 만들 수 있다

私(わたし)は日本語(にほんご)を読(よ)むことができる。 나는 일본어를 읽을 줄 안다.

テレビでユーチューブを見(み)ることができる。
텔레비전으로 유튜브를 볼 수 있다.

恥(は)ずかしくて素直(すなお)に謝(あやま)ることができません。
부끄러워서 솔직하게 사과할 수가 없습니다.

ユーチューブ 유튜브
恥(は)ずかしい 부끄럽다
素直(すなお)に 솔직히, 순순히
謝(あやま)る 사과하다

2 する동사의 명사 부분, 또는 외국어, 악기, 스포츠 등의 명사+「が できる」

ギター + が + できる = ギターができる

기타 / 기타를 칠 수 있다

私(わたし)は日本語(にほんご)ができる。 나는 일본어를 할 줄 안다.

あの店(みせ)は、テイクアウトができますか。
저 가게는 테이크아웃을 할 수 있나요?

午後(ごご)3時(さんじ)からチェックインができます。
오후 3시부터 체크인을 할 수 있습니다.

テイクアウト 테이크아웃
チェックイン 체크인
てんぷら 튀김
娘(むすめ) 딸

실력 쌓기 제시된 단어를 참고하여 일본어 문장을 완성해 보세요.

▶정답 p.267

1. 튀김을 만들 수 있어요? (作る)

   てんぷらを＿＿＿＿＿＿＿＿＿＿＿＿＿＿＿＿＿＿＿＿。

2. 딸은 수영을 할 수 있습니다. (水泳)

   娘は＿＿＿＿＿＿＿＿＿＿＿＿＿＿＿＿＿＿＿＿＿＿。

02 | 가능 동사

가능 동사를 사용한 가능 표현은 회화체에서 많이 쓰입니다.

1 1그룹 동사의 가능형

1그룹 동사는 동사의 어미 う단을 え단으로 바꾸고 「る」를 붙입니다.

使う → **使え** + **る** = **使える**

사용하다 / 사용할 수 있다

미니 테스트

제시된 동사를 가능형으로 바꾸어 써 보세요.

▶정답 p.267

① 読む 읽다 ＿＿＿＿　② 書く 쓰다 ＿＿＿＿　③ 話す 이야기하다 ＿＿＿＿

④ 打つ 치다 ＿＿＿＿　⑤ 作る 만들다 ＿＿＿＿　⑥ 泳ぐ 헤엄치다 ＿＿＿＿

⑦ 遊ぶ 놀다 ＿＿＿＿　⑧ 買う 사다 ＿＿＿＿　⑨ 入る 들어가(오)다 ＿＿＿＿

幸せはお金では買えない。[買う]

행복은 돈으로는 살 수 없다.

会いたい人に会えるカフェ [会う]

만나고 싶은 사람을 만날 수 있는 카페

幸せ 행복
メートル 미터
泳ぐ 헤엄치다
息子 아들

실력 쌓기 제시된 단어를 참고하여 일본어 문장을 완성해 보세요.

▶정답 p.267

1. 나는 100m 수영할 수 있다. (泳ぐ)

   私は100メートル＿＿＿＿＿＿＿＿＿＿＿＿＿。

2. 아들은 자전거를 탈 수 있습니다. (乗る)

   息子は自転車に＿＿＿＿＿＿＿＿＿＿＿＿＿。

2 2그룹 동사의 가능형

2그룹 동사는 동사의 어미, 즉 る를 없애고 그 뒤에 「～られる」를 접속하여 만듭니다.

生き(る) 살다 → 生き + られる = 生きられる 살 수 있다

미니 테스트

제시된 동사를 가능형으로 바꾸어 써 보세요.

▶정답 p.267

① 見る 보다 ＿＿＿＿＿＿　② 寝る 자다 ＿＿＿＿＿＿

健康は何事にも代えられない。[代える]

건강은 무엇과도 바꿀 수 없다.

この問題はたいていの人が答えられる。[答える]

이 문제는 대부분의 사람들이 대답할 수 있다.

健康 건강
何事 어떤 일, 무슨 일
代える 바꾸다
たいてい 대부분

실력 쌓기 제시된 단어를 참고하여 일본어 문장을 완성해 보세요.

▶정답 p.267

1. 나는 낫토를 먹을 수 있다. (食べる)

   私は納豆が＿＿＿＿＿＿＿＿＿＿＿＿＿。

2. 스마트폰으로 드라마를 볼 수 있습니다. (見る)

   スマホでドラマが＿＿＿＿＿＿＿＿＿＿＿＿＿。

3 3그룹 동사의 가능형

3그룹 동사는 불규칙 활용 동사이므로 그대로 암기하세요. 「来(く)る」는 「来(こ)られる」, 「する」는 「できる」로 바꿉니다. 来(こ)られる에서 ら가 빠진 「来(こ)れる」를 쓰기도 합니다.

来(く)る 오다	→	**来(こ)(ら)れる** 올 수 있다
する 하다	→	**できる** 할 수 있다

미니 테스트

제시된 동사를 가능형으로 바꾸어 써 보세요. ▶정답 p.267

① 来(く)る 오다 ____________ ② 合格(ごうかく)する 합격하다 ____________

あなたが来(こ)られる(来(こ)れる)日(ひ)を教(おし)えてください。[来(く)る]
당신이 올 수 있는 날을 가르쳐 주세요.

そんな難(むずか)しいことは、私(わたし)にはできない。[する]
그런 어려운 일은 나는 할 수 없다.

申(もう)し込(こ)みの後(あと)、すぐ利用(りよう)できます。[利用(りよう)する]
신청 후, 바로 이용할 수 있습니다.

문법 '가능 동사'의 조사

일반적으로 가능 동사 앞에 오는 대상에는 조사 「が」를 씁니다. 그러나 경우에 따라서는 기본 동사 구문의 경우처럼 그대로 「を」를 쓰기도 합니다.

彼(かれ)はスペイン語(ご)を話(はな)す。그는 스페인어를 한다.
→ 彼(かれ)はスペイン語(ご)が話(はな)せる。그는 스페인어를 할 수 있다.
→ 彼(かれ)はスペイン語(ご)を話(はな)せる。그는 스페인어를 할 수 있다.

日(ひ) 날
申(もう)し込(こ)み 신청
後(あと) 뒤, 후
すぐ 곧바로
利用(りよう)する 이용하다
スペイン語(ご) 스페인어

표현 ら抜きことば(ら를 뺀 말)

2그룹 동사의 가능 동사는 어미 る를 없애고 「～られる」를 붙여 만듭니다. 하지만 られる에서 ら를 뺀 형태를 쓰기도 하는데, 이것을 「ら抜きことば」, 즉 'ら를 뺀 말'이라고 부릅니다. 결국 1그룹 동사의 경우와 마찬가지로, 동사의 어미 う단을 え단으로 바꾸고 「る」를 붙이는 것과 동일하다고 할 수 있습니다.

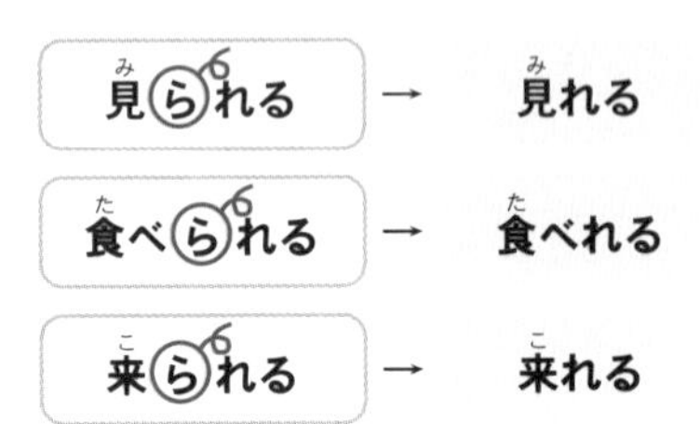

→ 見れる
→ 食べれる
→ 来れる

判断する 판단하다

실력 쌓기 제시된 단어를 참고하여 일본어 문장을 완성해 보세요.

▶정답 p.267

1. 학교에는 몇 시까지 올 수 있나요? (来る)

   学校には何時まで＿＿＿＿＿＿＿＿＿＿＿＿＿＿＿。

2. 그 문제는 혼자서는 판단할 수 없습니다. (判断する)

   その問題は一人では＿＿＿＿＿＿＿＿＿＿＿＿＿＿＿。

정리하기

동사의 가능형 만들기

✧ 1그룹 동사: 어미 う단을 え단으로 바꾸고 「る」를 붙입니다.

✧ 2그룹 동사: 어미 る를 없애고 「〜られる」를 붙입니다. 「ら抜きことば」의 형태로도 만들 수 있습니다.

✧ 3그룹 동사: 불규칙 활용 동사이므로 그대로 암기하세요. 来る는 来られる 또는 来れる, する는 できる입니다.

동사 그룹	어미 변화	기본형	가능형(축약형)
1그룹	う단→ え단+る	買う 사다	買える 살 수 있다
		聞く 듣다	聞ける 들을 수 있다
		貸す 빌려주다	貸せる 빌려줄 수 있다
		待つ 기다리다	待てる 기다릴 수 있다
		死ぬ 죽다	死ねる 죽을 수 있다
		飲む 마시다	飲める 마실 수 있다
		乗る (탈것을) 타다	乗れる 탈 수 있다
		急ぐ 서두르다	急げる 서두를 수 있다
		呼ぶ 부르다	呼べる 부를 수 있다
2그룹	る+られる 또는 え단+る	見る 보다	見られる(見れる) 볼 수 있다
		起きる 일어나다	起きられる(起きれる) 일어날 수 있다
		寝る 자다	寝られる(寝れる) 잘 수 있다
		食べる 먹다	食べられる(食べれる) 먹을 수 있다
3그룹	불규칙 활용	来る 오다	来られる(来れる) 올 수 있다
		する 하다	できる 할 수 있다

UNIT 12 수수 표현

일본어의 수수 표현은 크게, '물건을 주고받는 수수 표현'과 '행위를 주고받는 수수 표현'의 두 가지로 나누어집니다. 전자는 「あげる」, 「くれる」, 「もらう」를 사용해 표현하고, 후자는 「～てあげる」,「～てくれる」, 「～てもらう」를 사용해 표현합니다.

01 | 물건을 주고받는 수수 표현

1 あげる 주다 〈나 → 남〉

「あげる」는 기본적으로 '내가 남에게 물건 등을 줄 때' 사용하는 표현입니다.

姪(めい)にお年玉(としだま)をあげました。
조카에게 세뱃돈을 주었습니다.

あなたにあげたいものがあります。
당신에게 주고 싶은 것이 있습니다.

友達(ともだち)に3000円分(さんぜんえんぶん)の商品券(しょうひんけん)をあげた。
친구에게 3000엔어치의 상품권을 주었다.

+ 표현 「あげる」VS「やる」

「あげる」와 비슷한 뜻을 가진 단어로 「やる」가 있습니다. 보통 やる는 동식물에게 먹이(물)를 주거나, 윗사람이 아랫사람에게 뭔가를 줄 때에 한정돼 쓰이는 말로, あげる에 비해 거친 표현이므로 사용에 주의해야 합니다. 특히 여성의 경우에는 동식물에 뭔가를 줄 때도 やる보다는 あげる를 사용하는 일이 많습니다.

父(ちち)は毎朝(まいあさ)、花(はな)に水(みず)を{あげる/やる}。
아빠는 매일 아침 꽃에 물을 준다.

お母(かあ)さんは息子(むすこ)に毎月(まいつき)こづかいを{あげる/やる}。
어머니는 아들에게 매달 용돈을 준다.

プレゼント 선물
姪(めい) (여자) 조카
お年玉(としだま) 세뱃돈
商品券(しょうひんけん) 상품권
毎朝(まいあさ) 매일 아침
毎月(まいつき) 매달
こづかい 용돈
妹(いもうと) (나의) 여동생

실력 쌓기 제시된 단어를 참고하여 일본어 문장을 완성해 보세요.

▶정답 p.267

1. 5분간 생각할 시간을 주겠습니다. (時間(じかん))

   5分間(ごふんかん)、考(かんが)える＿＿＿＿＿＿＿＿＿＿＿＿＿＿＿＿＿＿＿。

2. 여동생이 개에게 먹이를 줬다. (エサ)

   妹(いもうと)が犬(いぬ)に＿＿＿＿＿＿＿＿＿＿＿＿＿＿＿＿＿＿＿＿＿。

2 くれる 주다 <남 → 나>

「くれる」는 기본적으로 '남이 나에게 물건 등을 줄 때' 사용하는 표현입니다.

お年玉(としだま)を	+	くれる	=	お年玉(としだま)をくれる
세뱃돈을		주다		(남이 나에게) 세뱃돈을 주다

お父(とう)さんが私(わたし)に本(ほん)をくれました。
아빠가 나에게 책을 주셨습니다.

この花瓶(かびん)はおばあさんがくれたものです。
이 꽃병은 할머니가 주신 것입니다.

友達(ともだち)が私(わたし)に誕生日(たんじょうび)プレゼントをくれました。
친구가 나에게 생일 선물을 주었습니다.

あなたがくれたクッキーは、とてもおいしかったです。
당신이 준 쿠키는 너무 맛있었습니다.

お父(とう)さん 아버지
花瓶(かびん) 꽃병
すてきだ 멋지다

실력 쌓기 제시된 단어를 참고하여 일본어 문장을 완성해 보세요.

▶정답 p.267

1. 선배가 오랜만에 연락을 주었다. (連絡(れんらく))

   先輩(せんぱい)が久(ひさ)しぶりに＿＿＿＿＿＿＿＿＿＿＿＿＿＿＿＿＿＿。

2. 할머니가 멋진 코트를 주셨습니다. (コート)

   おばあさんがすてきな＿＿＿＿＿＿＿＿＿＿＿＿＿＿＿＿＿。

3 もらう 받다 〈나 ← 남〉

「もらう」는 주로 '내가 남에게 물건 등을 받을 때' 사용합니다.

花束(はなたば)を	+	もらう	=	花束(はなたば)をもらう
꽃다발을		받다		(내가 남에게) 꽃다발을 받다

父(ちち)から誕生日(たんじょうび)プレゼントをもらった。
아빠에게서 생일 선물을 받았다.

入(はい)りたかった企業(きぎょう)から内定(ないてい)をもらった。
들어가고 싶었던 기업에서 내정(통보)을 받았다.

結婚(けっこん)のお祝(いわ)いにおいしいお酒(さけ)をもらいました。
결혼 축하 선물로 맛있는 술을 받았습니다.

キャビンアテンダントから毛布(もうふ)をもらった。
승무원에게서 담요를 받았다.

+ 문법 '사물 주고받기 표현'의 경어 표현

- あげる: 내가 남에게 주는 것을 나타내므로, 겸양어만 있고, 존경어는 없습니다.
- くれる: 남이 나에게 주는 것을 나타내므로, 존경어만 있고, 겸양어는 없습니다.
- もらう: 내가 남에게 받는 것을 나타내므로, 겸양어만 있고, 존경어는 없습니다.

겸양어	보통어	존경어
さしあげる 드리다 (나 → 윗사람)	あげる 주다 (나 → 남)	X
X	くれる 주다 (남 → 나)	くださる 주시다 (윗사람 → 나)
いただく 받다 (나 ← 윗사람)	もらう 받다 (나 ← 남)	X

僕(ぼく)が先生(せんせい)にお茶(ちゃ)をさしあげた。 내가 선생님께 녹차를 드렸다.

先生(せんせい)が僕(ぼく)に本(ほん)をくださった。 선생님께서 나에게 책을 주셨다.

僕(ぼく)は先生(せんせい)に(から)本(ほん)をいただいた。 나는 선생님께 책을 받았다.

企業(きぎょう) 기업
内定(ないてい) 내정
お祝(いわ)い 축하, 축하 선물
キャビンアテンダント 승무원
毛布(もうふ) 담요
給料(きゅうりょう) 급여, 월급
フロント 프런트
カードキー 카드키

실력 쌓기 제시된 단어를 참고하여 일본어 문장을 완성해 보세요.

▶정답 p.267

1. 회사에서 월급을 받았다. (給料)

   会社から____________________。

2. 프런트에서 카드키를 받았습니다. (カードキー)

   フロントで____________________。

02 행위를 주고받는 수수 표현

1 ～てあげる ～(해) 주다 〈나 → 남〉

「～てあげる」는 기본적으로 내가 남에게 플러스가 되는 행위를 해 줄 때 사용합니다.

見せる (보이다) → 見せて ＋ あげる ＝ 見せてあげる ((내가 남에게) 보여 주다)

友達を駅まで送ってあげました。
친구를 역까지 바래다 주었습니다.

誕生日には何でも買ってあげるよ。
생일에는 뭐든지 사 줄게.

僕が部屋の掃除を手伝ってあげます。
내가 방 청소를 도와주겠습니다.

欠席した友達にノートを貸してあげた。
결석한 친구에게 노트를 빌려주었다.

送る 보내다, 배웅하다
欠席する 결석하다
貸す 빌려주다
絵本 그림책

실력 쌓기 제시된 단어를 참고하여 일본어 문장을 완성해 보세요.

▶정답 p.267

1. 내가 좋은 것을 가르쳐 줄게. (教える)

   私がいいことを____________________。

2. 매일 아이에게 그림책을 읽어 줍니다. (読む)

   毎日子供に絵本を____________________。

2 ～てくれる ～(해) 주다 〈남 → 나〉

「～てくれる」는 기본적으로 남이 나에게 플러스가 되는 행위를 해 줄 때 사용하는 표현입니다.

持(も)つ → 持(も)って ＋ くれる ＝ 持(も)ってくれる

들다 　　　　(남이) 들어 주다

先輩(せんぱい)はいつもご飯(はん)をおごってくれる。
선배는 항상 밥을 사 준다.

親切(しんせつ)な警察官(けいさつかん)が道(みち)を案内(あんない)してくれた。
친절한 경찰관이 길을 안내해 주었다.

友達(ともだち)が空港(くうこう)まで見送(みおく)りに来(き)てくれた。
친구가 공항까지 배웅하러 와 주었다.

誕生日(たんじょうび)に弟(おとうと)が料理(りょうり)を作(つく)ってくれました。
생일에 남동생이 요리를 만들어 주었습니다.

おごる 한턱내다
親切(しんせつ)だ 친절하다
警察官(けいさつかん) 경찰관
案内(あんない)する 안내하다
空港(くうこう) 공항
見送(みおく)り 배웅
お見舞(みま)い 병문안

실력 쌓기 제시된 단어를 참고하여 일본어 문장을 완성해 보세요.

▶정답 p.267

1. 친구가 병문안을 와 주었다. (来(く)る)
   友達(ともだち)がお見舞(みま)いに＿＿＿＿＿＿＿＿＿＿＿＿＿＿＿＿。

2. 할머니가 수박을 잘라 주셨다. (切(き)る)
   おばあさんがスイカを＿＿＿＿＿＿＿＿＿＿＿＿＿＿＿＿。

3 ～てもらう ～(해) 받다 〈나 ← 남〉

「～てもらう」는 기본적으로 내가 남에게 플러스가 되는 행위를 해 받을 때 사용하는 표현입니다. 우리말에는 없는 표현이므로 번역할 때는 행위를 해 주는 사람을 주어로 해서 '~해 주다'로 번역해야 자연스럽습니다.

貸(か)す → 貸(か)して ＋ もらう ＝ 貸(か)してもらう

빌려 주다 　　　　빌려주어 받다(빌리다)

彼氏にプレゼントを買ってもらった。
남자 친구가 선물을 사 주었다.

ホテルのフロントで両替をしてもらった。
호텔 프런트에서 환전을 해 주었다.

オーダメイドのスーツを作ってもらいました。
맞춤 양복을 만들어 주었습니다.

문법 '행위 주고받기 표현'의 경어 표현

- ～てあげる: 내가 남에게 해 주는 것을 나타내므로, 겸양어만 있고, 존경어는 없습니다.
- ～てくれる: 남이 나에게 해 주는 것을 나타내므로, 존경어만 있고, 겸양어는 없습니다.
- ～てもらう: 내가 남에게 해 받는 것을 나타내므로, 겸양어만 있고, 존경어는 없습니다.

겸양어	보통어	존경어
～てさしあげる ～해 드리다 (나 → 윗사람)	～てあげる ～해 주다 (나 → 남)	X
X	～てくれる ～해 주다 (남 → 나)	～てくださる ～해 주시다 (윗사람 → 나)
～ていただく ～해 받다 (나 ← 윗사람)	～てもらう ～해 받다 (나 ← 남)	X

僕が先生にお茶を送ってさしあげた。 내가 선생님께 녹차를 보내 드렸다.

先生が僕に本を貸してくださった。 선생님께서 나에게 책을 빌려주셨다.

僕は田中先生に(から)本を選んでいただいた。
다나카 선생님께서 나에게 책을 골라 주셨다.

両替 환전
オーダメイド 맞춤 제작
美容院 미용실
髪の毛 머리카락
染める 물들이다, 염색하다
調子が悪い 컨디션이 나쁘다
医者 의사
診る 진찰하다

실력 쌓기 제시된 단어를 참고하여 일본어 문장을 완성해 보세요.

▶정답 p.268

1. 미용실에서 머리를 염색해 주었다. (染める)
   美容院で髪の毛を____________________。

2. 컨디션이 안 좋아서 의사에게 진찰받았습니다. (診る)
   調子が悪いので医者に____________________。

UNIT 13

비교 표현

'비교 표현'이란, 둘 이상의 사물을 두고 어떤 특징이나 성질 등을 비교할 때 쓰는 표현을 말합니다. 여기에서는 일본어에서 자주 쓰이는 비교 표현들과 그 의미를 알아보겠습니다.

01 ～と～とどちらが ～과/와 ～중 어느 쪽이

「～と～とどちらが」는 두 개의 사물 또는 사람, 장소, 시기 등을 비교할 때 사용되는 질문 표현입니다.

명사 + と + 명사 + とどちらが

ぶどうとイチゴとどちらが好きですか。
포도와 딸기 중 어느 쪽을 좋아해요?

妹と弟とどちらが背が高いですか。
여동생과 남동생 중 어느 쪽이 키가 커요?

日本とアメリカとどちらが大きいですか。
일본과 미국 중 어느 쪽이 커요?

韓国は11月と12月とどちらが寒いですか。
한국은 11월과 12월 중 어느 쪽이 추워요?

背が高い 키가 크다
アメリカ 미국
韓国語 한국어
易しい 쉽다
ピザ 피자

실력 쌓기 제시된 단어를 참고하여 일본어 문장을 완성해 보세요.

▶정답 p.268

1. 일본어와 한국어 중 어느 쪽이 쉬워요? (日本語, 韓国語)

______________________________易しいですか。

2. 오코노미야키와 피자 중에서 어느 쪽을 좋아하나요? (お好み焼き, ピザ)

______________________________好きですか。

02 ～より～のほうが ~보다 ~쪽이

「～より～のほうが」는 두 개의 사물 또는 사람, 장소, 시기 등을 비교할 때 사용하는 표현입니다.

명사 + より + 명사 + のほうが

ぶどうよりイチゴのほうが好きです。 포도보다 딸기를 좋아합니다.

弟より妹のほうが背が高いです。 남동생보다 여동생이 키가 큽니다.

日本よりアメリカのほうが大きいです。 일본보다 미국이 더 큽니다.

７月より８月のほうが暑いです。 7월보다 8월이 덥습니다.

실력 쌓기 제시된 단어를 참고하여 일본어 문장을 완성해 보세요.

▶정답 p.268

1. 나는 생선보다 고기 쪽을 좋아한다. (魚, 肉)

   僕は＿＿＿＿＿＿＿＿＿＿＿＿＿＿＿＿＿＿＿＿好きだ。

2. 일본어를 읽는 것보다 말하는 쪽을 잘합니다. (読む, 話す)

   日本語を＿＿＿＿＿＿＿＿＿＿＿＿＿＿＿＿＿＿＿＿上手です。

03 ～は～より ~은/는 ~보다

「～は～より」는 두 개의 사물 또는 사람, 장소 등을 비교할 때 사용하는 표현입니다.

명사 + は + 명사 + より

妹は弟より背が高い。 여동생은 남동생보다 키가 크다.

豚肉は牛肉より安いです。 돼지고기는 소고기보다 쌉니다.

妻は僕より歌が上手です。 아내는 나보다 노래를 잘합니다.

アメリカは日本より大きい。 미국은 일본보다 크다.

妻 아내
歌 노래
新幹線 신칸센
速い (속도가) 빠르다

실력 쌓기 제시된 단어를 참고하여 일본어 문장을 완성해 보세요.

▶정답 p.268

1. 신칸센은 버스보다 빠르다. (バス)

   新幹線＿＿＿＿＿＿＿＿＿＿＿＿＿＿＿＿速い。

2. 오늘은 어제보다 따뜻합니다. (昨日)

   今日＿＿＿＿＿＿＿＿＿＿＿＿＿＿＿＿暖かいです。

04 | ～ほど～ない ~만큼 ~(하)지 않다

「ほど」는 정도를 나타내는 조사로, 「XはYほど～ない」는 X도 Y도 비슷한 정도이지만, 비교해 보면 'X는 Y보다는 그 정도가 낮음'을 나타냅니다.

ぶどうはイチゴほど好きじゃない。
포도는 딸기만큼 좋아하지 않는다.

弟は妹ほど背が高くない。
남동생은 여동생만큼 키가 크지 않다.

日本語は英語ほど難しくない。
일본어는 영어만큼 어렵지 않다.

今年の冬は去年の冬ほど寒くはない。
올겨울은 작년 겨울만큼 춥지는 않다.

ラーメン 라면

실력 쌓기 제시된 단어를 참고하여 일본어 문장을 완성해 보세요.

▶정답 p.268

1. 올해는 작년만큼 덥지 않네요. (去年)

   今年＿＿＿＿＿＿＿＿＿＿＿＿＿＿＿＿暑くないですね。

2. 우동은 라면만큼 좋아하지 않는다. (ラーメン)

   うどん＿＿＿＿＿＿＿＿＿＿＿＿＿＿＿＿好きじゃない。

05 ～の中(なか)で(は)～が一番(いちばん)～ ～중에서(는) ~이/가 가장~

어떤 것이 품질, 성능, 효과 등의 모든 면에서 '다른 비교 대상에 비해 가장 좋거나 뛰어남'을 나타내는 표현입니다.

명사 + の中(なか)で(は) + 명사 + が一番(いちばん)

日本(にほん)のビールの中(なか)で「キリン」が一番(いちばん)好(す)きです。
일본 맥주 중에서 '기린'을 가장 좋아합니다.

クラスの中(なか)でセホが一番(いちばん)背(せ)が高(たか)いです。
반에서 세호가 가장 키가 큽니다.

友達(ともだち)の中(なか)でミジが一番(いちばん)日本語(にほんご)が上手(じょうず)です。
친구들 중에서 미지가 가장 일본어를 잘합니다.

日本(にほん)のアニメの中(なか)では何(なに)が一番面白(いちばんおもしろ)いですか。
일본 애니메이션 중에서는 뭐가 가장 재미있나요?

クラス 반

실력 쌓기 제시된 단어를 참고하여 일본어 문장을 완성해 보세요.

▶ 정답 p.268

1. 수업 중에서는 수학을 가장 싫어한다. (数学(すうがく))

   授業(じゅぎょう)＿＿＿＿＿＿＿＿＿＿＿＿＿＿＿＿＿＿＿＿嫌(きら)いだ。

2. 이 가게의 메뉴 중에서 뭐가 가장 맛있나요? (何(なに))

   この店(みせ)のメニュー＿＿＿＿＿＿＿＿＿＿＿＿＿＿＿＿おいしいですか。

UNIT 14 설명·추측·판단·전달 표현

일본어에서 추측과 판단을 나타내는 표현에는 여러 가지가 있지만, 상황에 따라 사용하는 표현이 조금씩 다르기 때문에 주의해야 합니다. 여기에서는 대표적인 '설명, 추측, 판단, 전달 표현'에 대해 알아보겠습니다.

01 | ～のだ(んだ) (이유인즉슨) ~거든, ~(해)서, ~(한) 거야, ~(하)기 때문이야

「～のだ(んだ)」는 기본적으로 보거나 듣거나 해서 얻은 정보를 전제로 상황을 확인하거나, 원인·이유 등, 사정을 설명할 때 사용합니다. 「～のですか(～んですか)」는 상대방에게 설명을 요구하는 표현이 됩니다.

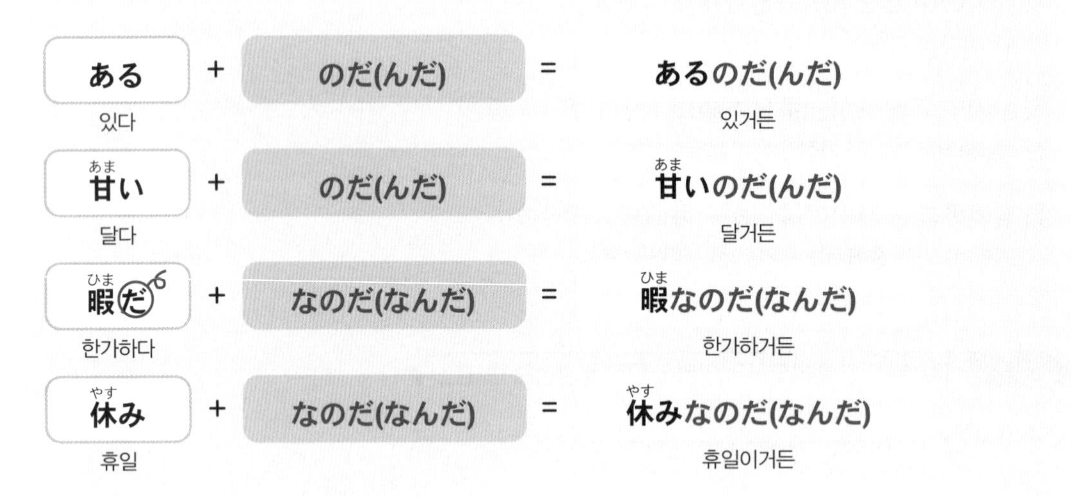

昨日は仕事を休んだ。お腹が痛かったのだ(んだ)。
어제는 일을 쉬었어. 배가 아팠거든. 사정 설명

A どうして、遅れたんですか。 왜 늦은 건가요? 설명 요구

B すみません。バスが来なかったんです。
미안합니다. 버스가 오지 않았어요. 이유 설명

＋표현 ～のだ를 사용할 때 주의할 점

「～のだ(んだ)」는 상대에 대한 화자의 강한 주장이나 의문을 표할 때 쓰이기도 하기 때문에, 상대가 좋지 않은 느낌으로 받아들일 수도 있습니다.

それも分からないんですか。 그것도 모르나요?

どこに行くんですか。誰と行くんですか。 어디 가나요? 누구랑 가나요?

道が混む 길이 막히다

きっと 꼭, 반드시

실력 쌓기 제시된 단어를 참고하여 일본어 문장을 완성해 보세요.

▶정답 p.268

1. 왜 안 먹어요? (食(た)べる, ~んだ)

   どうして＿＿＿＿＿＿＿＿＿＿＿＿＿＿＿＿＿＿＿＿。

2. 길이 막히네. 틀림없이 사고가 있었던 거야. (ある, ~のだ)

   道(みち)が混(こ)んでいる。きっと事故(じこ)が＿＿＿＿＿＿＿＿＿＿＿＿＿＿。

02 ～だろう / ～でしょう ~거야(겠지) / ~거예요(겠죠)

1 화자의 단순한 추측이나 상상을 나타냅니다. 「たぶん·おそらく(아마)」, 「必(かなら)ず·きっと(틀림없이, 꼭)」 등의 부사와 함께 자주 쓰입니다.

今日(きょう)は日曜日(にちようび)なので、デパートは混(こ)むだろう(混(こ)むでしょう)。
오늘은 일요일이라서 백화점은 붐빌 거야(붐빌 거예요).

言(い)っていいだろう(いいでしょう)。
말해도 괜찮겠지(괜찮겠죠)?

混(こ)む 붐비다

2 상대방의 의향을 묻거나, 화자의 생각이 맞는지 어떤지 상대편에게 확인할 때 쓰입니다. 이때 문장 끝은 올려 말합니다.

お前(まえ)も見(み)ただろう(↗)。 너도 봤지?

この箱(はこ)、使(つか)えないでしょう(↗)。 이 상자 못 쓰는 거죠?

お前(まえ) 너, 자네
箱(はこ) 상자

실력 쌓기 제시된 단어를 참고하여 일본어 문장을 완성해 보세요.

▶정답 p.268

1. 이거 맛있겠죠? (おいしい)

   これ、______________________________。

2. 내일은 아마 비가 내릴 거야. (降(ふ)る)

   明日(あした)はたぶん雨(あめ)が______________________________。

03 | ～と思(おも)う ~것 같다, ~라고 생각하다

말하는 사람의 주관적인 판단이나 개인적인 의견을 나타낼 때 쓰입니다. 일반적으로 '~것 같다'로 번역되는 경우가 많습니다.

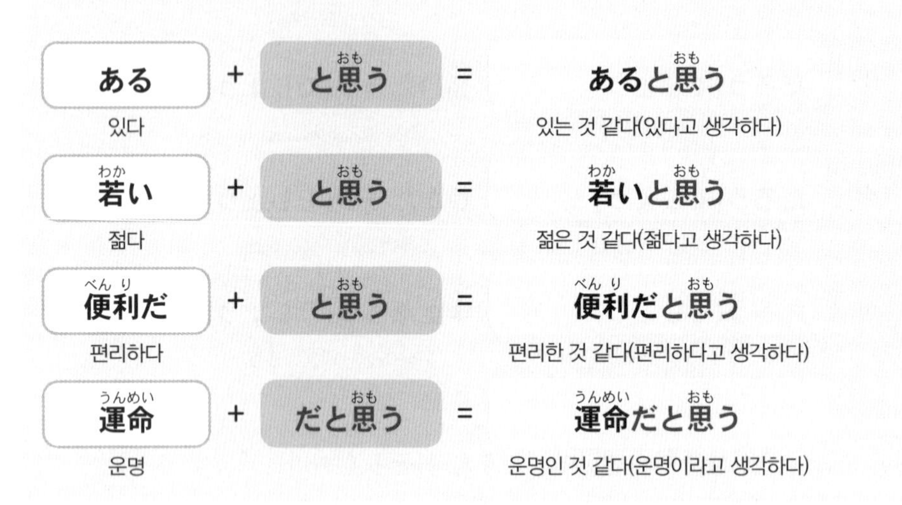

もう先生(せんせい)は帰(かえ)ったと思(おも)います。 선생님은 이미 (댁에) 돌아가신 것 같습니다.

今日(きょう)は午後(ごご)から雪(ゆき)が降(ふ)ると思(おも)う。 오늘은 오후부터 눈이 내릴 것 같다.

彼(かれ)は自分(じぶん)が正(ただ)しいと思(おも)っている。 그는 자신이 옳다고 생각하고 있다.

正(ただ)しい 옳다, 바르다

실력 쌓기 제시된 단어를 참고하여 일본어 문장을 완성해 보세요.

▶정답 p.268

1. 다나카 씨는 오후에 올 것 같습니다. (来(く)る)

   田中(たなか)さんは午後(ごご)に______________________________。

2. 모모코는 남자 친구가 있는 것 같다. (いる)

   モモコちゃんは彼氏(かれし)が______________________________。

04 ～かもしれない ~(할)지도 모른다

가능과 불가능의 정도가 50대 50이라는 것을 나타냅니다.「ひょっとすると / もしかしたら(어쩌면)」 등의 부사와 함께 쓰이는 일이 많습니다.

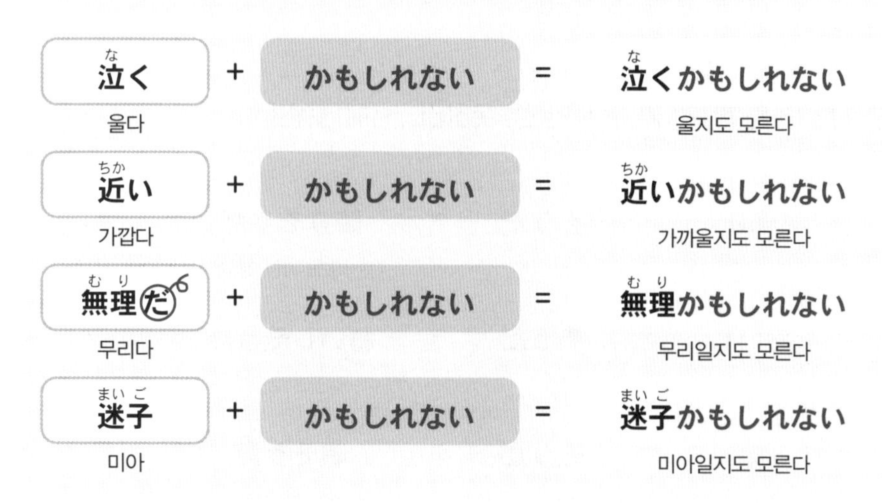

午後から雨がやむかもしれない。
오후부터 비가 그칠지도 모른다.

ひょっとすると、後で社長が来るかもしれない。
어쩌면 나중에 사장님이 오실지도 모른다.

明日は休みだから、子供とUSJに行くかもしれません。
내일은 휴일이라서 아이와 유니버설 스튜디오에 갈지도 모릅니다.

やむ (눈, 비 등이) 그치다
後で 나중에
社長 사장(님)
到着 도착
大きな 큰
台風 태풍

실력 쌓기 제시된 단어를 참고하여 일본어 문장을 완성해 보세요.

▶정답 p.268

1. 도착이 늦어질지도 모릅니다. (遅くなる)
   到着が____________________。

2. 다음 주에, 큰 태풍이 올지도 모른다. (来る)
   来週、大きな台風が____________________。

05 ～そうだ

「～そうだ」는 추측과, 전달(전문)의 용법을 모두 가지고 있습니다. 예를 들어, 동사의 ます형에 접속하면 '추측'의 의미를, 기본형에 접속하면 '전달'의 의미를 나타냅니다.

1 추측의 そうだ ~인(한) 것 같다, ~인(한) 듯하다, ~(해) 보인다

※ 기본적으로 「ない」는 「なさそうだ」, よい・いい는 「よさそうだ」의 형태로 쓰입니다.

1 「～そうだ」는 직접 본 내용을 근거로 추측할 때 쓰입니다. 「今にも(금방이라도)」, 「もう少しで(이제 곧)」 등의 부사와 자주 쓰입니다. な형용사처럼 활용하여 「～そうな(~한 듯한)」, 「～そうに(~한 듯이)」의 형태로 뒤에 오는 말을 꾸며 주기도 합니다.

今日は暇そうですね。
오늘은 한가해 보이네요.

今にも雨が降りそうですね。
금방이라도 비가 내릴 것 같네요.

赤くておいしそうなリンゴですね。
빨갛고 맛있어 보이는 사과네요.

息子がずいぶん楽しそうに遊んでいる。
아들이 상당히 즐거운 듯이 놀고 있다.

今にも 금방이라도
ずいぶん 상당히, 꽤
独身 독신

명사에 추측의 의미를 더해줄 때는 「～そうだ」를 쓰지 않고, 다음에 학습할 「～ようだ」나 「～らしい」를 사용합니다.

(×) 独身そうだ / (○) 独身のようだ / (○) 独身らしい 독신인 것 같다

独身 독신

표현 「～そうだ」 VS 「～ようだ」

직전의 상황을 확인할 수 없을 정도로 순간적인 동작의 추측에는 「～ようだ」를 쓰지 못하고 「～そうだ」를 써야 합니다.

あっ、危(あぶ)ない。ロープが {(○) 切(き)れそうだ / (×) 切(き)れるようだ}。
앗! 위험해. 로프가 끊어질 것 같아.

2 화자의 판단, 예측, 예감 등을 나타낼 때 사용됩니다.

今日(きょう)はいいことがありそうな気(き)がする。
오늘은 좋은 일이 있을 것 같은 기분이 든다.

約束(やくそく)の時間(じかん)に遅(おく)れそうです。
약속 시간에 늦을 것 같습니다.

熱(ねつ)は、もう大丈夫(だいじょうぶ)そうですね。
열은 이제 괜찮은 것 같네요.

今年(ことし)の夏(なつ)は、何(なん)だかあまり暑(あつ)くなさそうだ。
올해 여름은 왠지 별로 덥지 않을 것 같다.

표현 과거의 일에 대한 추측

추측의 「～そうだ」는 현재나 미래의 일에 대한 예상만을 나타내므로, 과거의 일에 대한 추측은 「～ようだ」나 「～らしい」를 써야 합니다. (▶ p.155)

雨(あめ)が{(○) 降(ふ)ったようだ / (○) 降(ふ)ったらしい / (×) 雨(あめ)が降(ふ)ったそうだ}。
비가 내렸던 것 같다.

※ 「雨(あめ)が降(ふ)ったそうだ」는 '비가 내렸다고 한다'라고 해석됩니다.

危(あぶ)ない 위험하다
ロープ 로프, 줄
切(き)れる 끊어지다
気(き)がする 느낌이 들다
何(なん)だか 왠지
うまい 맛있다

실력 쌓기 제시된 단어를 참고하여 일본어 문장을 완성해 보세요.

▶정답 p.268

1. 배고파서 죽을 것 같다. (死(し)ぬ)

お腹(なか)がすいて、＿＿＿＿＿＿＿＿＿＿＿＿。

2. 저 라면 맛있어 보이네요. (うまい)

あのラーメン、＿＿＿＿＿＿＿＿＿＿＿＿。

2 전달(전문)의 そうだ (~에 의하면) ~라고 한다, ~라더라, ~(한)대, ~래

「～そうだ」는 화자가 듣거나 읽어서 얻은 정보를 다른 사람에게 전달할 때도 사용됩니다. 정보의 출처로는 「～によると / ～によれば(~에 의하면)」 등이 자주 쓰입니다.

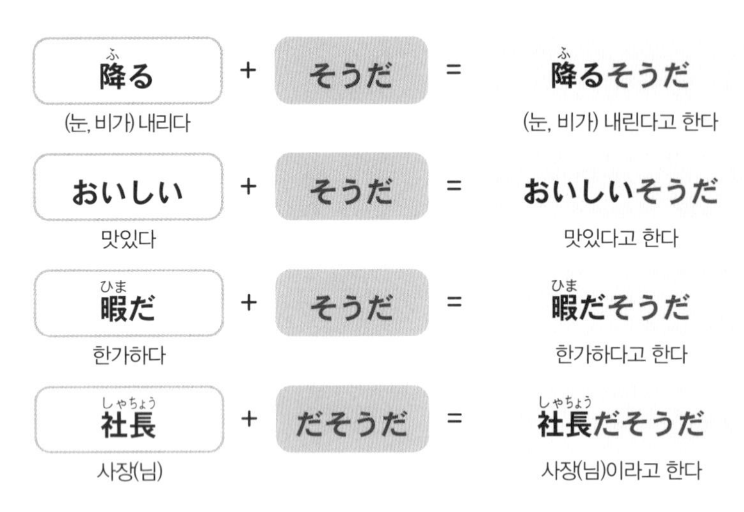

駅前(えきまえ)に新(あたら)しいマンションが建(た)つそうです。
역 앞에 새 아파트가 세워진다고 합니다.

天気予報(てんきよほう)によると、明日(あした)は午後(ごご)から雪(ゆき)が降(ふ)るそうです。
일기예보에 의하면, 내일은 오후부터 눈이 온다고 합니다.

あのパン屋(や)さんのケーキはおいしいそうだ。
저 빵집의 케이크는 맛있다고 한다.

木村(きむら)さんは来週(らいしゅう)は暇(ひま)だそうです。
기무라 씨는 다음 주는 한가하다고 합니다.

田中(たなか)さんの妹(いもうと)さんは美人(びじん)だそうです。
다나카 씨의 여동생은 미인이라고 합니다.

전달의 「～そうだ」의 부정 표현과 과거 표현은 다음과 같습니다.

부정 표현 (◯) 来週(らいしゅう)は暑(あつ)くないそうだ。
(×) 来週(らいしゅう)は暑(あつ)いそうではない。
다음 주는 덥지 않다고 한다.

과거 표현 (◯) 先週(せんしゅう)は暑(あつ)かったそうだ。
(×) 先週(せんしゅう)は暑(あつ)いそうだった。
지난주는 더웠다고 한다.

駅前(えきまえ) 역 앞
建(た)つ (건물이) 세워지다, 서다
天気予報(てんきよほう) 일기예보
ケーキ 케이크
美人(びじん) 미인
弟(おとうと)さん (남의) 남동생
ハンサムだ 잘생기다

실력 쌓기 제시된 단어를 참고하여 일본어 문장을 완성해 보세요.

▶정답 p.268

1. 올겨울은 그다지 춥지 않다고 한다. (寒い)

   今年の冬は、あまり＿＿＿＿＿＿＿＿＿＿＿＿＿＿＿＿。

2. 다나카 씨의 남동생은 무척 잘생겼다고 합니다. (ハンサムだ)

   田中さんの弟さんはとても＿＿＿＿＿＿＿＿＿＿＿＿＿＿。

06 ～ようだ / ～みたいだ ~인(한) 것 같다, ~인(한) 듯하다

「～ようだ」와 「～みたいだ」는 오감으로 느끼는 감각적인 경험이나 몸 상태, 신체적인 체험을 근거로 판단 추측할 때 쓰이는 표현입니다. 「～ようだ」는 회화체보다는 문장체에서 많이 사용되고, 「～みたいだ」는 격식을 차리지 않은 회화체에서 주로 사용됩니다.

1 ～ようだ

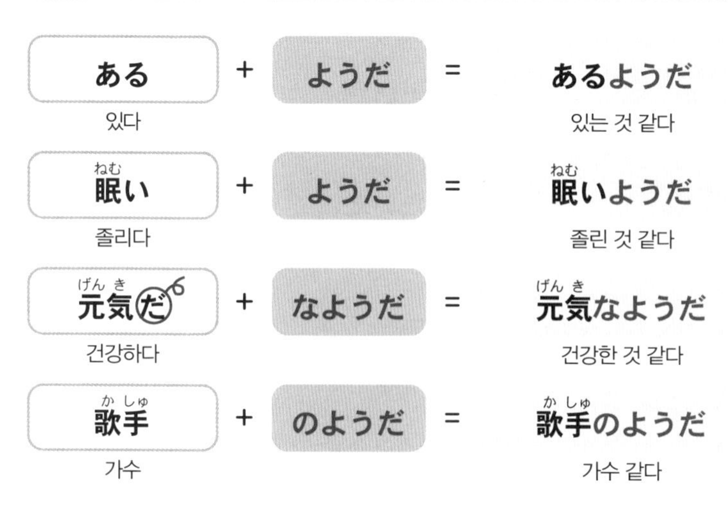

このお風呂、ちょっと熱いようですね。
이 목욕물 좀 뜨거운 것 같네요. 만져 보고

玄関に誰か来ているようです。
현관에 누군가 온 것 같습니다. 발소리를 듣고

あの人は高校生ではないようです。
저 사람은 고등학생이 아닌 것 같습니다. 눈으로 보고

お風呂 목욕, 목욕물, 욕실
ちょっと 조금, 약간
熱い 뜨겁다

➕ 문법 「～ようだ」의 여러 가지 쓰임새

① 비유: 마치 ~와 같다 (まるで ～ようだ)

今日(きょう)は、まるで夏(なつ)のように暑(あつ)い。 오늘은 마치 여름처럼 덥다.

② 예시: 예를 들면 ~와 같다

北海道(ほっかいどう)のように寒(さむ)い地方(ちほう)では、春(はる)と夏(なつ)が一緒(いっしょ)にやってくる。

홋카이도와 같이 추운 지방에서는 봄과 여름이 함께 찾아온다.

③ 의도, 목적: ~하게, ~도록 (～ように의 형태로)

待(ま)ち合(あ)わせの時間(じかん)に遅(おく)れないように早(はや)めに家(いえ)を出(で)た。

약속 시간에 늦지 않도록 일찌감치 집을 나왔다.

まるで 마치
地方(ちほう) 지방
やってくる 찾아오다
待(ま)ち合(あ)わせ (때와 장소를 정한) 약속
早(はや)めに 일찌감치

2 ～みたいだ

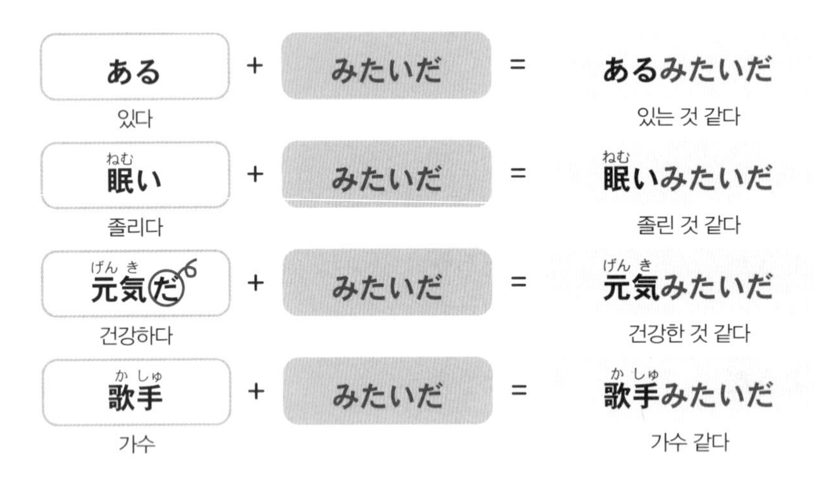

この魚(さかな)、腐(くさ)ったみたいです。 이 생선, 상한 것 같습니다. 냄새를 맡고

僕(ぼく)、ちょっと酒(さけ)に酔(よ)ったみだいだ。 나 좀 술에 취한 것 같아. 몸 상태

やっぱり年(とし)には勝(か)てないみたい。 역시 나이에는 이길 수 없는 것 같아. 체험

腐(くさ)る 썩다, 상하다
酔(よ)う 취하다
やっぱり 역시
年(とし) 나이
勝(か)つ 이기다
どうも 도무지, 아무래도

실력 쌓기 제시된 단어를 참고하여 일본어 문장을 완성해 보세요.

▶ 정답 p.268

1. 저기서 사고가 있었던 것 같다. (ある, ～ようだ)

   あそこで事故(じこ)が＿＿＿＿＿＿＿＿＿＿＿＿＿＿＿。

2. 저, 아무래도 열이 있는 것 같습니다. (ある, ～みたいだ)

   私(わたし)、どうも熱(ねつ)が＿＿＿＿＿＿＿＿＿＿＿＿＿＿＿。

07 ～らしい ～인(한) 것 같다, ～인(한) 듯하다, ～라고 한다

「～らしい」는 외부의 정보, 즉 다른 곳에서 보거나 들은 정보를 근거로 추측할 때 쓰는 표현입니다. 추측의 근거가 불분명하다는 느낌이 있습니다.

帰(かえ)る 돌아가(오)다	+	らしい	=	帰(かえ)るらしい 돌아가(오)는 것 같다
辛(から)い 맵다	+	らしい	=	辛(から)いらしい 매운 것 같다
大変(たいへん)だ 큰일이다	+	らしい	=	大変(たいへん)らしい 큰일인 것 같다
無料(むりょう) 무료	+	らしい	=	無料(むりょう)らしい 무료인 것 같다

1 「～らしい」는 간접적으로 얻은 정보를 근거로 하는 추측이므로, 추측의 「～そうだ」, 「～ようだ」에 비해 추측의 확신도는 떨어집니다.

この町(まち)には幽霊(ゆうれい)が出(で)るらしい。
이 마을에는 유령이 나오는 것 같다.

北海道(ほっかいどう)では、もう雪(ゆき)が降(ふ)っているらしい。
홋카이도에서는 벌써 눈이 내리고 있는 것 같다.

彼(かれ)の話(はなし)は予想以上(よそういじょう)に面白(おもしろ)かったらしい。
그의 이야기는 예상 이상으로 재미있었던 것 같다.

幽霊(ゆうれい) 유령
予想(よそう) 예상
以上(いじょう) 이상

2 간접적으로 듣거나 본 것을 근거로 하는 추측 표현이므로, 전달의 「～そうだ」와 바꾸어 쓸 수 있는 경우도 있습니다. 그러나 전달의 「～そうだ」에 비해 정확도는 떨어집니다.

うわさによると、彼女(かのじょ)は今海外(いまかいがい)にいるらしい。
소문에 의하면, 그녀는 지금 해외에 있는 것 같다. 부정확한 정보

マネージャーの話(はなし)によると、彼女(かのじょ)は今海外(いまかいがい)にいるそうだ。
매니저의 이야기에 의하면, 그녀는 지금 해외에 있다고 한다. 정확한 정보

うわさ 소문
海外(かいがい) 해외
マネージャー 매니저

표현 「～らしい」VS「～ようだ」

〈진찰을 마치고 의사가 환자에게〉

風邪(かぜ){(?) らしい / (○) のよう}ですね。감기인 것 같군요.

진찰을 마친 상태이므로 확신도가 떨어지는 「～らしい」를 쓰게 되면 어색한 표현이 됩니다. 이 경우에는 비교적 확신도가 높은 「～ようだ」를 쓰는 것이 좀 더 자연스럽습니다.

にんじん 당근

실력 쌓기 제시된 단어를 참고하여 일본어 문장을 완성해 보세요.

▶정답 p.268

1. 저 아이는 당근을 싫어하는 것 같다. (嫌(きら)いだ)

   あの子(こ)はにんじんが＿＿＿＿＿＿＿＿＿＿＿＿＿＿＿＿。

2. 세리나 양의 아빠는 다정한 것 같습니다. (優(やさ)しい)

   セリナちゃんのお父(とう)さんは＿＿＿＿＿＿＿＿＿＿＿＿＿＿＿＿。

UNIT 15

의지·결정·희망 표현

일본어에서 의지·결정·희망을 나타내는 표현에는 「~う(よう)」,「~ことにする」,「~たい」 등이 있습니다. 여기에서는 이러한 표현들의 각각의 의미와 쓰임새에 대해 알아보겠습니다.

01 | 동사의 의지(권유)형

동사에 의지 또는 권유의 뜻을 나타내는 조동사 「~う」 또는 「~よう」를 붙이면 '~해야지'라는 화자의 의지를 나타내거나, '~하자'라는 권유를 나타냅니다. '동사의 의지(권유)형'은 동사의 종류에 따라 만드는 방법이 달라집니다.

1 1그룹 동사의 의지(권유)형

1그룹 동사는 동사의 어미 う단을 お단으로 바꾸고 뒤에 「~う」를 붙입니다.

会(あ)う → 会(あ)お + う = 会(あ)おう
만나다 → 만나야지(만나자)

話(はな)す → 話(はな)そ + う = 話(はな)そう
이야기하다 → 이야기해야지(이야기하자)

飲(の)む → 飲(の)も + う = 飲(の)もう
마시다 → 마셔야지(마시자)

미니 테스트

제시된 동사를 의지형으로 바꾸어 써 보세요.

▶정답 p.269

① 読(よ)む 읽다 ________ ② 書(か)く 쓰다 ________ ③ 話(はな)す 이야기하다 ________

④ 持(も)つ 들다 ________ ⑤ 作(つく)る 만들다 ________ ⑥ 泳(およ)ぐ 헤엄치다 ________

⑦ 遊(あそ)ぶ 놀다 ________ ⑧ 買(か)う 사다 ________ ⑨ 入(はい)る 들어가(오)다 ________

一緒に遊ぼう。[遊ぶ]
함께 놀자.

この夏をもっと楽しもう。[楽しむ]
이번 여름을 좀 더 즐겨야지(즐기자).

今日は歩いて家に帰ろう。[帰る]
오늘은 걸어서 집에 가야지(가자).

食事の前には、手をきれいに洗おう。[洗う]
식사 전에는 손을 깨끗이 씻어야지(씻자).

楽しむ 즐기다
暮らす 살다, 지내다

실력 쌓기 제시된 단어를 참고하여 일본어 문장을 완성해 보세요.

▶정답 p.269

1. 둘이서 즐겁게 살자. (暮らす)
   二人で楽しく ______________。
2. 오늘부터 일기를 써야지. (書く)
   今日から日記を ______________。
3. 여름 방학에는 할머니 집에 놀러 가야지. (行く)
   夏休みはおばあさんの家に遊びに ______________。

2 2그룹 동사의 의지(권유)형

2그룹 동사는 동사의 어미 る를 없애고 뒤에 「～よう」를 붙입니다.

起きる 일어나다	→	起き	+	よう	=	起きよう 일어나야지(일어나자)
寝る 자다	→	寝	+	よう	=	寝よう 자야지(자자)

미니 테스트

제시된 동사를 의지형으로 바꾸어 써 보세요.

▶정답 p.269

① 見る 보다 ______________　② 教える 가르치다 ______________

外は暑いから、今日は家にいよう。[いる]
밖은 더우니까 오늘은 집에 있어야지(있자).

この時間はみんな一緒に日本のアニメを見よう。[見る]
이번 시간에는 다 같이 일본 애니메이션을 보자.

お茶、入れようか。[入れる]
차 한잔 끓여 줄까?(차 한잔 할래?)

値段を聞いてから買うのを決めよう。[決める]
가격을 물어보고 나서 구매를 정해야지(정하자).

お茶を入れる 차를 끓여내다
値段 가격
～てから ~(하)고 나서
そろそろ 슬슬

실력 쌓기 제시된 단어를 참고하여 일본어 문장을 완성해 보세요.

▶정답 p.269

1. 슬슬 잘까? (寝る)

   そろそろ________________。

2. 점원분한테 물어보자. (聞いてみる)

   店員さんに________________。

3 3그룹 동사의 의지(권유)형

3그룹 동사는 불규칙 활용 동사이므로 그대로 암기하세요. 「来る」는 「来よう」, 「する」는 「しよう」로 바꿉니다.

来る	→	**来よう**
오다		와야지(오자)
する	→	**しよう**
하다		해야지(하자)

미니 테스트

제시된 동사를 의지형으로 바꾸어 써 보세요.

▶정답 p.269

① 来る 오다 ________　② 出発する 출발하다 ________

何か食べるものを買ってこよう。[来る]
뭔가 먹을 걸 사 와야지.

命を大切にしよう。[する]
생명을 소중히 하자.

とりあえず、飲み物を注文しよう。[注文する]
우선 마실 것을 주문하자.

命 생명, 목숨

とりあえず 우선

注文する 주문하다

文法 문법

マスターする 마스터하다

실력 쌓기 제시된 단어를 참고하여 일본어 문장을 완성해 보세요.

▶정답 p.269

1. 내일 다시 한번 오자. (来る)
   明日もう一度＿＿＿＿＿＿＿＿＿＿＿＿＿＿＿＿。

2. 일본어 문법을 마스터해야지. (マスターする)
   日本語の文法を＿＿＿＿＿＿＿＿＿＿＿＿＿＿＿＿。

정리하기

동사의 의지(권유)형 만들기

✧ 1그룹 동사: 어미 う단을 お단으로 바꾸고 「〜う」를 붙입니다.

✧ 2그룹 동사: 어미 る를 떼고 「〜よう」를 붙입니다.

✧ 3그룹 동사: 불규칙 활용 동사이므로 그대로 암기하세요. 来(く)る는 来(こ)よう, する는 しよう 입니다.

동사 그룹	어미 변화	기본형	의지(권유)형
1그룹	う단 → お단+う	買(か)う 사다	買(か)おう 사야지(사자)
		聞(き)く 듣다	聞(き)こう 들어야지(듣자)
		貸(か)す 빌려주다	貸(か)そう 빌려줘야지(빌려주자)
		待(ま)つ 기다리다	待(ま)とう 기다려야지(기다리자)
		死(し)ぬ 죽다	死(し)のう 죽어야지(죽자)
		飲(の)む 마시다	飲(の)もう 마셔야지(마시자)
		乗(の)る (탈것을) 타다	乗(の)ろう 타야지(타자)
		急(いそ)ぐ 서두르다	急(いそ)ごう 서둘러야지(서두르자)
		呼(よ)ぶ 부르다	呼(よ)ぼう 불러야지(부르자)
2그룹	る+よう	見(み)る 보다	見(み)よう 봐야지(보자)
		起(お)きる 일어나다	起(お)きよう 일어나야지(일어나자)
		寝(ね)る 자다	寝(ね)よう 자야지(자자)
		食(た)べる 먹다	食(た)べよう 먹어야지(먹자)
3그룹	불규칙 활용	来(く)る 오다	来(こ)よう 와야지(오자)
		する 하다	しよう 해야지(하자)

02 ～う(よう)と思(おも)う ~(하)려고 (생각)하다

의지를 나타내는 「う·よう」에 「～と思(おも)う」가 연결되어, '의지, 예정, 계획' 등에 대한 화자의 주관적인 판단을 나타냅니다.

休(やす)む (쉬다) → **休(やす)もう** + **と思(おも)う** = **休(やす)もうと思(おも)う** (쉬려고 생각하다)

冬休(ふゆやす)みにスキー旅行(りょこう)に行(い)こうと思(おも)います。
겨울 방학에 스키 여행을 가려 합니다.

来年(らいねん)はJLPT試験(しけん)を受(う)けようと思(おも)います。
내년에는 JLPT 시험을 보려 합니다.

今日(きょう)、好(す)きな人(ひと)に告白(こくはく)しようと思(おも)います。
오늘, 좋아하는 사람에게 고백하려 합니다.

私(わたし)はユーチューバーになろうと思(おも)います。
나는 유튜버가 되려 합니다.

冬休(ふゆやす)み 겨울 방학
スキー旅行(りょこう) 스키 여행
来年(らいねん) 내년
試験(しけん)を受(う)ける 시험을 보다
告白(こくはく)する 고백하다
ユーチューバー 유튜버
一生懸命(いっしょうけんめい) 매우 열심히 함

실력 쌓기 제시된 단어를 참고하여 일본어 문장을 완성해 보세요.

▶정답 p.269

1. 새 스마트폰을 사려 한다. (買(か)う)
   新(あたら)しいスマホを＿＿＿＿＿＿＿＿＿＿＿＿＿＿＿＿＿＿＿＿。

2. 내일은 빨리 일어나려 합니다. (起(お)きる)
   明日(あした)は早(はや)く＿＿＿＿＿＿＿＿＿＿＿＿＿＿＿＿＿＿＿＿。

3. 이제부터 열심히 공부하려 합니다. (勉強(べんきょう)する)
   これから一生懸命(いっしょうけんめい)に＿＿＿＿＿＿＿＿＿＿＿＿＿＿＿＿＿＿＿＿。

03 ～つもりだ ~(할) 생각(작정)이다

화자의 의지나 예정, 계획을 나타낼 때 쓰입니다.「～う(よう)と思う」와 거의 같은 뜻이지만, 「～つもりだ」 쪽이 좀 더 구체적이고 실현 가능성이 높은 계획임을 나타냅니다.

辞める + **つもりだ** = **辞めるつもりだ**

그만두다 / 그만둘 작정이다

こちらにテレビを置くつもりです。
이쪽에 텔레비전을 놓을 생각입니다.

来年、この会社を辞めるつもりです。
내년에 이 회사를 그만둘 작정입니다.

来年の夏、アメリカに留学するつもりです。
내년 여름에 미국으로 유학을 갈 생각입니다.

「～う(よう)と思う」와「～つもりだ」는 다음과 같은 차이가 있습니다.

今度の夏休みに、日本へ行くつもりです。
이번 여름 방학에 일본에 갈 생각입니다.
→ 계획이 구체적이고 의지가 강함.

今度の夏休みに、日本へ行こうと思っています。
이번 여름 방학에 일본에 가려 합니다.
→ 계획이 구체적이지 않고 의지가 약함.

+ 표현 「～たつもり(で)」

「～たつもり(で)」는 '~한 셈치고', '~했다 생각하고'라는 뜻을 나타냅니다.

買ったつもりで貯金しておこう。 산 셈치고 저금해 두어야지.

置く 두다, 놓다
留学する 유학하다
貯金する 저금하다
引っ越す 이사하다

실력 쌓기 제시된 단어를 참고하여 일본어 문장을 완성해 보세요.

▶정답 p.269

1. 새로운 일을 찾을 생각이다. (探す)
   新しい仕事を＿＿＿＿＿＿＿＿＿＿＿＿＿＿＿＿＿＿＿＿。

2. 회사가 멀어서 이사할 생각입니다. (引っ越す)
   会社が遠いので、＿＿＿＿＿＿＿＿＿＿＿＿＿＿＿＿＿＿。

04 ～ことになる / ～ことにする

1 ～ことになる ～(하)게 되다

타인에 의해 정해진 결정, 예정, 약속, 규칙 등을 나타내며, 이렇게 정해진 일이 현재도 실행되고 있음을 나타냅니다. 「～ことになっている」의 형태로 쓰이면 '~하기로 되어 있다'라는 뜻을 나타냅니다.

出張(しゅっちょう)する + ことになる = 出張(しゅっちょう)することになる

출장 가다　　　　출장을 가게 되다

今年(ことし)からアメリカ支社(ししゃ)で働(はたら)くことになりました。

올해부터 미국 지사에서 일하게 되었습니다. 결정

今晩(こんばん)7時(しちじ)に取引先(とりひきさき)の人(ひと)に会(あ)うことになっている。

오늘 밤 7시에 거래처 사람을 만나기로 되어 있다. 예정

試験(しけん)が始(はじ)まる10分前(じゅっぷんまえ)までには教室(きょうしつ)に入(はい)ることになっている。

시험이 시작되기 10분 전까지는 교실에 들어오게 되어 있다. 규칙

- 支社(ししゃ) 지사
- 働(はたら)く 일하다
- 取引先(とりひきさき) 거래처
- 卒業式(そつぎょうしき) 졸업식
- 燃(も)えるゴミ 가연성 쓰레기
- 金曜日(きんようび) 금요일

실력 쌓기 제시된 단어를 참고하여 일본어 문장을 완성해 보세요.

▶정답 p.269

1. 졸업식에서 스피치를 하게 되었습니다. (スピーチをする)

   卒業式(そつぎょうしき)で＿＿＿＿＿＿＿＿＿＿＿＿＿＿＿。

2. 가연성 쓰레기는 수요일과 금요일에 배출하게 되어 있다. (出(だ)す)

   燃(も)えるゴミは、水曜日(すいようび)と金曜日(きんようび)に＿＿＿＿＿＿＿＿＿＿。

2 ～ことにする ~(하)기로 하다

화자의 의지로 내린 결정(결심)을 나타내거나, 이렇게 결정한 행동이 습관화되어 있음을 나타냅니다. 「～ことにしている」의 형태로 쓰이면 '~하기로 하고 있다'라는 뜻을 나타냅니다.

留学する(りゅうがく) + **ことにする** = **留学することにする**(りゅうがく)
유학 가다 / 유학 가기로 하다

地方(ちほう)で暮(く)らすことにしました。
지방에서 살기로 했습니다. 결정

友達(ともだち)と一緒(いっしょ)に先輩(せんぱい)の結婚式(けっこんしき)に行(い)くことにした。
친구와 함께 선배 결혼식에 가기로 했다. 결정

毎朝(まいあさ)、6時(ろくじ)に起(お)きることにしている。
매일 아침 6시에 일어나기로 하고 있다. 습관

結婚式(けっこんしき) 결혼식
引っ越し(ひこ) 이사

실력 쌓기 제시된 단어를 참고하여 일본어 문장을 완성해 보세요.

▶ 정답 p.269

1. 내일 그녀의 이사를 돕기로 했습니다. (手伝(てつだ)う)
   明日(あした)、彼女(かのじょ)の引(ひ)っ越(こ)しを＿＿＿＿＿＿＿＿＿＿。
2. 집에 돌아와서는 곧바로 손을 씻기로 하고 있다. (洗(あら)う)
   家(いえ)に帰(かえ)ってからはすぐ手(て)を＿＿＿＿＿＿＿＿＿＿。

＋문법 「～ことにする」VS「～ようにする」 (▶ p.169)

私(わたし)はお酒(さけ)を飲(の)まないことにしている。 나는 술을 마시지 않기로 했다.
→ 결정적인 사실(진단 결과 등으로 술을 완전히 끊은 상태)

私(わたし)はお酒(さけ)を飲(の)まないようにしている。 나는 (될 수 있는 한) 술을 마시지 않기로 했다.
→ 일반적인 경향(건강 등을 이유로 되도록 술을 삼가고 있는 상태)

05 ～ようになる / ～ようにする

1 ～ようになる ~(하)게 되다

「～ようになる」는 '~(하)게 되다'라는 뜻으로 능력(가능성), 상황, 습관 등의 변화 과정을 나타냅니다.

運転できる + **ようになる** = **運転できるようになる**

운전할 수 있다 → 운전할 수 있게 되다

難しい漢字が読めるようになった。
어려운 한자를 읽을 수 있게 되었다. **능력 변화**

健康のために、野菜を食べるようになりました。
건강을 위해 채소를 먹게 되었습니다. **습관 변화**

親になってから親の気持ちが分かるようになった。
부모가 되고 나서 부모님의 마음을 알게 되었다. **상황 변화**

+문법 「～ようになる」VS「～ことになる」 (▶ p.166)

うちの息子は泳げるようになった。 우리 아들은 수영을 할 수 있게 되었다.
→ 노력으로 점점 변화해서 수영을 못하던 상황에서 수영을 할 수 있는 상황에 도달함.

うちの息子は泳げることになった。 우리 아들은 수영을 할 수 있게 되었다.
→ 약물 복용 등으로 수영이 금지되었던 선수(아들)가 다시 수영 대회에 출전할 수 있게 됨.

健康 건강
親 부모님
一人 한 사람, 혼자

실력 쌓기 제시된 단어를 참고하여 일본어 문장을 완성해 보세요. ▶정답 p.269

1. 혼자서 자전거를 탈 수 있게 되었습니다. (乗る)
   一人で自転車に______________________________。

2. 매운 것을 잘 못 먹었는데, 지금은 먹을 수 있게 되었다. (食べる)
   辛いのが苦手だったが、今は______________________________。

2 ～ようにする ~(하)기로(하도록) 하다, ~(하)게 하다

「～ようにする」는 '~(하)기로(하도록) 하다', '~(하)게 하다'라는 뜻으로 어떤 행위나 상황을 실현시키기 위해 노력하거나, 습관적인 행동을 나타낼 때 사용하는 표현입니다.

練習(れんしゅう)する	+	ようにする	=	練習(れんしゅう)するようにする
연습하다				연습하기로 하다

暑(あつ)い日(ひ)には水(みず)をたくさん飲(の)むようにしましょう。
더운 날에는 물을 많이 마시도록 합시다. **노력**

健康(けんこう)のために、毎日(まいにち)早(はや)く寝(ね)て早(はや)く起(お)きるようにしています。
건강을 위해 매일 일찍 자고 일찍 일어나도록 하고 있습니다. **습관적 행동**

できるだけ 가능한 한
運動(うんどう)する 운동하다

실력 쌓기 제시된 단어를 참고하여 일본어 문장을 완성해 보세요.

▶정답 p.269

1. 될 수 있는 한 운동하려 하고 있다. (運動(うんどう)する)
   できるだけ＿＿＿＿＿＿＿＿＿＿＿＿＿＿＿＿＿＿。

2. 집에서 역까지 걸어가도록 하고 있습니다. (歩(ある)く)
   家(いえ)から駅(えき)まで＿＿＿＿＿＿＿＿＿＿＿＿＿＿＿＿＿＿。

06 ～たい(～たがる) ~(하)고 싶다(~(하)고 싶어 하다)

「～たい」는 화자의 희망이나 욕구를 나타낼 때 쓰입니다. 「～たい」 앞의 조사는 が 또는 を를 쓰지만(현재는 を를 더 많이 씀), 동사에 따라 に를 쓰기도 합니다. 예를 들어, 「～になる(~이 되다)」, 「～に会(あ)う(~을 만나다)」, 「～に行(い)く(~에 가다)」 등의 표현이 있습니다.
또한 '제3자의 희망'을 나타낼 때, 그 희망이 보편적일 때는 「～たがる」를, 개인적일 때는 「～たがっている」를 많이 씁니다. 동사의 ます형에 접속합니다.

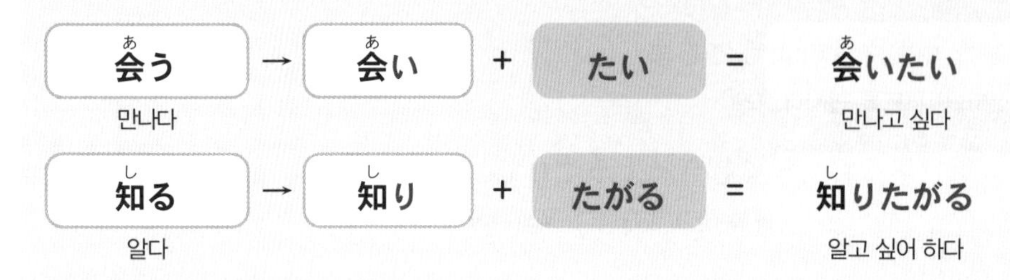

妹(いもうと)の喜(よろこ)ぶ顔(かお)が見(み)たい。
여동생의 기뻐하는 얼굴을 보고 싶다.

テレビ番組(ばんぐみ)のプロデューサーになりたいです。
TV 프로그램의 프로듀서가 되고 싶습니다.

母(はは)は海外旅行(かいがいりょこう)をしたがっている。
엄마는 해외여행을 하고 싶어 하신다.

子供(こども)は勉強(べんきょう)よりゲームをやりたがる。
아이들은 (누구나) 공부보다 게임을 하고 싶어 한다. **보편적인 희망**

両親(りょうしん)は私(わたし)の友達(ともだち)に会(あ)いたがっている。
부모님은 내 친구를 만나고 싶어 하신다. **개인적인 희망**

番組(ばんぐみ) 방송, 프로그램
プロデューサー 프로듀서
両親(りょうしん) 부모님
キャンセルする 취소하다
旅館(りょかん) 일본식 전통 여관

실력 쌓기 제시된 단어를 참고하여 일본어 문장을 완성해 보세요.

▶정답 p.269

1. 호텔 예약을 취소하고 싶습니다. (キャンセルする)

   ホテルの予約(よやく)を＿＿＿＿＿＿＿＿＿＿＿＿＿＿＿＿。

2. 후지산이 보이는 일본식 여관에 묵고 싶다. (泊(と)まる)

   富士山(ふじさん)が見(み)える旅館(りょかん)に＿＿＿＿＿＿＿＿＿＿＿＿＿＿。

07 ～ほしい

1 ～てほしい ～(해) 줬으면 좋겠다, ～(해) 주기 바란다

상대방에게 부탁이나 희망, 요구를 나타내는 표현으로, 다음에 나오는「～てもらいたい (▶ p.181)」와 쓰임새가 같습니다. 보통「～に～てほしい」의 형태로 자주 쓰입니다.

直(なお)す → 直(なお)して + ほしい = 直(なお)してほしい

고치다 / 고쳐 줬으면 좋겠다

料理(りょうり)を作(つく)ってほしい。

요리를 만들어 줬으면 좋겠다.

早(はや)く夏休(なつやす)みが来(き)てほしい。

빨리 여름 방학이 오면 좋겠다.

一人(ひとり)じゃできないので誰(だれ)かに助(たす)けてほしい。

혼자서는 못하기 때문에 누군가 도와줬으면 좋겠다.

今度(こんど)の出張(しゅっちょう)はあなたにも一緒(いっしょ)に行(い)ってほしい。

이번 출장은 당신도 함께 갔으면 좋겠다.

助(たす)ける 돕다, 구조하다
出張(しゅっちょう) 출장

실력 쌓기 제시된 단어를 참고하여 일본어 문장을 완성해 보세요.

▶정답 p.269

1. 내 이야기를 들어줬으면 좋겠다. (聞(き)く)

   私(わたし)の話(はなし)を＿＿＿＿＿＿＿＿＿＿＿＿＿＿＿＿。

2. 나는 아이가 좀 더 밖에서 놀았으면 좋겠다. (遊(あそ)ぶ)

   私(わたし)は子供(こども)にもっと外(そと)で＿＿＿＿＿＿＿＿＿＿＿＿＿。

2 ～がほしい ~을/를 원한다, ~을/를 ~(하)고 싶다, ~면 좋겠다

화자(1인칭)의 바람이나 희망을 나타낼 때 사용하는 표현입니다.

花束(はなたば) + が + ほしい = 花束(はなたば)がほしい

꽃다발 / 꽃다발을 원하다(갖고 싶다)

もう一度(いちど)チャンスがほしい。
다시 한번 기회를 갖고 싶다.

同(おな)じ趣味(しゅみ)がある友達(ともだち)がほしい。
같은 취미가 있는 친구가 있었으면 좋겠다.

新(あたら)しく出(で)たタブレットがほしいです。
새로 나온 태블릿을 원합니다(갖고 싶습니다).

+ 표현 「ほしがる」VS「ほしがっている」

「ほしがる」는 '~(을) 원한다, ~을 (하)고 싶어 한다'라는 뜻으로, 제3자의 욕구나 바람, 희망을 나타낼 때 사용되는 표현입니다. 「ほしがる」는 일반적인 희망을 나타내며, 「ほしがっている」는 개인적인 희망을 나타냅니다.

ほしい + がる = ほしがる

人(ひと)は誰(だれ)でもお金(かね)をほしがる。
사람은 누구나 돈을 원한다(갖고 싶어 한다).

母(はは)は新(あたら)しい乾燥機(かんそうき)をほしがっている。
엄마는 새로운 건조기를 원한다(갖고 싶어 한다).

チャンス 찬스
乾燥機(かんそうき) 건조기

실력 쌓기 제시된 단어를 참고하여 일본어 문장을 완성해 보세요.

▶정답 p.269

1. 좀 더 휴식이 필요합니다. (休(やす)み)

   もっと休(やす)み________________。

2. 그는 한가한 시간을 원하고 있다. (時間(じかん))

   彼(かれ)は暇(ひま)な________________。

UNIT 16 명령·의뢰·부탁 표현

일본어에서 명령·의뢰·부탁을 나타내는 표현에는, 동사의 명령형, 「~なさい」, 「~な」, 「~てください」 등이 있습니다. 여기에서는 이러한 표현들의 쓰임새와 의미에 대해 알아보겠습니다.

01 | 동사의 명령형

명령형은 상대방에게 동작을 강요하거나 시키는 표현으로, 우리말 '~해(라)'에 해당합니다. 동사의 종류에 따라 만드는 방법이 달라집니다.

1 1그룹 동사의 명령형

1그룹 동사는 동사의 어미 う단을 え단으로 바꾸어 문장을 끝내면 명령 표현이 됩니다.

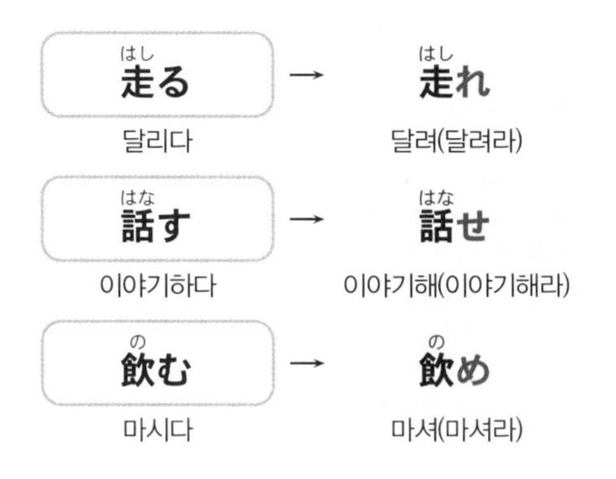

미니 테스트

제시된 동사를 명령형으로 바꾸어 써 보세요. ▶정답 p.270

① 読(よ)む 읽다 ________	② 歩(ある)く 걷다 ________	③ 話(はな)す 이야기하다 ________
④ 持(も)つ 들다 ________	⑤ 聞(き)く 듣다 ________	⑥ 急(いそ)ぐ 서두르다 ________
⑦ 呼(よ)ぶ 부르다 ________	⑧ 言(い)う 말하다 ________	⑨ 入(はい)る 들어가(오)다 ________

金(かね)を出(だ)せ。[出(だ)す] 돈 내놔.

もっと早(はや)く走(はし)れ。[走(はし)る] 좀 더 빨리 달려.

お前(まえ)はもう帰(かえ)れ。[帰(かえ)る] 너는 이제 돌아가라.

みんながんばれ。[がんばる] 모두들 힘내라.

がんばる 힘내다
止(と)まる 멈추다
出(で)て行(い)く 나가다

실력 쌓기 제시된 단어를 참고하여 일본어 문장을 완성해 보세요.

▶정답 p.270

1. 멈춰(멈춰라). (止(と)まる)

____。

2. 나가(나가라). (出(で)て行(い)く)

____。

3. 말해(말해라). (言(い)う)

____。

2 2그룹 동사의 명령형

2그룹 동사는 동사의 어미 る를 떼고 「ろ」를 붙이면 됩니다.

起(お)きる	→	起(お)き	+	ろ	=	起(お)きろ
일어나다						일어나(일어나라)
寝(ね)る	→	寝(ね)	+	ろ	=	寝(ね)ろ
자다						자(자라)

미니 테스트

제시된 동사를 명령형으로 바꾸어 써 보세요.

▶정답 p.270

① 着(き)る 입다 ____________ ② 答(こた)える 대답하다 ____________

見(み)ろ。[見(み)る] 봐(봐라).

ここにいろ。[いる] 여기에 있어(있어라).

気(き)をつけろ。[つける] 조심해(조심해라).

やめろ。[やめる] 그만둬(그만둬라).

片付(かたづ)けろ。[片付(かたづ)ける] 정리해(정리해라).

気(き)をつける 조심하다, 주의하다

片付(かたづ)ける 정리하다

逃(に)げる 도망가다

실력 쌓기 제시된 단어를 참고하여 일본어 문장을 완성해 보세요.

▶정답 p.270

1. 내려(내려라). (降(お)りる)

______________________________。

2. 도망쳐(도망쳐라). (逃(に)げる)

______________________________。

3 3그룹 동사의 명령형

「来(く)る」는 「来(こ)い」, 「する」는 회화체에서는 「しろ」로 바꾸어 표현하면 됩니다.

来(く)る 오다	→	**来(こ)い** 와(와라)
する 하다	→	**しろ** 해(해라)
勉強(べんきょう)する 공부하다	→	**勉強(べんきょう)しろ** 공부해(공부해라)

미니 테스트

제시된 동사를 명령형으로 바꾸어 써 보세요.

▶정답 p.270

① 来(く)る 오다 ____________ ② 注意(ちゅうい)する 주의하다 ____________

春(はる)よ! 来(こ)い、早(はや)く来(こ)い。[来(く)る] 봄아! 와라, 빨리 와라.

静(しず)かにしろ。[する] 조용히 해라.

自分(じぶん)で勉強(べんきょう)しろ。[勉強(べんきょう)する] 스스로 공부해라.

自分(じぶん)で 스스로
持(も)って来(く)る 가져오다

실력 쌓기 제시된 단어를 참고하여 일본어 문장을 완성해 보세요.

▶정답 p.270

1. 빨리 가져와. (持(も)って来(く)る)

早(はや)く______________________________。

2. 친구랑 같이 교실 청소를 해라. (する)

友達(ともだち)と一緒(いっしょ)に教室(きょうしつ)の掃除(そうじ)を______________________________。

정리하기

동사의 명령형 만들기

✧ 1그룹 동사: 어미 う단을 え단으로 바꾸어 문장을 끝냅니다.

✧ 2그룹 동사: 어미 る를 없애고 「～ろ」를 붙입니다.

✧ 3그룹 동사: 불규칙 활용 동사이므로 그대로 암기하세요. 来る는 来い, する는 しろ로 바꿉니다.

동사 그룹	어미 변화	기본형	명령형
1그룹	う단 → え단	買う 사다	買え 사라
		聞く 듣다	聞け 들어라
		貸す 빌려주다	貸せ 빌려줘라
		待つ 기다리다	待て 기다려라
		死ぬ 죽다	死ね 죽어라
		飲む 마시다	飲め 마셔라
		乗る (탈것을) 타다	乗れ 타라
		急ぐ 서두르다	急げ 서둘러라
		呼ぶ 부르다	呼べ 불러라
2그룹	る+ろ	見る 보다	見ろ 봐라
		起きる 일어나다	起きろ 일어나라
		寝る 자다	寝ろ 자라
		食べる 먹다	食べろ 먹어라
3그룹	불규칙 활용	来る 오다	来い 와라
		する 하다	しろ 해라

02 | ～な ～(하)지 말아라, ～(하)지 마

특정한 상대방이나, 불특정 다수에게 해당 행위를 못 하도록 하는 금지 명령 표현입니다. 동사의 기본형에 접속합니다.

触(さわ)る + な = 触(さわ)るな

만지다 / 만지지 마(만지지 마라)

歩(ある)きながら食(た)べるな。
걸으면서 먹지 마라.

ここにゴミを捨(す)てるな。
여기에 쓰레기를 버리지 마라.

人(ひと)の陰口(かげぐち)言(い)うな、聞(き)くな。
다른 사람들의 험담은 하지도 말고, 듣지도 마라.

「歩(ある)きスマホ」をするな。
'보행 중 스마트폰'을 하지 마라.

ゴミ 쓰레기
陰口(かげぐち) 험담
歩(ある)きスマホ 보행 중 스마트폰(사용)

실력 쌓기 제시된 단어를 참고하여 일본어 문장을 완성해 보세요.

▶정답 p.270

1. 여기에 앉지 마라. (座(すわ)る)

ここに＿＿＿＿＿＿＿＿＿＿＿＿＿＿＿。

2. 창문을 열지 마라. (開(あ)ける)

窓(まど)を＿＿＿＿＿＿＿＿＿＿＿＿＿＿＿。

03 ～なさい ~(하)시오, ~(해)라, ~(하)렴, ~(해)야지

부모와 자식, 선생님과 학생 등의 사이에 많이 사용되는 명령 표현입니다. 약간 부드러운 명령 또는 강한 권유를 나타냅니다. 동사의 ます형에 접속합니다.

掃除する(そうじ) → **掃除し** + **なさい** = **掃除しなさい**

청소하다 → 청소하렴

早く寝なさい。
빨리 자렴.

次の質問に答えなさい。
다음 질문에 답하시오.

明日試験だから、今日は早く帰りなさい。
내일 시험이니까, 오늘은 빨리 돌아가라.

野菜は体にいいからもっと食べなさい。
채소는 몸에 좋으니까 좀 더 먹으렴.

실력 쌓기 제시된 단어를 참고하여 일본어 문장을 완성해 보세요.

▶정답 p.270

1. 먹기 전에 손을 씻으렴. (洗う)
   食べる前に手を＿＿＿＿＿＿＿＿＿＿＿＿＿＿＿。

2. 빨리 일어나렴. 학교에 늦는다. (起きる)
   早く＿＿＿＿＿＿＿＿＿＿＿＿＿＿＿。学校に遅れるよ。

04 ～てください ~(해) 주세요, ~(하)세요

상대방에게 뭔가를 부탁하거나, 가볍게 명령(지시)할 때 쓰이는 표현입니다. 동사의 て형에 접속합니다.

立(た)つ → 立(た)って + ください = 立(た)ってください

서다 / 서 주세요

レシートは要(い)らないので捨(す)ててください。
영수증은 필요 없으니까 버려 주세요.

たまごが足(た)りないので買(か)って来(き)てください。
달걀이 부족하니까 사 와 주세요.

信号(しんごう)の前(まえ)で降(お)ろしてください。
신호등 앞에서 내려 주세요.

もう少(すこ)し分(わ)かりやすく説明(せつめい)してください。
좀 더 알기 쉽게 설명해 주세요.

足(た)りない 부족하다
信号(しんごう) 신호(등)
降(お)ろす 내리다
分(わ)かりやすい 알기 쉽다
説明(せつめい)する 설명하다
音(おと) 소리
下(さ)げる 내리다, 낮추다

실력 쌓기 제시된 단어를 참고하여 일본어 문장을 완성해 보세요.

▶정답 p.270

1. 텔레비전 소리를 조금 줄여 주세요. (下(さ)げる)

   テレビの音(おと)を少(すこ)し______________________。

2. 다시 한번 천천히 이야기해 주세요. (話(はな)す)

   もう一度(いちど)ゆっくり______________________。

05 | ～ないでください ~(하)지 말아 주세요, ~(하)지 마세요

「～ないでください」는 「～てください」의 부정 표현으로 뭔가를 하지 말라고 주의를 줄 때 사용합니다. 동사의 ない형에 접속합니다.

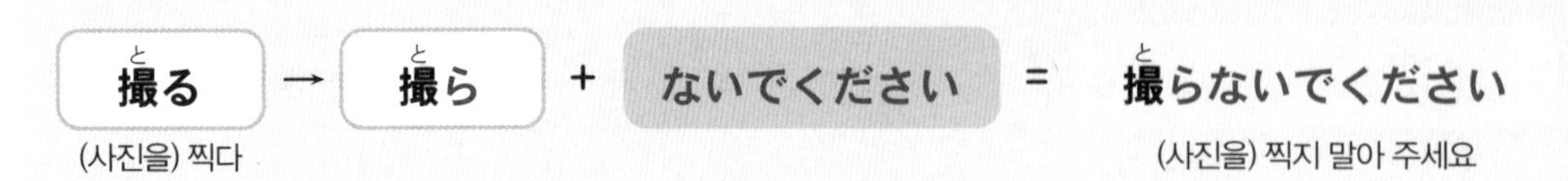

(사진을) 찍다 (사진을) 찍지 말아 주세요

ハトにエサをあげないでください。
비둘기에게 먹이를 주지 마세요.

時刻表(じこくひょう)のチェックを忘(わす)れないでください。
시각표 체크를 잊지 마세요.

スーツケースから手(て)を放(はな)さないでください。
여행 가방에서 손을 떼지 마세요.

バスが止(と)まるまで席(せき)を立(た)たないでください。
버스가 멈출 때까지 자리에서 일어나지 마세요.

ハト 비둘기
エサ 먹이
時刻表(じこくひょう) 시각표
チェック 체크
放(はな)す 놓다, 떼다
席(せき) 자리, 좌석

실력 쌓기 제시된 단어를 참고하여 일본어 문장을 완성해 보세요.

▶정답 p.270

1. 괜찮습니다. 걱정하지 마세요. (心配(しんぱい)する)

   大丈夫(だいじょうぶ)です。＿＿＿＿＿＿＿＿＿＿＿＿＿＿＿＿＿＿＿。

2. 물에 얼음은 넣지 말아 주세요. (入(い)れる)

   お水(みず)に氷(こおり)は＿＿＿＿＿＿＿＿＿＿＿＿＿＿＿＿＿＿＿。

06 ～てもらいたい ～(해) 주기를 바란다, ～(해) 주었으면 한다, ～(해) 주세요

직역하면, '~해 받고 싶다'라는 뜻으로, 상대방에게 무언가를 부탁하거나, 화자의 바람을 나타낼 때 사용하는 표현입니다. 「～てほしい」와 유사한 표현으로(▶ p.171), 겸양 표현은 「～ていただきたい」입니다. 동사의 て형에 접속합니다.

聞(き)く → 聞(き)いて + もらいたい = 聞(き)いてもらいたい

듣다 / 들어주었으면 한다

今日(きょう)は私(わたし)と一緒(いっしょ)にいてもらいたいです。
오늘은 나와 함께 있어 주었으면 합니다.

約束(やくそく)はしっかり守(まも)っていただきたいです。
약속은 확실히 지켜 주셨으면 합니다.

これ、ちょっと貸(か)してもらいたいんですが。
이거, 좀 빌려주었으면 하는데요.

私(わたし)の気持(きも)ちを誰(だれ)かに聞(き)いてもらいたい。
내 마음을 누군가 들어줬으면 한다.

しっかり 확실히, 단단히
守(まも)る 지키다

실력 쌓기 제시된 단어를 참고하여 일본어 문장을 완성해 보세요.

▶정답 p.270

1. 알아봐 줬으면 하는 것이 있다. (調(しら)べる)

________________________ことがある。

2. 올해는 모두들 힘내 주시길 바랍니다. (がんばる)

今年(ことし)は、みんなに________________________。

07 ～ましょう ~(합)시다, ~(하)죠

상대방에게 어떠한 행동을 권유, 요구할 때 쓰이는 표현입니다. 동사의 ます형에 접속합니다.

やる → やり + ましょう = やりましょう
하다 합시다

夜ご飯は割り勘しましょう。
저녁은 각자 부담으로 하죠.

コンビニに寄って帰りましょう。
편의점에 들렀다가 돌아갑시다.

12時に時計台の前で待ち合わせしましょう。
12시에 시계탑 앞에서 만납시다.

夜ご飯 저녁밥
割り勘する 각자 내다
コンビニ 편의점
時計台 시계탑
待ち合わせする (시간, 장소를 정해) 만나다
ランチ 런치, 점심
庭 정원
バーベキュー 바비큐
～でも ~라도

표현 「～ましょう」와 비슷한 표현

「～ましょう」와 비슷한 표현으로 「～ましょうか(~할까요)」와 「～ませんか(~하지 않을래요?)」가 있습니다.

私がお皿を洗いましょうか。 제가 접시를 씻을까요?

今度ランチに行きませんか。 다음에 점심 먹으러 가지 않을래요?

실력 쌓기 제시된 단어를 참고하여 일본어 문장을 완성해 보세요.

▶정답 p.270

1. 밤에는 정원에서 바비큐라도 할까요? (する)
   夜は庭でバーベキューでも＿＿＿＿＿＿＿＿。

2. 다음에 함께 술을 마시러 가지 않을래요? (行く)
   今度一緒にお酒を飲みに＿＿＿＿＿＿＿＿。

UNIT 17 의무·허가·금지·조언 표현

일본어에서 의무·허가·금지·조언을 나타내는 표현에는 「～なければならない」, 「～てもいい」, 「～てはいけない」, 「～たほうがいい」 등이 있습니다. 여기에서는 동사를 중심으로 이러한 표현들의 쓰임새와 의미에 대해 알아보겠습니다.

01 ～なければならない ～(하)지 않으면 안 된다, ～(해)야 한다

어떠한 행위를 반드시 해야 할 필요가 있을 때, 즉 의무적으로 어떠한 행위를 해야 할 때 사용하는 의무 표현으로, 문장체로 사용되는 경우가 많습니다. 동사의 ない형에 접속합니다.

払(はら)う → 払(はら)わ + なければならない = 払(はら)わなければならない

지불하다 → 지불하지 않으면 안 된다

ゴミは分(わ)けて捨(す)てなければならない。
쓰레기는 분류해서 버려야 한다.

車(くるま)を運転(うんてん)するには免許(めんきょ)を取(と)らなければならない。
차를 운전하려면 면허를 따야 한다.

来週(らいしゅう)テストだから、勉強(べんきょう)しなければなりません。
다음 주가 시험이라서 공부해야 합니다.

+ 문법 「～べきだ」 VS 「～なければならない」

「～べきだ」는 '(당연히) ～해야 한다'라는 뜻으로 「～なければならない」와 비슷해 보입니다. 그러나 「～なければならない」가 꼭 해야 하는 '의무'의 뜻을 나타내는 반면, 「～べきだ」는 '의무'의 뜻은 없고, '그렇게 하는 것이 당연하다(옳다)'라는 뜻을 나타냅니다.

学生(がくせい)は勉強(べんきょう)するべきだ(=すべきだ)。
학생은 공부해야 한다. (공부하는 게 당연하다는 뜻)

(○) 日本(にほん)では車(くるま)は左側(ひだりがわ)を走(はし)らなければならない。
(×) 日本(にほん)では車(くるま)は左側(ひだりがわ)を走(はし)るべきだ。
일본에서는 차는 좌측으로 달려야 한다.

分(わ)ける 나누다
運転(うんてん)する 운전하다
免許(めんきょ)を取(と)る 면허를 따다
左側(ひだりがわ) 좌측
薬(くすり)を飲(の)む 약을 먹다

실력 쌓기 제시된 단어를 참고하여 일본어 문장을 완성해 보세요.

▶정답 p.270

1. 이 약을 매일 먹어야 한다. (飲む)

この薬を毎日＿＿＿＿＿＿＿＿＿＿＿＿＿＿＿。

2. 한국에서는 집에 들어갈 때 신발을 벗어야 합니다. (脱ぐ)

韓国では家に入る時、靴を＿＿＿＿＿＿＿＿＿＿＿＿＿＿＿。

02 ～てもいい ~(해)도 좋다, ~(해)도 된다

「～てもいい」는 상대방에게 허가를 구하거나, 상대방의 요구 사항을 허락할 때 쓰입니다. 동사의 て형에 접속합니다.

借りる → 借り + てもいい = 借りてもいい

빌리다 / 빌려도 좋다

エアコンをつけてもいいですか。
에어컨을 켜도 돼요?

僕の部屋で勉強してもいいよ。
내 방에서 공부해도 돼.

A 宿題が終わったので、遊びに行ってもいいですか。
숙제가 끝났으니까 놀러 가도 돼요?

B ダメ。遊びに行く前に、部屋の掃除をしなさい。
안 돼. 놀러 가기 전에 방 청소를 하렴.

실력 쌓기 제시된 단어를 참고하여 일본어 문장을 완성해 보세요.

▶정답 p.270

1. 잠깐 제 얘기를 해도 될까요? (する)

ちょっと私の話を＿＿＿＿＿＿＿＿＿＿＿＿＿＿＿。

2. 그거, 맛있어 보인다. 좀 먹어도 돼? (食べる)

それ、おいしそう。ちょっと＿＿＿＿＿＿＿＿＿＿＿＿＿＿＿？

03 ～なくてもいい ~(하)지 않아도 좋다(된다/괜찮다)

「～なくてもいい」는 어떠한 행위를 할 필요가 없음을 나타낼 때 쓰이는 표현입니다. 동사의 ない형에 접속합니다.

調べる(しらべる) → 調べ + なくてもいい = 調べなくてもいい

알아보다 → 알아보지 않아도 된다

ソースをかけなくてもいいです。 소스를 뿌리지 않아도 됩니다.

明日(あした)は会社(かいしゃ)に行(い)かなくてもいい。 내일은 회사에 가지 않아도 된다.

小学生以下(しょうがくせいいか)はお金(かね)を払(はら)わなくてもいいです。
초등학생 이하는 돈을 내지 않아도 됩니다.

ソースをかける 소스를 뿌리다
以下(いか) 이하
途中(とちゅう) 도중
乗り換える(のりかえる) 갈아타다

실력 쌓기 제시된 단어를 참고하여 일본어 문장을 완성해 보세요.

▶정답 p.271

1. 도중에 갈아타지 않아도 된다. (乗り換える(のりかえる))
   途中(とちゅう)で＿＿＿＿＿＿＿＿＿＿＿＿＿＿＿＿。

2. 아무것도 말하지 않아도 됩니다. (言う(いう))
   何(なに)も＿＿＿＿＿＿＿＿＿＿＿＿＿＿＿＿。

04 ～てはいけない ~(해)서는 안 된다

「～てはいけない」는 어떤 행위에 대한 금지나 규제를 나타낼 때 쓰입니다. 동사의 て형에 접속합니다.

笑う(わらう) → 笑っ + てはいけない = 笑ってはいけない

웃다 → 웃어서는 안 된다

道路(どうろ)にゴミを捨(す)ててはいけない。
도로에 쓰레기를 버려서는 안 된다.

エスカレーターの上(うえ)を走(はし)ってはいけません。
에스컬레이터 위를 뛰어서는 안 됩니다.

部屋(へや)を片付(かたづ)けるまで遊(あそ)びに行(い)ってはいけません。
방을 정리할 때까지 놀러 가서는 안 됩니다.

道路(どうろ) 도로
エスカレーター 에스컬레이터
いじめる 괴롭히다

실력 쌓기 제시된 단어를 참고하여 일본어 문장을 완성해 보세요.

▶정답 p.271

1. 친구를 괴롭히면 안 된다. (いじめる)

友達(ともだち)を________________________________。

2. 수업 중에 스마트폰을 사용해서는 안 됩니다. (使(つか)う)

授業中(じゅぎょうちゅう)にスマホを________________________________。

05 ～なくてはいけない ~(하)지 않으면 안 된다, ~(해)야 한다

「～なくてはいけない」는 「～てはいけない」의 부정 표현으로, 어떤 행위가 반드시 해야 하는 일임을 나타냅니다. 앞서 배운 「～なければならない」와 비슷하지만, 「～なくてはいけない」 쪽이 좀 더 개인적인 판단을 바탕으로 말하는 경향이 있어 회화체에 많이 쓰입니다. 동사의 ない형에 접속합니다.

急(いそ)ぐ → 急(いそ)が + なくてはいけない = 急(いそ)がなくてはいけない

서두르다 → 서두르지 않으면 안 된다

来週(らいしゅう)までにレポートを出(だ)さなくてはいけません。
다음 주까지 리포트를 내지 않으면 안 됩니다.

今週(こんしゅう)はやらなくてはいけないことがたくさんある。
이번 주에는 해야 하는 일이 많이 있다.

見(み)たいドラマがあるから、夜(よる)10時(じゅうじ)までに家(いえ)に帰(かえ)らなくてはいけないよ。
보고 싶은 드라마가 있어서, 밤 10시까지 집에 가야 해.

今(いま)すぐ 지금 당장

실력 쌓기 제시된 단어를 참고하여 일본어 문장을 완성해 보세요.

▶정답 p.271

1. 서두르지 않으면 안 된다. (急(いそ)ぐ)

________________________________。

2. 정말로 지금 바로 가지 않으면 안 됩니다. (行(い)く)

本当(ほんとう)に今(いま)すぐ________________________________。

06 ～たほうがいい ~(하)는 게 좋다(~(하)는 편이 낫다)

상대방에게 화자의 의견을 제안하거나 충고할 때 쓰입니다. '~(하)는 게 좋다'라고 할 때, 우리 말로는 현재형으로 표현하지만, 일본어에서는 대부분 과거형「～た」에 「～ほうがいい」를 붙여 씁니다.

寝(ね)る → 寝(ね) + たほうがいい = 寝(ね)たほうがいい

자다 → 자는 편이 좋다

早(はや)く仲直(なかなお)りしたほうがいいです。
빨리 화해하는 편이 좋습니다.

疲(つか)れたときは、早(はや)く寝(ね)たほうがいいです。
피곤할 때는 빨리 자는 게 좋습니다.

肉(にく)だけじゃなく、野菜(やさい)も食(た)べたほうがいいですよ。
고기만이 아니라 채소도 먹는 게 좋아요.

熱(ねつ)があるから、今日(きょう)はゆっくり休(やす)んだほうがいいよ。
열이 있으니까 오늘은 푹 쉬는 편이 좋아.

仲直(なかなお)りする 화해하다

실력 쌓기 제시된 단어를 참고하여 일본어 문장을 완성해 보세요.

▶정답 p.271

1. 빨리 돌아가는 게 좋겠습니다. (帰(かえ)る)
   早(はや)く________________________。

2. 더운 날에는 물을 많이 마시는 게 좋다. (飲(の)む)
   暑(あつ)い日(ひ)には、水(みず)をたくさん____________________。

07 ～ないほうがいい ~(하)지 않는 게 좋다, ~(하)지 않는 편이 낫다

「～たほうがいい」의 부정 표현으로 상대방에게 어떠한 행동을 하지 말기를 제안하거나 충고할 때 사용합니다. 이 경우에는 과거형이 아니라, 「～ない」에 「～ほうがいい」를 붙여 사용합니다.

無理(むり)する → **無理(むり)し** + **ないほうがいい** = **無理(むり)しないほうがいい**

무리하다 / 무리하지 않는 게 좋다

私(わたし)たちはもう会(あ)わないほうがいい。
우리들은 이제 만나지 않는 게 좋겠다.

今日(きょう)は飲(の)み会(かい)に行(い)かないほうがいいです。
오늘은 술자리에 가지 않는 편이 좋겠습니다.

寝(ね)る前(まえ)は、何(なに)も食(た)べないほうがいいですよ。
자기 전에는 아무것도 먹지 않는 게 좋아요.

風邪(かぜ)を早(はや)く治(なお)すためには、無理(むり)しないほうがいいですよ。
감기를 빨리 낫게 하기 위해서는, 무리하지 않는 편이 좋아요.

治(なお)す (병을) 고치다, 치료하다
無理(むり)する 무리하다
タバコ 담배
吸(す)う 피우다

실력 쌓기 제시된 단어를 참고하여 일본어 문장을 완성해 보세요.

▶정답 p.271

1. 담배를 피우지 않는 게 좋다. (吸(す)う)

   タバコを＿＿＿＿＿＿＿＿＿＿＿＿＿＿＿＿＿＿＿＿。

2. 자기 전에는 스마트폰을 쓰지 않는 게 좋습니다. (使(つか)う)

   寝(ね)る前(まえ)にはスマホを＿＿＿＿＿＿＿＿＿＿＿＿＿＿＿＿。

UNIT 18 수동 표현

행위를 하는 주체를 문장의 주어로 하는 능동 표현과 반대로, 행위를 받거나 당하는 객체(대상)를 문장의 주어로 해서 만든 표현을 '수동 표현'이라고 합니다. 주의할 점은, 일본어에서는 자동사로도 수동 표현을 만들 수 있다는 것입니다. 또한 우리말에 비해 일상생활에서도 수동 표현을 자주 사용하므로 제대로 학습해 활용해야 하겠습니다.

01 동사의 수동형

일본어 동사의 수동형은 수동 표현을 만드는「~れる·~られる」를 붙여 만듭니다. 수동 표현을 만드는 방법은 동사 그룹에 따라 다릅니다.

1 1그룹 동사의 수동형

1그룹 동사는 동사의 어미 う단을 あ단으로 바꾸고「~れる」를 붙입니다.

단, う로 끝나는 동사는 어미를 あ가 아닌, わ로 바꾸고「~れる」를 붙입니다.

言う → 言わ + れる = 言われる

말하다 → 듣다

미니 테스트

제시된 동사를 수동형으로 바꾸어 써 보세요. ▶정답 p.271

① 読む 읽다 ________	② 焼く 굽다 ________	③ 思う 생각하다 ________
④ 打つ 치다 ________	⑤ 作る 만들다 ________	⑥ 急ぐ 서두르다 ________
⑦ 呼ぶ 부르다 ________	⑧ 押す 누르다 ________	⑨ 入る 들어가(오)다 ________

ひどいことを言われて悲しかったです。[言う]

심한 말을 들어서 슬펐습니다.

私は満員電車で足を踏まれた。[踏む]

나는 만원 전철에서 발을 밟혔다.

名前は漢字で書かれている。[書く]

이름은 한자로 쓰여 있다.

ひどい 심하다
悲しい 슬프다
満員電車 만원 전철
足 발
踏む 밟다
足の裏 발바닥
蚊 모기
刺す 찌르다, 물다
叱る 혼내다, 야단치다

실력 쌓기 제시된 단어를 참고하여 일본어 문장을 완성해 보세요. ▶정답 p.271

1. 발바닥을 모기한테 물렸다. (刺す)

   足の裏を蚊に________________。

2. 나는 엄마한테 혼났다. (叱る)

   僕は母に________________。

3. 선생님이 이름을 불렀다(선생님께 이름을 불렸다). (呼ぶ)

   先生に名前を________________。

2 2그룹 동사의 수동형

2그룹 동사는 동사의 어미 る를 없앤 후 「～られる」를 붙입니다.

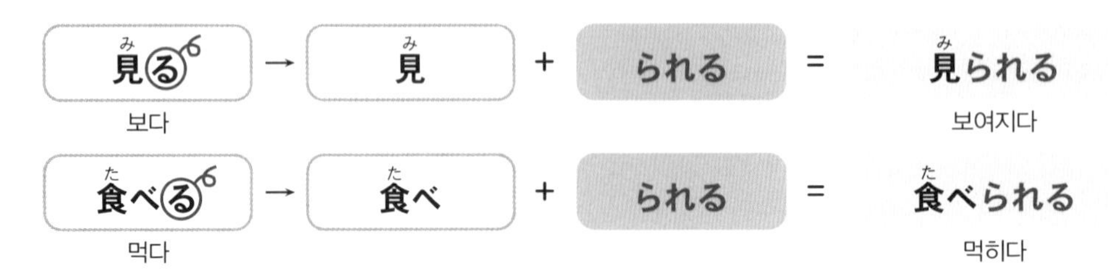

미니 테스트

제시된 동사를 수동형으로 바꾸어 써 보세요.

▶정답 p.271

① 教える 가르치다 ____________ ② ほめる 칭찬하다 ____________

トイレは男女で分けられています。[分ける]
화장실은 남녀로 나누어져 있습니다.

池にプラスチックのゴミが捨てられています。[捨てる]
연못에 플라스틱 쓰레기가 버려져 있습니다.

テストの成績がよかったので、父にほめられた。[ほめる]
시험 성적이 좋아서 아빠한테 칭찬받았다.

男女 남녀
池 연못
プラスチック 플라스틱
ほめる 칭찬하다
上司 상사
城 성
約 약
建てる 세우다, 짓다

실력 쌓기 제시된 단어를 참고하여 일본어 문장을 완성해 보세요.

▶정답 p.271

1. 정해진 룰을 지킵시다. (決める)
____________ルールを守りましょう。

2. 그는 상사에게 괴롭힘당했다. (いじめる)
彼は上司に____________。

3. 저 성은 약 200년 전에 세워졌다. (建てる)
あの城は約200年前に____________。

3 3그룹 동사의 수동형

3그룹 동사는 불규칙 활용 동사이므로 그대로 암기하세요. 「来る」는 「来られる」, 「する」는 「される」로 바꿉니다.

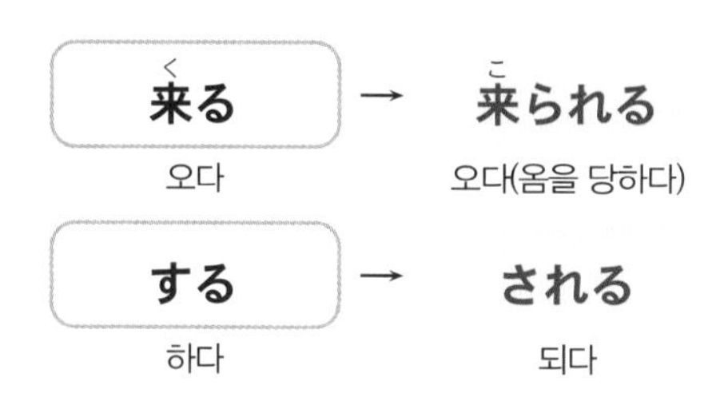

미니 테스트

제시된 동사를 수동형으로 바꾸어 써 보세요. ▶정답 p.271

① 来る 오다 ______________ ② 質問する 질문하다 ______________

忙しい時、お客さんに来られて、仕事ができなかった。[来る]
바쁠 때 손님이 와서 일을 못 했다.

遅刻して先生に注意された。[注意する]
지각해서 선생님께 주의받았다.

新型スマホは10月７日に発売される。[発売する]
신형 스마트폰은 10월 7일에 발매된다.

注意する 주의하다
新型 신형
発売する 발매하다
結果 결과
発表する 발표하다

실력 쌓기 제시된 단어를 참고하여 일본어 문장을 완성해 보세요. ▶정답 p.271

1. 결과는 내일 발표됩니다. (発表する)
   結果は明日______________。

2. 친구가 놀러 와서 공부를 못 했다. (来る)
   友達に遊びに______________、勉強できなかった。

02 | 수동 표현의 종류

일본어의 수동 표현에는 우리말의 일반적인 수동과 비슷한 '직접 수동'과 우리말의 수동과 부분적으로 비슷한 '소유자 수동', 그리고 우리말에는 없는 '간접 수동'이 있습니다.

1 직접 수동

'직접 수동'이란, 수동문의 주어가 행위자에 의해 직접적인 작용이나 영향을 받는 수동으로, 우리말이나 영어에서 흔히 볼 수 있는 수동입니다.

(능동문) カニが僕を噛んだ。 게가 나를 물었다.

(수동문) 僕がカニに噛まれた。 내가 게한테 물렸다.

カニ 게
噛む 물다

テストの点数が悪くて先生に叱られた。[叱る]
시험 점수가 나빠서 선생님에게 혼났다.

先輩からひどいことを言われた。[言う]
선배에게 심한 말을 들었다.

アメリカ大陸は、コロンブスによって発見された。[発見する]
아메리카 대륙은 콜럼버스에 의해 발견되었다.

台風でたくさんの木が倒されている。[倒す]
태풍으로 많은 나무가 쓰러져 있다.

点数 점수
アメリカ大陸 아메리카 대륙
コロンブス 콜럼버스
発見する 발견하다
倒す 쓰러뜨리다
お寺 절
オリンピック 올림픽
～回 ～회
開く 열다, 열리다
頼む 부탁하다

실력 쌓기 제시된 단어를 참고하여 일본어 문장을 완성해 보세요.

▶정답 p.271

1. 이 절은 언제 지어졌어요? (建てる)
   このお寺はいつ＿＿＿＿＿＿＿＿＿＿＿＿＿＿＿＿。

2. 올림픽은 4년에 한 번 열립니다. (開く)
   オリンピックは４年に１回＿＿＿＿＿＿＿＿＿＿＿＿＿＿＿＿。

3. 나는 과장님에게 일을 부탁받았다. (頼む)
   僕は課長に仕事を＿＿＿＿＿＿＿＿＿＿＿＿＿＿＿＿。

2 소유자 수동

'소유자 수동'이란 수동문 주어의 신체 부위나 소유물, 또는 관련 있는 사람이 다른 사람의 행위에 영향을 받았을 때 사용하는 수동 표현입니다.

(능동문) カニが僕の指を噛んだ。 게가 나의 손가락을 물었다.
(수동문) 僕がカニに指を噛まれた。 내가 게한테 손가락을 물렸다.

草むらでハチに腕を刺されました。[刺す]
풀숲에서 벌에 팔을 쏘였습니다.

私はバスの中で、財布をすられた。[する]
나는 버스 안에서 지갑을 소매치기당했다.

指 손가락
草むら 풀숲
ハチ 벌
腕 팔
する 소매치기하다 (1그룹 동사)

僕(ぼく)は先生(せんせい)に息子(むすこ)をほめられました。[ほめる]

선생님이 내 아들을 칭찬해 주었습니다.

私(わたし)は電車(でんしゃ)の中(なか)で、後(うし)ろの人(ひと)に背中(せなか)を押(お)された。[押(お)す]

나는 전철 안에서, 뒷사람에게 등을 밀렸다.

背中(せなか) 등

押(お)す 밀다

取(と)る 잡다, 얻다, 훔치다

실력 쌓기 제시된 단어를 참고하여 일본어 문장을 완성해 보세요.

▶정답 p.271

1. 남동생이 내 사과를 먹었습니다. (食(た)べる)

   私(わたし)は弟(おとうと)にりんごを＿＿＿＿＿＿＿＿＿＿＿＿＿＿＿＿。

2. 다나카 씨는 도둑에게 지갑을 도난당했다. (取(と)る)

   田中(たなか)さんは泥棒(どろぼう)に財布(さいふ)を＿＿＿＿＿＿＿＿＿＿＿＿＿＿＿＿。

3 간접 수동

'간접 수동'이란 수동문의 주어가 문장이 나타내는 상황(행위)으로부터 간접적이면서 마이너스적인 영향이나 작용을 받을 때 사용하는 수동 표현입니다.

'간접 수동'은 우리말에는 없는 수동 표현이므로, 해석에 유의해야 합니다. '간접 수동문'을 해석할 때에는 우선 능동문으로 해석하고, 그 후에 수동문의 주어가 피해를 입는다는 의미를 더해 줍니다. 이 점이 단순 능동문과 다른 점입니다.

(능동문) 昨日(きのう)、飼(か)い犬(いぬ)が死(し)んだ。

어제, 기르던 개가 죽었다. **객관적인 묘사**

(수동문) 私(わたし)は昨日(きのう)、飼(か)い犬(いぬ)に死(し)なれた。

어제 내가 기르던 개가 죽었다. **본인의 슬픈 감정을 이입한 표현**

'간접 수동'의 특징은 다음과 같습니다.

- 타동사뿐만 아니라 자동사에 의해서도 만들어집니다.
- 능동문의 주어는 수동문에서 항상 조사 に를 취한 형태로 표현됩니다.
- 수동문의 주어가 피해를 입을 때 주로 쓰입니다. 따라서 '피해 수동'이라고도 합니다.

私は、赤ちゃんに泣かれて、寝ることができなかった。[泣く]
나는 아기가 울어서 잘 수가 없었다.

忙しい時、お客さんに来られて、仕事ができなかった。[来る]
바쁠 때 손님이 와서 일을 할 수가 없었다.

突然、店員に(店を)辞められて、店主が困っている。[辞める]
갑자기 점원이 (가게를) 그만둬서 점주가 곤란해하고 있다.

표현 '친구가 왔다'의 여러 가지 표현

'친구가 왔다'는 기본적으로 「友達が来た」입니다. 이 표현은 '친구가 온 것'을 화자가 중립적으로 받아들일 때 쓰입니다. 일본어에는 이외에도 '친구가 온 것'을 마이너스적으로 받아들일 때 쓰이는 자동사 수동 표현인 「友達に来られた」와, 플러스적으로 받아들일 때 쓰이는 「~てもらう」 표현인 「友達に来てもらった」가 있습니다.

友達が来て、後輩も来た。 친구가 오고, 후배도 왔다.

友達に来られて、困っている。 친구가 와서 곤란해하고 있다.

友達に来てもらって、嬉しかった。 친구가 와 줘서 기뻤다.

飼い犬 반려견, 기르던 개
泣く 울다
突然 갑자기
辞める (일자리 등을) 그만두다
店主 점주
後輩 후배
嬉しい 기쁘다
濡れる 젖다
ゆうべ 어젯밤

실력 쌓기 제시된 단어를 참고하여 일본어 문장을 완성해 보세요.

▶정답 p.271

1. 비가 와서 옷이 젖어 버렸습니다. (降る)
   雨に＿＿＿＿＿＿＿＿、服が濡れてしまいました。

2. 어젯밤 늦게, 친구가 놀러 와서 공부를 못 했다. (来る)
   ゆうべ遅く、友達に遊びに＿＿＿＿＿＿＿＿勉強できなかった。

정리하기

동사의 수동형 만들기

✧ 1그룹 동사: 어미 う단을 あ단으로 바꾸고 「~れる」를 붙입니다.
(단, 어미가 う로 끝나는 동사는 あ가 아닌 わ로 바꿉니다.)

✧ 2그룹 동사: 어미 る를 없애고 「~られる」를 붙입니다.

✧ 3그룹 동사: 불규칙 활용 동사이므로 그대로 암기하세요. 来(く)る는 来(こ)られる, する는 される 입니다.

동사 그룹	어미 변화	기본형	수동형
1그룹	う단→ あ단+れる	言(い)う 말하다	言(い)われる (말을) 듣다
		書(か)く 쓰다	書(か)かれる 쓰여지다
		押(お)す 밀다	押(お)される 밀리다
		待(ま)つ 기다리다	待(ま)たれる 기다림을 당하다
		死(し)ぬ 죽다	死(し)なれる 죽다
		飲(の)む 마시다	飲(の)まれる 마심을 당하다
		乗(の)る (탈것을) 타다	乗(の)られる 타게 되다
		急(いそ)ぐ 서두르다	急(いそ)がれる 서두르게 되다
		呼(よ)ぶ 부르다	呼(よ)ばれる 불리다
2그룹	る+られる	見(み)る 보다	見(み)られる 보여지다
		起(お)きる 일어나다	起(お)きられる 일어나다
		寝(ね)る 자다	寝(ね)られる 자다
		食(た)べる 먹다	食(た)べられる 먹히다
3그룹	불규칙 활용	来(く)る 오다	来(こ)られる 오다(옴을 당하다)
		する 하다	される 되다

UNIT 19 사역 표현

'사역 표현'이란, 일반적으로 손윗사람이 손아랫사람에게 어떠한 행위를 강제 또는 지시하거나, 허락할 때 쓰이는 표현으로, 우리말로는 '~하게 하다', '~시키다', '~하게 놔 두다' 등으로 해석됩니다.

01 동사의 사역형

일본어 동사의 사역형은 사역 표현을 만드는 「~せる·~させる」를 붙여 만듭니다. 사역 표현을 만드는 방법은 동사 그룹에 따라 다릅니다.

1 1그룹 동사의 사역형

1그룹 동사는 동사의 어미 う단을 あ단으로 바꾸고 「~せる」를 붙입니다.

단, 어미가 う로 끝나는 동사는 어미를 あ가 아닌, わ로 바꾸고 「~せる」를 붙입니다.

会(あ)う → 会(あ)わ + せる = 会(あ)わせる

만나다 → 만나게 하다

미니 테스트

제시된 동사를 사역형으로 바꾸어 써 보세요.

▶정답 p.272

① 読(よ)む 읽다 ________ ② 歩(ある)く 걷다 ________ ③ 話(はな)す 이야기하다 ________

④ 持(も)つ 들다 ________ ⑤ 作(つく)る 만들다 ________ ⑥ 使(つか)う 사용하다 ________

⑦ 遊(あそ)ぶ 놀다 ________ ⑧ 泳(およ)ぐ 헤엄치다 ________ ⑨ 帰(かえ)る 돌아가(오)다 ________

先生が学生たちに本を読ませる。[読む]
선생님이 학생들에게 책을 읽게 한다.

私は友達を１時間も待たせた。[待つ]
나는 친구를 1시간이나 기다리게 했다.

コーチは選手たちに運動場を走らせた。[走る]
코치는 선수들에게 운동장을 달리게 했다.

この仕事を終わらせるためには、一週間は必要だ。[終わる]
이 일을 끝내기 위해서는 일주일은 필요하다.

コーチ 코치
選手 선수
運動場 운동장
一週間 일주일
バラ 장미
見事だ 훌륭하다
家事 집안일

실력 쌓기 제시된 단어를 참고하여 일본어 문장을 완성해 보세요.

▶정답 p.272

1. 장미가 멋진 꽃을 피웠다. (咲く)
   バラが、見事な花を ______________________。

2. 엄마는 여동생에게 집안일을 돕도록 했다. (手伝う)
   母は妹に家事を ______________________。

2 2그룹 동사의 사역형

2그룹 동사는 동사의 어미 る를 없앤 후「～させる」를 붙입니다.

見る (보다)	→	見	+	させる	=	見させる (보게 하다)
食べる (먹다)	→	食べ	+	させる	=	食べさせる (먹게 하다(먹이다))

미니 테스트

제시된 동사를 사역형으로 바꾸어 써 보세요.

▶정답 p.272

① いる 있다 ______________ ② 答える 대답하다 ______________

母は娘に派手なドレスを着させた。[着る]
엄마는 딸에게 화려한 드레스를 입게 했다.

子供はいつ頃から一人で寝させますか。[寝る]
아이는 언제부터 혼자서 자게 해요?

母は子供におもちゃを片付けさせた。[片付ける]
엄마는 아이에게 장난감을 정리시켰다.

문법 「着させる」 VS 「着せる」

'사역 동사'는 상대방에게 그 행동을 하도록 간접적으로 시키는 것을 뜻합니다. 반면 '타동사'는 그 동작을 하는 상대방에게 직접적인 행동을 하는 것을 뜻합니다.

娘に着物を着させる。딸에게 기모노를 입게 한다. 사역 동사, 간접적
→ 엄마의 지시에 딸이 직접 입는다는 뜻

赤ちゃんにベビー服を着せる。아기에게 아기 옷을 입힌다. 타동사, 직접적
→ 엄마가 아기한테 입힌다는 뜻

派手だ 화려하다
いつ頃 언제쯤
着せる 입히다
着物 기모노
ベビー服 아기 옷
ピーマン 피망
お医者さん 의사

실력 쌓기 제시된 단어를 참고하여 일본어 문장을 완성해 보세요.

▶정답 p.272

1. 어머니가 아이에게 피망을 먹게 했다. (食べる)
   お母さんが子供にピーマンを＿＿＿＿＿＿＿＿＿＿＿＿。
2. 의사 선생님은 아빠에게 담배를 끊게 했다. (やめる)
   お医者さんは父にタバコを＿＿＿＿＿＿＿＿＿＿＿＿。

3 3그룹 동사의 사역형

3그룹 동사는 불규칙 활용 동사이므로 그대로 암기하세요. 「来る」는 「来させる」, 「する」는 「させる」로 바꿉니다.

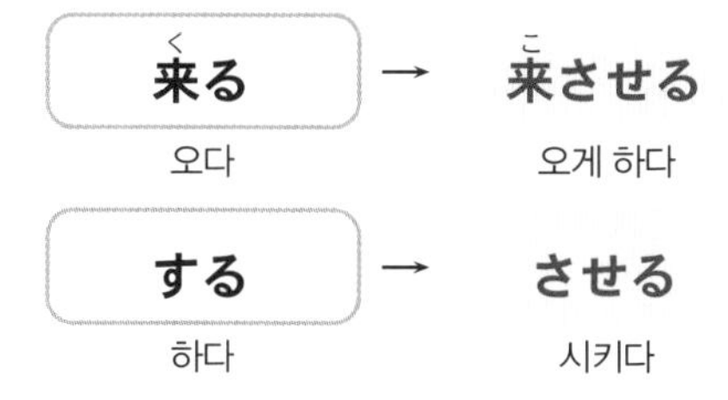

미니 테스트

제시된 동사를 사역형으로 바꾸어 써 보세요.

▶정답 p.272

① 来る 오다 ____________________ ② 準備する 준비하다 ____________________

彼氏にケーキを買って来させた。[来る]
남자 친구에게 케이크를 사 오게 했다.

部長は部下に残業をさせた。[する]
부장은 부하 직원에게 잔업을 시켰다.

スマホのデータをパソコンに移動させる。[移動する]
스마트폰의 데이터를 컴퓨터로 이동시킨다.

部下 부하
残業 잔업
データ 데이터
パソコン 컴퓨터
移動する 이동하다

실력 쌓기 제시된 단어를 참고하여 일본어 문장을 완성해 보세요.

▶정답 p.272

1. 아빠가 남동생에게 화장실 청소를 시켰다. (する)
   父が弟にトイレの掃除を____________________。

2. 선배는 후배에게 리포트를 가져오게 했다. (持って来る)
   先輩は後輩にレポートを____________________。

02 사역 표현의 의미 용법

사역 표현은 기본적으로 다른 사람에게 어떤 행위를 '시킨다'는 의미를 가집니다. 하지만 이러한 의미 외에도 문맥에 따라 ① 강요·지시, ② 허용·방임, ③ 원인 등의 의미를 나타냅니다.

母は、いやがる子供をむりやり学校に行かせた。
엄마는 싫어하는 아이를 억지로 학교에 가게 했다. 강요·지시

母は、子供にゲームを好きなだけやらせた。
엄마는 아이에게 게임을 원하는 만큼 시켰다. 허용·방임

この問題は多くの人を悩ませている。
이 문제는 많은 사람들을 괴롭히고 있다. 원인

いやがる 싫어하다
むりやり 억지로, 무리하게
悩む 고민하다, 괴로워하다

03 ~(さ)せてください ~(하)게 해 주세요

직역하면 '~시켜 주세요', 의역하면 '~하게 해 주세요'라는 의미의 표현입니다. 일반적으로 상대방이 허가해 줄 것을 거의 확신하면서 무언가를 부탁하거나, 화자가 하고 싶은 행위에 대한 허가를 요청할 때 사용합니다.

座(すわ)る	→	座(すわ)ら	+	せてください	=	座(すわ)らせてください
앉다						앉게 해 주세요

写真(しゃしん)を撮(と)らせてください。
사진을 찍게 해 주세요.

トイレを使(つか)わせてください。
화장실을 사용하게 해 주세요.

これからもあなたのそばに居(い)させてください。
앞으로도 당신 곁에 있게 해 주세요.

間違(まちが)えて注文(ちゅうもん)したので、キャンセルさせてください。
잘못 주문했으니 취소하게 해 주세요.

写真(しゃしん) 사진
キャンセルする 취소하다

실력 쌓기 제시된 단어를 참고하여 일본어 문장을 완성해 보세요.

▶정답 p.272

1. 좀 쉬게 해 주세요. (休(やす)む)

   ちょっと＿＿＿＿＿＿＿＿＿＿＿＿＿＿＿＿。

2. 오늘은 조금 빨리 돌아가게 해 주세요. (帰(かえ)る)

   今日(きょう)は少(すこ)し早(はや)く＿＿＿＿＿＿＿＿＿＿＿＿＿＿＿＿。

정리하기

동사의 사역형 만들기

✧ 1그룹 동사: 어미 う단을 あ단으로 바꾸고 「~せる」를 붙입니다.
(단, 어미가 う로 끝나는 동사는 あ가 아닌 わ로 바꿉니다.)

✧ 2그룹 동사: 어미 る를 없애고 「~させる」를 붙입니다.

✧ 3그룹 동사: 불규칙 활용 동사이므로 그대로 암기하세요. 来る는 来させる, する는 させる입니다.

동사 그룹	어미 변화	기본형	사역형
1그룹	う단 → あ단+せる	言う 말하다	言わせる 말하게 하다
		聞く 듣다	聞かせる 듣게 하다
		話す 이야기하다	話させる 이야기하게 하다
		待つ 기다리다	待たせる 기다리게 하다
		死ぬ 죽다	死なせる 죽게 하다
		飲む 마시다	飲ませる 마시게 하다
		乗る (탈것을) 타다	乗らせる 타게 하다
		急ぐ 서두르다	急がせる 서두르게 하다
		遊ぶ 놀다	遊ばせる 놀게 하다
2그룹	る+させる	見る 보다	見させる 보게 하다
		起きる 일어나다	起きさせる 일어나게 하다
		寝る 자다	寝させる 자게 하다
		食べる 먹다	食べさせる 먹게 하다
3그룹	불규칙 활용	来る 오다	来させる 오게 하다
		する 하다	させる 시키다

UNIT 20 사역수동 표현

우리말에는 없는 '사역수동 표현'이란 「사역 동사+수동 동사」의 형태, 즉 사역 표현과 수동 표현을 합쳐서 만드는 표현입니다. '시켜서(させる) 당하다(られる)'라는 복합적인 의미를 나타냅니다. 다시 말해서 어떤 사람의 명령이나 지시를 받아 어쩔 수 없이 행위를 하게 되어, 행위자에게 마이너스적인 결과가 초래되었을 경우에 주로 사용됩니다.

01 동사의 사역수동형

일본어 동사의 사역수동형은 사역수동 표현을 만드는 「～せられる·～させられる」를 붙여 만듭니다. 사역수동 표현을 만드는 방법은 동사 그룹에 따라 다릅니다.

1 1그룹 동사의 사역수동형

1그룹 동사는 동사의 어미 う단을 あ단으로 바꾸고 「～せられる」를 붙입니다. 단, 어미가 う로 끝나는 동사는 어미를 あ가 아닌, わ로 바꾸고 「～せられる」를 붙입니다.

미니 테스트

제시된 동사를 사역수동형으로 바꾸어 써 보세요. ▶정답 p.272

① 飲む 마시다 ________ ② 歩く 걷다 ________ ③ 話す 이야기하다 ________

④ 待つ 기다리다 ________ ⑤ 作る 만들다 ________ ⑥ 歌う 노래하다 ________

⑦ 遊ぶ 놀다 ________ ⑧ 泳ぐ 헤엄치다 ________ ⑨ 帰る 돌아가(오)다 ________

ゆうべ私(わたし)は友達(ともだち)の悩(なや)みを一晩中(ひとばんじゅう)聞(き)かせられた。[聞(き)く]
어젯밤 나는 친구의 고민을 밤새 (어쩔 수 없이) 들었다.

私(わたし)は忘年会(ぼうねんかい)で部長(ぶちょう)に歌(うた)を歌(うた)わせられた。[歌(うた)う]
나는 송년회에서 부장님이 시켜서 (어쩔 수 없이) 노래를 불렀다.

飲(の)み会(かい)で、僕(ぼく)は上司(じょうし)にお酒(さけ)を飲(の)ませられた。[飲(の)む]
술자리에서 나는 상사의 권유로 (어쩔 수 없이) 술을 마셨다.

문법 사역수동의 축약형

1그룹 동사는 회화체 등에서 せられる가 される로 축약되어 쓰이기도 합니다. (せら → さ) 단, 1그룹 동사 중 어미가 す로 끝나는 동사나, 2그룹, 3그룹 동사는 される로 축약하여 쓸 수 없습니다.

일반 1그룹 동사 (축약형 가능)	[歌(うた)う] 歌(うた)わせられる → 歌(うた)わされる (○) [待(ま)つ] 待(ま)たせられる → 待(ま)たされる (○) [飲(の)む] 飲(の)ませられる → 飲(の)まされる (○)
す로 끝나는 1그룹 동사 (축약형 불가)	[話(はな)す] 話(はな)させられる → 話(はな)さされる (×)
2그룹 동사 (축약형 불가)	[食(た)べる] 食(た)べさせられる → 食(た)べさされる (×)
3그룹 동사 (축약형 불가)	[来(く)る] 来(こ)させられる → 来(こ)さされる (×) [する] させられる → さされる (×)

悩(なや)み 고민
一晩中(ひとばんじゅう) 밤새
忘年会(ぼうねんかい) 송년회
上司(じょうし) 상사

실력 쌓기 제시된 단어를 참고하여 일본어 문장을 완성해 보세요.

▶정답 p.272

1. 학생들은 선생님이 시켜서 책을 읽었다. (読(よ)む)
   学生(がくせい)たちは先生(せんせい)に本(ほん)を＿＿＿＿＿＿＿＿＿＿＿＿。

2. 나는 과장님의 부탁으로 무거운 짐을 들었습니다. (持(も)つ)
   僕(ぼく)は課長(かちょう)に重(おも)い荷物(にもつ)を＿＿＿＿＿＿＿＿＿＿＿＿。

2 2그룹 동사의 사역수동형

2그룹 동사는 동사의 어미 る를 없앤 후「~させられる」를 붙입니다.

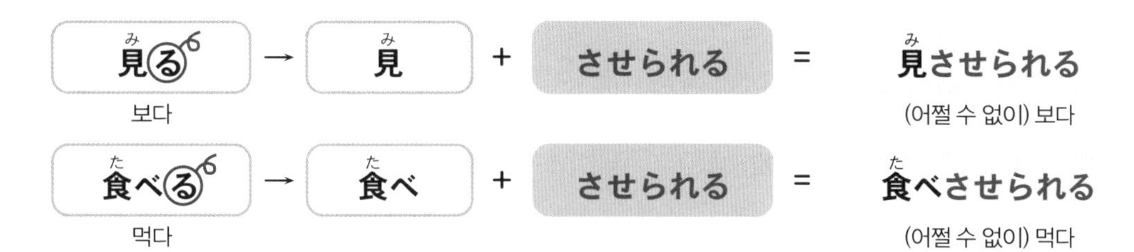

미니 테스트

제시된 동사를 사역수동형으로 바꾸어 써 보세요. ▶정답 p.272

① 起(お)きる 일어나다 ____________　　② 答(こた)える 대답하다 ____________

子供(こども)はお母(かあ)さんにピーマンを食(た)べさせられた。[食(た)べる]
아이는 엄마 때문에 (싫어하는) 피망을 먹었다.

お金(かね)が入(はい)っている金庫(きんこ)を開(あ)けさせられた。[開(あ)ける]
(도둑의 협박으로) 돈이 들어 있는 금고를 열었다.

毎月(まいつき)、会社(かいしゃ)で英語(えいご)の試験(しけん)を受(う)けさせられている。[受(う)ける]
매달 회사에서 (억지로) 영어 시험을 보고 있다.

> 金庫(きんこ) 금고
> 試験(しけん)を受(う)ける 시험을 보다
> 辞(や)める (일자리 등을) 그만두다

실력 쌓기 제시된 단어를 참고하여 일본어 문장을 완성해 보세요. ▶정답 p.272

1. 아빠가 시켜 남동생은 방을 정리했다. (片付(かたづ)ける)
   弟(おとうと)は父(ちち)に部屋(へや)を____________________。

2. 지난달, (어쩔 수 없이) 회사를 그만뒀다. (辞(や)める)
   先月(せんげつ)、会社(かいしゃ)を____________________。

3 3그룹 동사의 사역수동형

3그룹 동사는 불규칙 활용 동사이므로 그대로 암기하세요. 「来(く)る」는 「来(こ)させられる」, 「する」는 「させられる」로 바꿉니다.

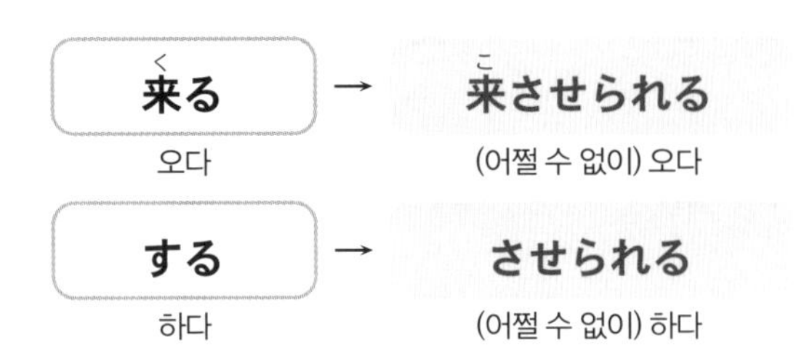

미니 테스트

제시된 동사를 사역수동형으로 바꾸어 써 보세요. ▶정답 p.272

① 来(く)る 오다 ____________　② 発表(はっぴょう)する 발표하다 ____________

後輩(こうはい)は先輩(せんぱい)にレポートを持(も)って来(こ)させられた。[来(く)る]

후배는 선배가 시켜서 리포트를 가지고 왔다.

私(わたし)は昨日(きのう)、店長(てんちょう)に夜遅(よるおそ)くまで残業(ざんぎょう)をさせられた。[する]

나는 어제 점장이 시켜서 밤늦게까지 잔업을 했다.

弟(おとうと)は父(ちち)にトイレを掃除(そうじ)させられた。[掃除(そうじ)する]

남동생은 아빠가 시켜서 화장실을 청소했다.

私(わたし)はいつも彼(かれ)の言葉(ことば)にがっかりさせられる。[がっかりする]

나는 항상 그의 말에 실망한다.

後輩(こうはい) 후배
店長(てんちょう) 점장
がっかりする 실망하다, 낙담하다

실력 쌓기 제시된 단어를 참고하여 일본어 문장을 완성해 보세요. ▶정답 p.272

1. 쉬는 날인데, (어쩔 수 없이) 회사에 왔다. (来(く)る)
   休(やす)みの日(ひ)なのに、会社(かいしゃ)に____________。

2. 어제는 엄마가 시켜서 (어쩔 수 없이) 4시간이나 공부했다. (勉強(べんきょう)する)
   昨日(きのう)は母(はは)に4時間(よじかん)も____________。

02 사역수동형의 의미 용법

1 어떤 사람의 명령이나 지시를 받아 어쩔 수 없이 행위를 하는 경우에 사용합니다. 사역수동형의 대부분이 이 의미 용법으로 사용됩니다.

歌(うた)が嫌(きら)いなのに、課長(かちょう)にカラオケで歌(うた)を歌(うた)わせられた。(=歌(うた)わされた)

노래를 싫어하는데, 과장님이 시켜서 노래방에서 노래를 불렀다.

子供(こども)の時(とき)、僕(ぼく)は母(はは)に塾(じゅく)に行(い)かせられました。(=行(い)かされました)

어릴 적, 나는 엄마 때문에 학원을 갔습니다.

カラオケ 노래방
塾(じゅく) 학원

2 타인이 시킨 것은 아니지만, 결과적으로 혹은 심리적으로 어떠한 상태가 되는 경우에 사용합니다.

日本(にほん)とのサッカーの試合(しあい)の時(とき)は、いつも最後(さいご)までハラハラさせられる。

일본과의 축구 경기 때는 언제나 마지막까지 조마조마하다.

私(わたし)はその話(はなし)を聞(き)いて、いろいろ考(かんが)えさせられた。

나는 그 이야기를 듣고 여러모로 생각하게 되었다.

試合(しあい) 시합
最後(さいご) 마지막
ハラハラする 조마조마하다
いろいろ 여러 가지

동사의 사역수동형 만들기

✧ 1그룹 동사: 어미 う단을 あ단으로 바꾸고 「~せられる」를 붙입니다.
(단, 어미가 う로 끝나는 동사는 あ가 아닌 わ로 바꿉니다.)

✧ 2그룹 동사: 어미 る를 없애고 「~させられる」를 붙입니다.

✧ 3그룹 동사: 불규칙 활용 동사이므로 그대로 암기하세요. 来る는 来させられる, する는 させられる입니다.

동사 그룹	어미 변화	기본형	사역수동형
1그룹	う단 → あ단+せられる	言う 말하다	言わせられる (어쩔 수 없이) 말하다
		聞く 듣다	聞かせられる (어쩔 수 없이) 듣다
		話す 이야기하다	話させられる (어쩔 수 없이) 이야기하다
		待つ 기다리다	待たせられる (어쩔 수 없이) 기다리다
		死ぬ 죽다	死なせられる (어쩔 수 없이) 죽다
		飲む 마시다	飲ませられる (어쩔 수 없이) 마시다
		乗る (탈것을) 타다	乗らせられる (어쩔 수 없이) 타다
		急ぐ 서두르다	急がせられる (어쩔 수 없이) 서두르다
		遊ぶ 놀다	遊ばせられる (어쩔 수 없이) 놀다
2그룹	る+させられる	見る 보다	見させられる (어쩔 수 없이) 보다
		起きる 일어나다	起きさせられる (어쩔 수 없이) 일어나다
		寝る 자다	寝させられる (어쩔 수 없이) 자다
		食べる 먹다	食べさせられる (어쩔 수 없이) 먹다
3그룹	불규칙 활용	来る 오다	来させられる (어쩔 수 없이) 오다
		する 하다	させられる (어쩔 수 없이) 하다

UNIT 21 가정·조건 표현

'~면'으로 표현되는 대부분의 우리말 가정 표현과 달리, 일본어 가정 표현은 쓰이는 상황에 따라 「~ば」, 「~と」, 「~たら」, 「~なら」의 4가지 종류가 있습니다. 여기에서는 각각의 가정 표현의 의미와 쓰임에 대해 알아보겠습니다.

01 ～ば ~(하)면

「～ば」는 일본어의 가장 대표적인 가정·조건 표현입니다. 일본어 동사의 활용 방법 중, '가정형'이라고 하면 동사에 접속 조사 「ば」가 붙은 형태를 가리킵니다. 가정형은 다른 말로 「ば형」 이라고도 부릅니다 . 일본어의 가정형(ば형)은 동사 그룹에 따라 만드는 방법이 다릅니다.

1 1그룹 동사의 가정형

1그룹 동사는 동사의 어미 う단을 え단으로 바꾸어 가정의 의미를 나타내는 조사 「ば」를 붙입니다.

会(あ)う → 会(あ)え + ば = 会(あ)えば
만나다 → 만나면

話(はな)す → 話(はな)せ + ば = 話(はな)せば
이야기하다 → 이야기하면

飲(の)む → 飲(の)め + ば = 飲(の)めば
마시다 → 마시면

미니 테스트

제시된 동사를 가정형으로 바꾸어 써 보세요.

▶정답 p.273

① 読(よ)む 읽다 ________ ② 書(か)く 쓰다 ________ ③ 話(はな)す 이야기하다 ________

④ 勝(か)つ 이기다 ________ ⑤ 作(つく)る 만들다 ________ ⑥ 急(いそ)ぐ 서두르다 ________

⑦ 遊(あそ)ぶ 놀다 ________ ⑧ 買(か)う 사다 ________ ⑨ 入(はい)る 들어가(오)다 ________

夏といえばバーベキューだ。[言う]
여름이라 하면 바비큐다.

駅まではどうやって行けばいいですか。[行く]
역까지는 어떻게 가면 될까요?

レポートに何を書けばいいか分かりません。[書く]
리포트에 뭘 쓰면 좋을지 모르겠습니다.

質問があるんですが、誰に聞けばいいですか。[聞く]
질문이 있는데요, 누구에게 물어보면 될까요?

どうやって 어떻게
本屋 서점

실력 쌓기 제시된 단어를 참고하여 일본어 문장을 완성해 보세요.

▶정답 p.273

1. 서두르면 4시 버스를 탈 수 있어요. (急ぐ)

   ______________、4時のバスに間に合いますよ。

2. 시간이 있으면 서점에 갈 생각입니다. (ある)

   時間が______________、本屋に行くつもりです。

2 2그룹 동사의 가정형

2그룹 동사는 동사의 어미 る를 れ로 바꾸고 가정의 의미를 나타내는 조사 「ば」를 붙입니다.

見る → 見れ + ば = 見れば
보다 　　　　　　　　보면

食べる → 食べれ + ば = 食べれば
먹다 　　　　　　　　먹으면

미니 테스트

제시된 동사를 가정형으로 바꾸어 써 보세요.

▶정답 p.273

① 着る 입다 ______________ 　② 教える 가르치다 ______________

どこで乗り換えればいいですか。[乗り換える]
어디에서 갈아타면 될까요?

何時間寝れば疲れが取れますか。[寝る]
몇 시간 자면 피곤이 풀리나요?

A ゴミはどこに捨てればいいですか。[捨てる]
쓰레기는 어디에 버리면 될까요?

B ゴミはあのゴミ箱に捨ててください。
쓰레기는 저 쓰레기통에 버려 주세요.

疲れが取れる 피로가 풀리다
ゴミ箱 쓰레기통
スケジュール 스케줄

실력 쌓기 제시된 단어를 참고하여 일본어 문장을 완성해 보세요.

▶정답 p.273

1. 언제까지 스케줄을 정하면 될까요? (決める)

いつまでにスケジュールを＿＿＿＿＿＿＿＿＿＿いいですか。

2. 그녀를 만나면 하고 싶은 이야기가 있다. (会う)

彼女に＿＿＿＿＿＿＿＿＿＿話したいことがある。

3 3그룹 동사의 가정형

3그룹 동사는 불규칙 활용 동사이므로 그대로 암기하세요. 「来る」는 「来れば」, 「する」는 「すれば」로 바꿉니다.

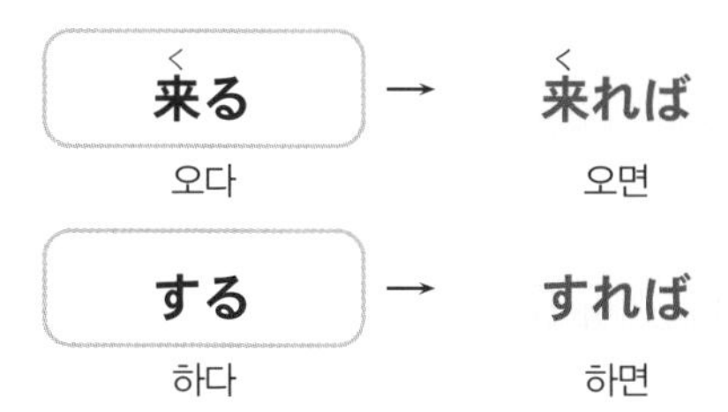

미니 테스트

제시된 동사를 가정형으로 바꾸어 써 보세요.

▶정답 p.273

① 来る 오다 ＿＿＿＿＿＿＿＿ ② 練習する 연습하다 ＿＿＿＿＿＿＿＿

明日(あした)は何時(なんじ)に来(く)ればいいですか。[来(く)る]
내일은 몇 시에 오면 될까요?

結婚(けっこん)すれば幸(しあわ)せになれる。[結婚(けっこん)する]
결혼하면 행복해질 수 있다.

この資料(しりょう)はいつまでに用意(ようい)すればいいですか。[用意(ようい)する]
이 자료는 언제까지 준비하면 될까요?

資料(しりょう) 자료
用意(ようい)する 준비하다
パーティー 파티
気分(きぶん) 기분
スッキリ (기분 등이) 상쾌함

실력 쌓기 제시된 단어를 참고하여 일본어 문장을 완성해 보세요.

▶정답 p.273

1. 파티에 오면 좋았을 텐데. (来(く)る)

   パーティーに____________________よかったのに。

2. 청소를 하면 기분도 상쾌해집니다. (する)

   掃除(そうじ)を____________________、気分(きぶん)もスッキリします。

4 い형용사·な형용사·명사의 가정형

1 い형용사

기본형의 어미 い를 「ければ」로 바꾸면 됩니다.

寒(さむ)い → 寒(さむ)ければ = 寒(さむ)ければ
춥다 / 추우면

2 な형용사

기본형의 어미 だ를 「なら」로 바꾸면 됩니다. 아주 가끔 가정의 조사 「ば」를 붙여 「ならば」의 형태로 사용하는 경우도 있으나, 일반적으로 「なら」의 형태로 사용하는 경우가 많습니다.

暇(ひま)だ → 暇(ひま)なら(ば) = 暇(ひま)なら(ば)
한가하다 / 한가하면

3 명사

な형용사의 경우와 마찬가지로 「なら」를 사용합니다. 명사에 그대로 なら를 붙여 만들면 됩니다.

学生(がくせい) + なら = 学生(がくせい)なら
학생 / 학생이라면

暑(あつ)ければエアコンをつけてください。[暑(あつ)い]
더우면 에어컨을 켜 주세요.

好(す)きなら(ば)好(す)きだと言(い)おう。[好(す)きだ]
좋아하면 좋아한다고 말하자.

ラーメンならこのラーメンがおいしい。
라면이라면 이 라면이 맛있다.

문법 いい·よい(좋다)의 가정형

いい·よい는 가정형으로 바꿀 때는「いい」가 아닌「よい」만 활용하니까 주의하세요.

いい·よい → **よければ**

天気(てんき)がよければここからも富士山(ふじさん)が見(み)えます。
날씨가 좋으면 여기에서도 후지산이 보입니다.

無理(むり)に 무리하게

실력 쌓기 제시된 단어를 참고하여 일본어 문장을 완성해 보세요.

▶정답 p.273

1. 싸면 사겠습니다. (安(やす)い)

 ________________________、買(か)います。

2. 싫으면 무리하게 하지 않아도 됩니다. (嫌(いや)だ)

 ________________、無理(むり)にやらなくてもいいです。

5 ~ば의 용법

1 필연적, 일반적 조건

'변하지 않는 법칙'이나 '자연 현상'처럼 항상 필연적으로 나타나는 사실에 주로 쓰입니다. 또한 '길 안내' 등에도 많이 사용됩니다.

7(なな)から3(さん)を引(ひ)けば4(よん)になる。7에서 3을 빼면 4가 된다.

人間(にんげん)は水(みず)がなければ、生(い)きられない。사람은 물이 없으면 살 수 없다.

春(はる)になれば、いろいろな花(はな)が咲(さ)きます。봄이 되면, 다양한 꽃이 핍니다.

引(ひ)く 끌다, 빼다
人間(にんげん) 인간, 사람

2 습관, 반복적 사실(현상)

현재의 습관이나 반복적인 사실(현상)을 나타내는 경우 사용됩니다.

私(わたし)は酔(よ)えば、いつも寝(ね)ます。 나는 술에 취하면, 항상 잡니다.

この頃(ごろ)は、天気(てんき)がよければ、山登(やまのぼ)りをする。
요즘은 날씨가 좋으면 등산을 한다.

酔(よ)う (술에) 취하다
山登(やまのぼ)り 등산

3 가정 조건

실제로 일어날지 어떨지 모르는 일을 가정할 때 사용합니다. 이때 ～ば의 뒤 문장은 아직 실현되지 않은 일을 나타냅니다.

手術(しゅじゅつ)をすれば、助(たす)かるよ。
수술을 하면, 살 수 있어. (살기 위해서는 수술을 해야 한다)

走(はし)れば、終電(しゅうでん)に間(ま)に合(あ)いますよ。
뛰어가면 마지막 전철 시간에 맞출 수 있어요.

もし明日(あした)雨(あめ)が降(ふ)れば、試合(しあい)は中止(ちゅうし)になるだろう。
만일 내일 비가 오면, 시합은 중지될 거야.

手術(しゅじゅつ) 수술
助(たす)かる 살아나다
終電(しゅうでん) 마지막 전철
もし 만약, 만일

4 「의문사+ばいい」

의문문의 조건 표현에 쓰입니다. 원하는 결과를 얻기 위해 어떤 수단이나 방법을 선택하면 좋을지 조언을 구하는 표현입니다. 「～たらいい(▶ p.220)」로 바꾸어 쓸 수 있습니다.

どこの駅(えき)で降(お)りればいいんですか。 어느 역에서 내리면 될까요?

すみません。新宿駅(しんじゅくえき)へはどうやって行(い)けばいいですか。
실례합니다. 신주쿠역에는 어떻게 가면 되나요?

5 주관적 표현 사용 불가

보통의 경우, 뒤 문장에 '명령, 의지, 권유, 희망' 등과 같이 화자의 주관적 표현이 올 때는 「～ば」를 쓰지 못하고, 「～たら」를 씁니다(▶ p.220).

家(いえ)へ{(×) 帰(かえ)れば / (◯) 帰(かえ)ったら}すぐ寝(ね)たいです。
집에 돌아가면, 바로 자고 싶습니다. 희망

学校(がっこう)に{(×) 行(い)けば / (◯) 行(い)ったら}、先生(せんせい)にこの書類(しょるい)を渡(わた)しなさい。
학교에 가면 선생님께 이 서류를 드리세요. 명령

書類(しょるい) 서류
渡(わた)す 건네주다

그러나 예외적으로 앞 문장의 서술어가 '형용사일 때', 'ある와 같은 상태 동사일 때', '자연 현상을 나타내는 동사일 때'는 「～ば」를 쓸 수 있습니다.

暑ければエアコンをつけなさい。
더우면 에어컨을 켜세요. **명령**

時間があれば、旅行に行きたいです。
시간이 있으면 여행을 가고 싶습니다. **희망**

明日雨が降れば、家にいるつもりです。
내일 비가 오면 집에 있을 생각입니다. **의지**

今度の日曜日、天気がよければ山へ行こうよ。
이번 주 일요일, 날씨가 좋으면 산에 가자. **권유**

旅行 여행
山 산
横断歩道 횡단보도
渡る 건너다
味がうすい 맛이 싱겁다
塩 소금

실력 쌓기 제시된 단어를 참고하여 일본어 문장을 완성해 보세요.

▶정답 p.273

1. 추우면 창문을 닫아 주세요. (寒い)

   ________________、窓を閉めてください。

2. 횡단보도를 건너면 공원이 있습니다. (渡る)

   横断歩道を________________、公園があります。

3. 맛이 싱거우면, 소금을 좀 넣어 주세요. (うすい)

   味が________________、少し塩を入れてください。

02 ～と ~(하)면, ~(하)자, ~(하)더니, ~(하)니

「～と」는 앞의 사건이 계기가 되어 뒤의 사건이 성립할 때 쓰는 조건·가정 표현입니다.

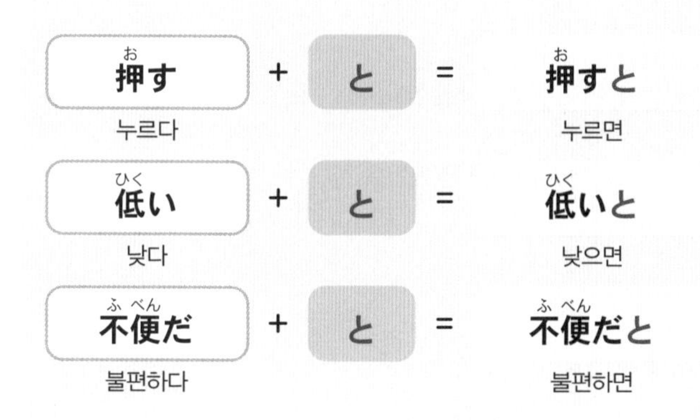

このボタンを押すと、電気がつきます。이 버튼을 누르면 불이 켜집니다.

体温が低いとどうなりますか。체온이 낮으면 어떻게 됩니까?

あなたが元気だと私は嬉しいです。당신이 건강하다면 나는 기쁩니다.

ボタン 버튼
電気 전기, 전등
体温 체온

1 ～と의 용법

1 필연적·일반적 조건

앞의 사실이 발생하면, 뒤의 사실도 항상 성립할 때 쓰입니다. 따라서, '전자제품 사용 설명'이나, '길 안내' 등에 흔히 쓰입니다. 또한 '자연 현상'에도 쓰이는 등,「～ば」의 '필연적·일반적 조건'의 용법과 거의 같습니다.

春になると、桜の花が咲きます。봄이 되면 벚꽃이 핍니다.

ボタンを押すと、自動でドアが開きます。
버튼을 누르면 자동으로 문이 열립니다.

この道をまっすぐ行くと、右に学校が見えます。
이 길을 똑바로 가면 오른쪽에 학교가 보입니다.

桜の花 벚꽃
自動 자동
まっすぐ 곧장, 똑바로
右 오른쪽

2 현재 및 과거의 습관, 반복적 사실(현상)

개별적인 사실일지라도 그것이 습관이나 반복적 사실(현상)을 나타낼 때는「～と」를 쓸 수 있습니다. 앞서 설명한「～ば」의 두 번째 용법과 거의 같습니다. (▶ p.214)

私は恥ずかしいと、顔が赤くなります。나는 창피하면 얼굴이 빨개집니다.

父は休みの日になると、いつも山登りをします。
아빠는 휴일이 되면 항상 등산을 하십니다.

3 동일 인물의 연속 동작

앞의 동작에 이어서 바로 다음 동작이 잇달아 이어질 때 사용합니다.

彼は暇になると、すぐゲームをする。그는 한가해지면 곧 게임을 한다.

私は家に帰ると、すぐ手を洗います。
나는 집에 돌아오면 곧바로 손을 씻습니다.

母はご飯を食べると、すぐ歯を磨きます。
엄마는 밥을 먹으면, 곧바로 이를 닦습니다.

4 일반적 상식

일반적인 상식을 나타내는 조건문에 쓰입니다.

運動(うんどう)をしないとすぐに太(ふと)ります。
운동을 하지 않으면 바로 살이 찝니다.

ビールは冷(つめ)たくないと、おいしくないです。
맥주는 차갑지 않으면 맛이 없습니다.

スマホをずっと見(み)ていると目(め)が悪(わる)くなるよ。
스마트폰을 계속 보고 있으면 눈이 나빠져.

5 의지 표현 사용 불가

보통의 경우의「～ば」와 마찬가지로, 문장 끝에 '명령, 의지, 권유, 희망' 등의 의지 관련 표현을 사용할 수 없습니다. 반면, 뒤에서 배우는「～たら」는 문장 끝에 의지 표현을 사용할 수 있습니다. (▶ p.220)

空港(くうこう)に{(×) 着(つ)くと / (◯) 着(つ)いたら}、連絡(れんらく)くれ。
공항에 도착하면 연락 줘.

会社(かいしゃ)に{(×) 入(はい)ると / (◯) 入(はい)ったら}、人事部(じんじぶ)で働(はたら)きたい。
회사에 들어가면 인사부에서 일하고 싶다.

人事部(じんじぶ) 인사부
年を取る(としをとる) 나이를 먹다
外国(がいこく) 외국

실력 쌓기 제시된 단어를 참고하여 일본어 문장을 완성해 보세요.

▶정답 p.273

1. 나이를 먹으면 약해지기 마련이다. (取(と)る)
   年(とし)を＿＿＿＿＿＿＿＿＿＿＿＿、弱(よわ)くなるものだ。
2. 여권이 없으면 외국에 갈 수 없습니다. (ない)
   パスポートが＿＿＿＿＿＿＿＿＿＿＿＿、外国(がいこく)へ行(い)けません。
3. 아빠는 아침에 일어나면, 바로 커튼을 걷습니다. (起(お)きる)
   父(ちち)は朝(あさ)＿＿＿＿＿＿＿＿＿＿＿＿、すぐカーテンを開(あ)けます。

03 ～たら ~(하)면, ~(한)다면, ~(하)더니, ~(ㄴ)데

「～たら」는 주로 특정적(개별적)이거나 1회에 국한되는 일에 쓰이는 경향이 있습니다. 다른 조건 표현인 「～ば」, 「～と」, 「～なら」와 달리 주로 회화체에서 많이 쓰이며, 특히 사용 범위 및 빈도가 가장 높은 조건 표현입니다.

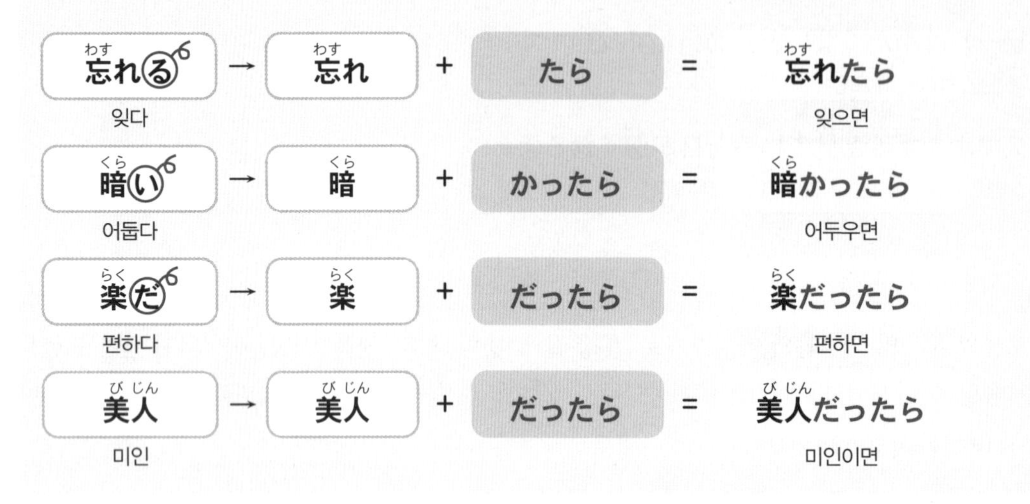

朝起きたらまず何をしますか。
아침에 일어나면 우선 뭘 해요?

大学を卒業したら何をしますか。
대학을 졸업하면 뭘 할 거예요?

会社に入ったら人事部で働きたいです。
회사에 들어가면 인사부에서 일하고 싶습니다.

暑かったらエアコンをつけてください。
더우면 에어컨을 켜 주세요.

嫌だったら辞めればいい。
싫으면 그만두면 돼.

同じ値段だったらどちらを買いますか。
같은 가격이면 어느 쪽을 살 거예요?

まず 우선, 먼저
卒業する 졸업하다

1 ～たら의 용법

1 개인적, 일회성 사건

개별적 또는 1회적이거나, 우연한 사건 등에 씁니다.

家に着いたら、ラインしてね。 집에 도착하면 라인해.

私は帰宅したら、すぐメイクを落とします。
나는 귀가하면 곧바로 화장을 지웁니다.

名古屋に来たら、またひつまぶしを食べに来よう。
나고야에 오면 또 히쓰마부시(장어덮밥)를 먹으러 오자.

ライン 라인(LINE)
帰宅する 귀가하다
メイクを落とす 화장을 지우다
名古屋 나고야

2 가정 조건

앞 문장의 내용이 실제로 일어날지 아닐지 알 수 없을 때 사용합니다. 이 경우 「～ば」와 바꾸어 쓸 수 있습니다.

雪が降ったら雪だるまを作ろう。
눈이 오면 눈사람을 만들자.

地震が起きたら学校に避難してください。
지진이 일어나면 학교로 피난해 주세요.

大学に入ったらアルバイトをしてみたいです。
대학에 들어가면 아르바이트를 해 보고 싶습니다.

雪だるま 눈사람
非難する 피난하다

3 확정 조건

앞 문장에서 이미 정해져 있는 조건을 제시하고, 그것을 계기로 새로운 일이 일어나는 경우에 쓰입니다. 이때는 「～ば」와 바꾸어 쓸 수 없습니다.

午後2時になったら、電話をください。
오후 2시가 되면 전화를 주세요.

高校に入ったら、英語の勉強を頑張りたいです。
고등학교에 들어가면 영어 공부를 열심히 하고 싶습니다.

授業が{(◯) 終わったら / (×) 終われば}、映画見に行こう。
수업이 끝나면, 영화 보러 가자.

３月に{(◯) なったら / (×) なれば}、帰国するつもりです。
3월이 되면, 귀국할 생각입니다.

電話 전화
帰国する 귀국하다

4 주관적 표현 사용 가능

앞 문장에 동작이나 변화를 나타내는 동사가 올 경우,「～たら」는 뒤에 '명령, 의지, 권유, 희망' 등의 주관적 표현이 올 수 있습니다. 보통의 경우의「～ば」와 바꾸어 쓸 수 없습니다.

勉強が{(◯) 済んだら / (×) 済めば}、すぐ寝たい。
공부가 끝나면, 바로 자고 싶다.

朝{(◯) 起きたら / (×) 起きれば}、洗濯機を回してください。
아침에 일어나면 세탁기를 돌려 주세요.

出国の手続きが終わったら、免税店で買い物をしましょう。
출국 수속이 끝나면 면세점에서 쇼핑을 합시다.

済む 완료되다, 끝나다
洗濯機を回す 세탁기를 돌리다
出国 출국
手続き 수속
免税店 면세점

5「의문사+たらいい」

의문문의 조건 표현에 쓰입니다. 원하는 결과를 얻기 위해 어떤 수단이나 방법을 선택하면 좋을지 조언을 구하는 표현입니다.「～ばいい」로 바꾸어 쓸 수 있습니다(▶ p.214).

すみません。新宿駅へはどうやって行ったらいいですか。
실례합니다. 신주쿠역에는 어떻게 가면 되나요?

A コートはどこにかけたらいいですか。 코트는 어디에 걸면 될까요?
B こちらのハンガーにかけてください。 이쪽 옷걸이에 걸어 주세요.

かける 걸다
ハンガー 옷걸이
晴れる (하늘이) 개다
洗濯する 세탁하다

실력 쌓기 제시된 단어를 참고하여 일본어 문장을 완성해 보세요.

▶정답 p.273

1. 다음에 언제 오면 될까요? (来る)

   今度、いつ＿＿＿＿＿＿＿＿＿＿＿＿＿＿＿いいですか。

2. 내일 날씨가 맑으면 빨래를 하려고 생각하고 있습니다. (晴れる)

   明日＿＿＿＿＿＿＿＿＿＿＿＿＿洗濯しようと思っています。

04 ～なら ~(이)라면, ~(할)거라면, ~(한)다면

「～なら」는 일반적으로 앞에 오는 사실을 전제로 하여 자신이 어떤 행동을 취할지를 나타내는 조건 표현입니다.

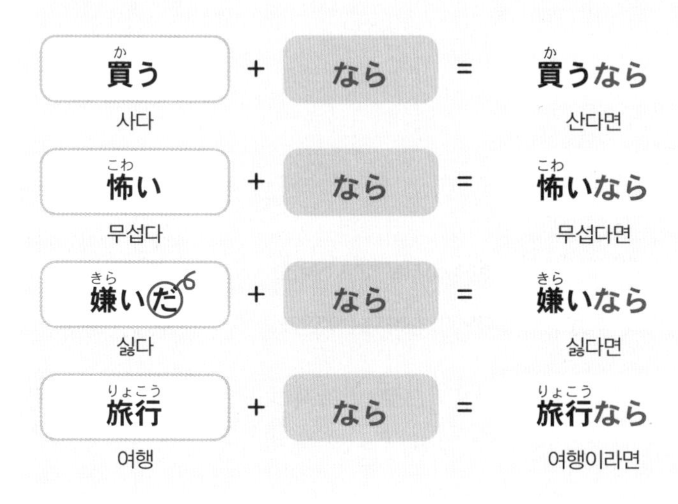

結婚(けっこん)するなら、どんな人(ひと)がいいですか。
결혼한다면, 어떤 사람이 좋아요?

あなたが行(い)くなら、私(わたし)も一緒(いっしょ)に行(い)きます。
당신이 간다면, 나도 같이 가겠습니다.

雨(あめ)が降(ふ)るなら、出(で)かけないほうがいいです。
비가 내린다면, 외출하지 않는 게 좋겠습니다.

お腹(なか)が痛(いた)いなら、薬(くすり)を飲(の)んだほうがいいです。
배가 아프면, 약을 먹는 게 좋습니다.

暇(ひま)なら、映画(えいが)を見(み)に行(い)きませんか。
한가하다면, 영화를 보러 가지 않을래요?

釣(つ)りのことなら、何(なん)でも聞(き)いてください。
낚시에 관한 거라면 무엇이든 물어보세요.

釣(つ)り 낚시
何(なん)でも 무엇이든

1 ~なら의 용법

1 상대방의 이야기나 상황이 사실이라는 가정하에 화자 본인의 '행동, 의지, 의견, 조언, 판단' 등을 표현할 때 자주 쓰입니다.

刺身が嫌いなら、食べなくてもいいですよ。
생선회를 싫어하면, 먹지 않아도 괜찮아요.

お土産を買いたいなら、あの店がいいですよ。
선물을 사고 싶다면, 저 가게가 좋아요.

A はきやすいジーンズを探しています。 입기 편한 청바지를 찾고 있어요.

B それなら、このジーンズはどうですか。 그렇다면 이 청바지는 어떤가요?

刺身 생선회
お土産 기념품, 여행 선물
はく (하의를) 입다
ジーンズ 청바지

2 일반적으로 앞의 사실을 새롭게 알게 되는 경우에 사용되므로, 반복적이고 일반적인 사실, 습관, 자연 현상 등을 나타낼 때는 쓸 수 없습니다. 이때는「~ば」나「~と」를 써야 합니다.

両替をするなら、銀行に行きなさい。 환전을 할 거라면, 은행에 가세요.

(×) 秋になるなら、葉っぱの色が赤色に変わります。
(→ なれば / なると)
가을이 되는 거라면, 나뭇잎 색이 붉은 색으로 변합니다.

A 道頓堀に行きたいのですが、どこの駅で降りればいいですか。
도톤보리에 가고 싶은데, 어느 역에서 내리면 될까요?

B 道頓堀なら、難波駅で降りてください。
도톤보리라면 난바역에서 내려 주세요.

両替 환전
葉っぱ 잎, 잎사귀
赤色 적색
変わる 변하다
道頓堀 도톤보리
難波駅 난바역

3 일반적으로 앞의 사실이 이루어지기 전에 성립되는 화자의 판단이나 의지를 나타낼 때 주로 사용됩니다. 따라서 뒤 문장에는 과거나 객관적인 사실은 올 수 없습니다.

(○) 電化製品を買うなら「ビックカメラ」が安いです。
전자 제품을 살 거라면, '빅 카메라'가 쌉니다.

(×) 辞書で調べるなら、分かりました。(→ 調べたら)
사전에서 찾아볼 거라면 알았습니다.

(×) 家に帰るなら、友達が来ていた。(→ 帰ると / 帰ったら)
집에 올 거라면 친구가 와 있었다.

(×) 窓を開けるなら、富士山が見える。
(→ 開けると / 開ければ / 開けたら)
창문을 열 거라면 후지산이 보인다.

電化製品 전자 제품
ビックカメラ 빅카메라(가전 판매점)
辞書 사전

4 뒤 문장의 내용이 앞 문장보다 시간적으로 앞서는 가정을 나타낼 때 사용합니다. 따라서 앞 문장이 성립한 후 뒤 문장이 성립하는「~ば」,「~と」,「~たら」로 바꾸어 쓸 수 없습니다.

明日試験があるなら、今晩一生懸命に勉強しなさい。
내일 시험이 있으면, 오늘 밤 열심히 공부하세요.

明日引っ越すなら、今日はゆっくり休んだほうがいいですよ。
내일 이사할 거면, 오늘은 푹 쉬는 것이 좋아요.

+ 문법 「~なら」VS「~たら」

「~なら」와「 ~たら」는 시간적 관계에서 반대의 현상을 보입니다.

- ~なら: 앞의 사실보다 뒤의 사실이 먼저 성립합니다.
- ~たら: 앞의 사실이 뒤의 사실보다 먼저 성립합니다.

国に帰るなら、連絡してください。
고국에 돌아갈 거라면, (미리) 연락해 주세요.
→ '고국에 돌아가는 것'보다 '연락하는 것'이 먼저 성립함.

国に帰ったら、連絡してください。
고국에 돌아가면, (고국에 도착해서) 연락해 주세요.
→ '연락하는 것'보다 '고국에 돌아가는 것'이 먼저 성립함.

連絡する 연락하다
所 곳, 장소

실력 쌓기 제시된 단어를 참고하여 일본어 문장을 완성해 보세요.

▶ 정답 p.273

1. 편의점에 갈 거라면, 나도 함께 가요. (行く)

   コンビニに____________________、私も一緒に行きましょう。

2. 이사를 한다면 어떤 곳에 살고 싶어요? (引っ越す)

   ____________________、どんな所に住みたいですか。

3. 초밥이라면 좋은 가게를 알고 있습니다. (すし)

   ____________________、いいお店を知っています。

UNIT 22 경어 표현

'경어'란, 상대방을 존경하는 뜻을 나타낼 때 사용하는 말입니다. 상대가 누구든 윗사람에게는 높임말을 쓰는 우리말과 달리, 일본어는 상대에 따라 경어의 표현 방식이 달라집니다. 일본어의 경어는 크게 '존경어', '겸양어', '정중어'의 세 가지 표현으로 나뉩니다. 여기서는 각각의 경어 표현의 다양한 형식과 차이점 등에 대해 알아보겠습니다.

01 | 존경어

'존경어'란, 상대방에게 경의를 표하기 위해, 상대방(행위, 소유물 포함)을 직접 높이는 말입니다. 이때 경의의 대상은 윗사람이나 외부 집단의 사람인 경우가 많습니다. 다른 사람에게 화자 쪽 사람에 대해 말할 때는 존경어를 사용하지 않습니다.

존경어 형식으로는 다음과 같은 것 등이 있습니다.

1 조동사 「~れる」, 「~られる」 형

동사의 어미에 「~れる·~られる」를 붙이면 존경의 표현이 됩니다. 경의의 수준은 다른 경어 표현보다 낮지만, 형식이 단순하고 규칙적이어서 일상회화에서 존경어로 자주 쓰입니다. 만드는 방법은 앞서 공부한 수동 동사를 만들 때와 같습니다.

1 1그룹 동사

동사의 어미 う단을 あ단으로 바꾸어 「~れる」를 붙입니다.

読(よ)む → 読(よ)ま + れる = 読(よ)まれる

읽다 → 읽으시다

2 2그룹 동사

동사의 어미 る를 없애고 「~られる」를 붙입니다.

起(お)きる → 起(お)き + られる = 起(お)きられる

일어나다 → 일어나시다

3 3그룹 동사

불규칙 활용이므로 그대로 암기하세요. 「来(く)る」는 「来(こ)られる」, 「する」는 「される」로 바꿉니다.

これからどちらへ行(い)かれますか。[行(い)く] 이제부터 어디에 가십니까?

先生(せんせい)は午後(ごご)5時(じ)に来(こ)られるそうです。[来(く)る]
선생님은 오후 5시에 오신다고 합니다.

お昼(ひる)ご飯(はん)はどうされますか。[する] 점심은 어떻게 하시겠습니까?

社長(しゃちょう)も出席(しゅっせき)されますか。[出席(しゅっせき)する] 사장님도 출석(참석)하십니까?

出席(しゅっせき)する 출석하다, 참석하다
今朝(けさ) 오늘 아침

실력 쌓기 제시된 단어를 참고하여 일본어 문장을 완성해 보세요.

▶정답 p.273

1. 손님, 어디서 내리십니까? (降(お)りる, ~れる(られる))

   お客(きゃく)さん、どちらで＿＿＿＿＿＿＿＿＿＿＿＿＿＿＿＿。

2. 오늘 아침은 몇 시에 일어나셨습니까? (起(お)きる, ~れる(られる))

   今朝(けさ)は何時(なんじ)に＿＿＿＿＿＿＿＿＿＿＿＿＿＿＿＿。

2 「お(ご)+동사의 ます형(동작성 명사)+になる」 ~(하)시다

접두어 お(ご)와 「~になる」 사이에 '동사의 ます형'이나 '동작성 명사(する동사에서 する를 뺀 명사 부분)'를 넣어 만드는 존경어입니다. 그러나 이 형태로 만들 수 있는 동사는 한정되어 있습니다.

社長は先ほどお帰りになりました。[帰る]
사장님은 조금 전에 (댁에) 돌아가셨습니다.

明日、何時の飛行機にお乗りになりますか。[乗る]
내일 몇 시 비행기에 타십니까?

この料理は先生がお作りになったものです。[作る]
이 요리는 선생님께서 만드신 것입니다.

先生は結婚式にご出席になりますか。[出席する]
선생님은 결혼식에 참석하십니까?

先ほど 아까, 조금 전
飛行機 비행기
結婚式 결혼식
はじめて 처음
利用する 이용하다
～方 ~분

실력 쌓기 제시된 단어를 참고하여 일본어 문장을 완성해 보세요.

▶정답 p.273

1. 술은 드십니까? (飲む, お～になる)

   お酒は＿＿＿＿＿＿＿＿＿＿＿＿＿＿＿＿＿＿＿＿。

2. 처음 이용하시는 분들께. (利用する, ご～になる)

   はじめて＿＿＿＿＿＿＿＿＿＿＿＿＿＿＿＿＿＿＿＿方へ。

3 「お(ご)+동사의 ます형(동작성 명사)+です」 ~(하)십니다

접두어 お(ご)와, 「～です」 사이에 '동사의 ます형'이나 '동작성 명사'를 넣어 만드는 존경어입니다. 「お(ご)～になる」에 비해, 이 형태로 존경어를 만들 수 있는 동사는 더욱더 적습니다.

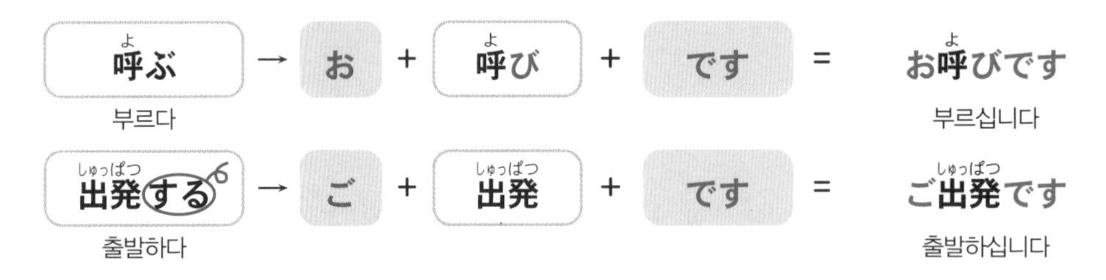

社長がお呼びです。[呼ぶ] 사장님이 부르십니다.

いつご出発ですか。[出発する] 언제 출발하십니까?

お元気でお過ごしですか。[過ごす] 건강히 지내고 계십니까?

お出かけですか。行ってらっしゃいませ。[出かける]
외출하십니까? 다녀오십시오.

過ごす 지내다, 보내다
新郎新婦 신랑 신부
入場する 입장하다
会員カード 회원 카드

실력 쌓기 제시된 단어를 참고하여 일본어 문장을 완성해 보세요.

▶정답 p.273

1. 신랑 신부 입장하십니다. (入場する, ご~です)
   新郎新婦の________________。

2. 회원 카드는 가지고 계세요? (持つ, お~です)
   会員カードは________________。

4 「お(ご)+동사의 ます형(동작성 명사)+ください(くださる)」 ~(해) 주세요

접두어 お(ご)와「~ください(くださる)」 사이에 '동사의 ます형'이나 '동작성 명사'를 넣어 만드는 존경어입니다.「お(ご)~ください」는「~てください」의 존경어이고,「お(ご)~くださる(~해 주시다)」는「~てくださる」의 존경어입니다.

確かめる → お + 確かめ + ください = お確かめください
확인하다 / 확인해 주세요

連絡する → ご + 連絡 + くださる = ご連絡くださる
연락하다 / 연락해 주시다

どうぞ、お入りください。[入る]
어서 들어오세요.

お電話くださるよう、お願いします。[電話する]
전화 주시도록 부탁드립니다.

みなさん、お食事をお楽しみください。[楽しむ]
모두 식사 즐겁게 하세요.

歩きタバコはご遠慮ください。[遠慮する]
보행 중 흡연은 삼가 주십시오.

電話する 전화하다
歩きタバコ 보행 중 흡연
遠慮する 삼가다
住所 주소
イベント 이벤트
日程 일정
確認する 확인하다

실력 쌓기 제시된 단어를 참고하여 일본어 문장을 완성해 보세요.

▶정답 p.274

1. 성함과 주소를 써 주십시오. (書く, お~ください)
   お名前とご住所を________________。

2. 이벤트의 일정을 확인해 주십시오. (確認する, ご~ください)
   イベントの日程を________________。

5 お(ご)+동사의 ます형(동작성 명사)+なさる」 ~(하)시다

접두어 お(ご)와 「~なさる」사이에 '동사의 ます형'이나 '동작성 명사'를 넣어 만드는 존경어입니다. 이 형태의 존경어는 대부분 する동사로 만드는 경우가 많습니다. 「お(ご)~なさい」의 형태로 쓰일 때는, 일반적으로 정중한 명령을 나타낼 때 많이 쓰입니다.

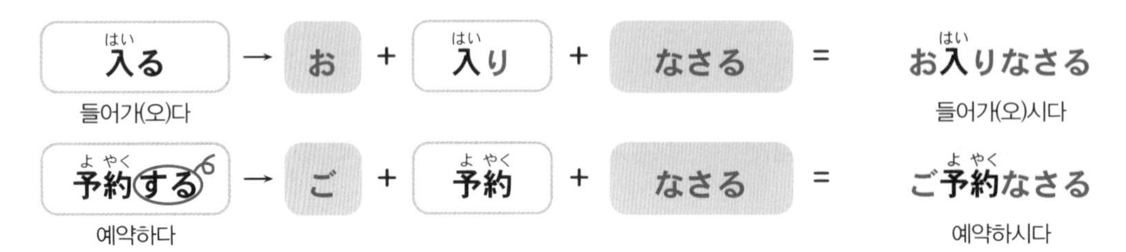

ゆっくりお休みなさい。[休む]
푹 쉬세요(주무세요).

ちゃんと説明書をお読みなさい。[読む]
설명서를 잘 읽어 주십시오.

いつ、ご予約なさいましたか。[予約する]
언제 예약하셨습니까?

明日からご旅行なさるそうですね。
どちらに行かれるんですか。[旅行する]
내일부터 여행하신다면서요. 어디로 가시나요?

ちゃんと 확실히, 잘
説明書 설명서
ちょうど 꼭, 정확히

실력 쌓기 제시된 단어를 참고하여 일본어 문장을 완성해 보세요.

▶정답 p.274

1. 부장님은 다음 달, 결혼하십니다. (結婚する, ご~なさる)
   部長は来月、____________________。

2. 선생님은 항상 12시 정각에 식사를 하십니다. (食事する, お~なさる)
   先生はいつもちょうど12時に____________________。

6 존경을 나타내는 접두어·접미어

1 접두어(お, ご)가 붙는 경우

일반적으로 お는 일본어 고유어, ご는 한자어에 붙지만, 예외도 있습니다.

품사	예
명사	お国(くに) 고향, 고국　お名前(なまえ) 성함　お年(とし) 나이·연세　おいくつ 몇 살　ご家族(かぞく) 가족분 ご利用(りよう) 이용　(※예외) お食事(しょくじ) 식사　ご都合(つごう) 형편·사정
い형용사	お忙(いそが)しい 바쁘시다　お美(うつく)しい 아름다우시다
な형용사	お元気(げんき)だ 안녕하시다　お上手(じょうず)だ 능숙하시다
수사	お二人(ふたり) 두 분
부사	ごゆっくり 천천히

お国(くに)はどちらですか。 고향(고국)은 어디십니까?

日本語(にほんご)がお上手(じょうず)ですね。 일본어를 잘하시는군요.

お年(とし)はおいくつですか。 연세는 어떻게 되십니까?

2 ～さん, ～様(さま) 등의 접미어를 사용하는 경우

息子(むすこ)さん 아드님, 山田様(やまださま) 야마다 님, お客様(きゃくさま) 손님 등

➕ 표현 先生(せんせい)さん(?), 社長(しゃちょう)さん(?)

우리말로 '선생님', '사장님'에 해당하는 일본어는 先生(せんせい), 社長(しゃちょう)입니다. 직함 자체가 존경 표현이므로, 일반적으로 직함 뒤에 「～さん」을 붙여 말하지 않습니다.

美(うつく)しい 아름답다

실력 쌓기 제시된 단어를 참고하여 일본어 문장을 완성해 보세요.

▶정답 p.274

1. 가족분들은 안녕하십니까? (家族(かぞく))

______________________はお元気(げんき)ですか。

2. 아드님은 몇 살인가요? (息子(むすこ))

______________________はおいくつですか。

7 특별 존경동사

특별 존경동사란, 「いらっしゃる(가시다, 오시다, 계시다)」, 「おっしゃる(말씀하시다)」, 「なさる(하시다)」 등과 같이 동사 자체가 존경의 의미를 갖는 특별한 동사를 말합니다. (▶ p.235)
특별 존경동사는 위에서 다룬 다른 존경어 형식보다 존경의 정도가 높습니다.

ご主人は、いらっしゃいますか。
남편 분은 계십니까?

先生のおっしゃる**ことをしっかり聞きます。**
선생님이 말씀하시는 것을 똑똑히 듣습니다.

山田さんのお母さんでいらっしゃいますか。
야마다 씨의 어머니십니까?

現金になさいますか、**カードに**なさいますか。
현금으로 하시겠어요? 카드로 하시겠어요?

ご主人 (남의) 남편
現金 현금
カード 카드

실력 쌓기 제시된 단어를 참고하여 일본어 문장을 완성해 보세요.

▶정답 p.274

1. 야마다 씨는 언제 한국에 오셨습니까? (いらっしゃる)
   山田さんはいつ韓国に＿＿＿＿＿＿＿＿＿＿＿＿＿＿＿＿＿＿＿＿。

2. 일본어 공부는 어느 정도 하셨습니까? (なさる)
   日本語の勉強はどのくらい＿＿＿＿＿＿＿＿＿＿＿＿＿＿＿＿＿＿＿＿。

02 겸양어

'겸양어'란 화자가 자신의 행위를 낮추어 표현해 상대방에게 간접적으로 경의를 표하는 말입니다. 행위를 낮추는 쪽은 일반적으로 화자 및 화자가 속한 집단(회사, 가족 등)의 사람입니다.

1 「お(ご)+동사의 ます형(동작성 명사)+する」 ~(해) 드리다

접두어 お(ご)와 する 사이에 '동사의 ます형'이나 '동작성 명사'를 넣어 만드는 겸양어로, 가장 대표적인 겸양어입니다.

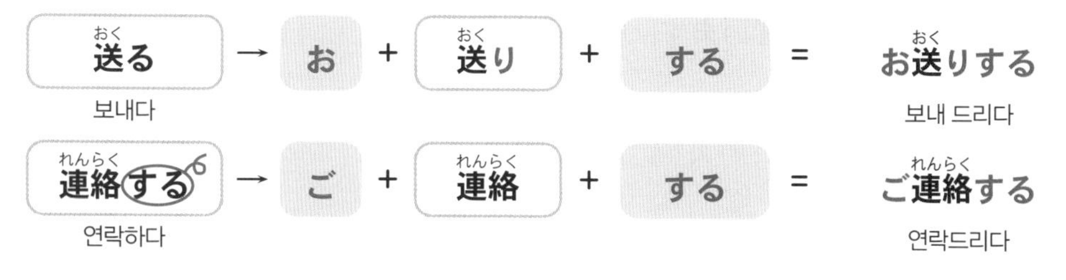

1万円(いちまんえん)をお預(あず)かりしました。[預(あず)かる]
만 엔을 받았습니다.

またあとで、ご連絡(れんらく)します。[連絡(れんらく)する]
다음에 또 연락드리겠습니다.

展示(てんじ)スペースをお貸(か)しします。[貸(か)す]
전시 공간을 빌려 드립니다.

飲(の)み物(もの)は食事(しょくじ)と一緒(いっしょ)にお持(も)ちしましょうか。[持(も)つ]
음료는 식사와 함께 가져올까요?

預(あず)かる 맡다, 보관하다
展示(てんじ)スペース 전시 공간
2次会(にじかい) (연회 등의) 2차
相談(そうだん)する 상의하다, 상담하다

실력 쌓기 제시된 단어를 참고하여 일본어 문장을 완성해 보세요.

▶정답 p.274

1. 2차는 제가 지불하겠습니다. (払(はら)う, お~する)
   2次会(にじかい)は私(わたし)が________________________________。

2. 선생님께 상의드리고 싶은 게 있습니다. (相談(そうだん)する, ご~する)
   先生(せんせい)に________________________________ことがあります。

2 「お(ご)+동사의 ます형(동작성 명사)+いただく」 ~(해) 주시다

접두어 お(ご)와 いただく 사이에 '동사의 ます형'이나 '동작성 명사'를 넣어 만드는 겸양어로, 보통은 상대방의 행위에 대한 감사를 나타낼 때 사용됩니다.

お招きいただいてありがとうございます。[招く]
초대해 주셔서 감사합니다.

ご協力いただいてありがとうございます。[協力する]
협조해 주셔서 감사합니다.

お送りいただいたファイルは無事、受け取りました。[送る]
보내 주신 파일은 잘 받았습니다.

いつも当店をご利用いただきましてありがとうございます。[利用する]
항상 저희 매장을 이용해 주셔서 감사합니다.

招く 초대하다
協力する 협력하다, 협조하다
ファイル 파일
無事 무사히, 무사함
受け取る 받다
当店 당점, 이 가게

실력 쌓기 제시된 단어를 참고하여 일본어 문장을 완성해 보세요.

▶정답 p.274

1. 불러 주셔서 감사합니다. (呼ぶ, お~いただく)

   ______________________、ありがとうございます。

2. 연락해 주셔서 감사합니다. (連絡する, ご~いただく)

   ______________________、ありがとうございます。

3 「동사의 사역형+ていただく」 ~(하)겠다

가장 많이 사용되는 겸양어라 할 수 있으며, 사역에 겸양을 덧붙인 형태입니다. 동사를 사역형으로 만든 후 뒤에 「~ていただく」를 붙여 만듭니다. '상대에게 동의나 허락을 받아서 그 행동을 하겠다'는 뉘앙스의 표현으로, 자신의 행동을 공손하게 말할 때 사용합니다.

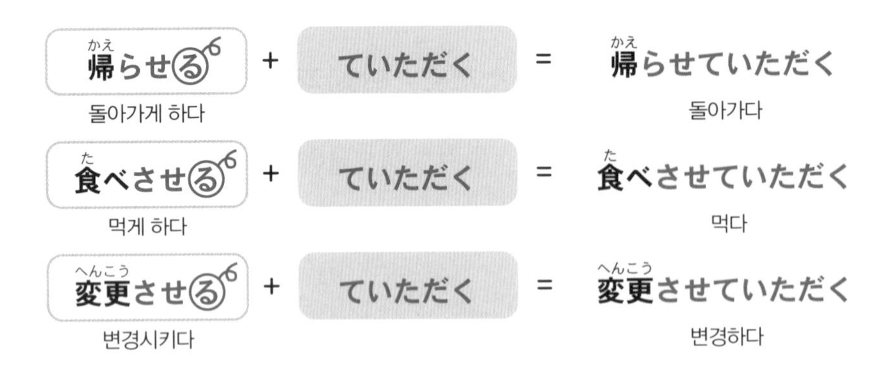

お先(さき)に、帰(かえ)らせていただきます。[帰(かえ)る]
먼저 돌아가겠습니다.

ご注文(ちゅうもん)の商品(しょうひん)を送(おく)らせていただきます。[送(おく)る]
주문하신 상품을 보내 드리겠습니다.

それでは、遠慮(えんりょ)なく使(つか)わせていただきます。[使(つか)う]
그러면 사양하지 않고 사용하겠습니다.

今日(きょう)は、これで終(お)わらせていただきます。[終(お)わる]
오늘은 이것으로 마치겠습니다.

お先(さき)に 먼저
注文(ちゅうもん) 주문
商品(しょうひん) 상품
それでは 그러면
遠慮(えんりょ)なく 사양하지 않고

실력 쌓기 제시된 단어를 참고하여 일본어 문장을 완성해 보세요.

▶정답 p.274

1. 내일은 쉬겠습니다. (休(やす)む, ~(さ)せていただく)

   明日(あした)は、＿＿＿＿＿＿＿＿＿＿＿＿＿＿＿＿＿。

2. 열심히 일하겠습니다. (働(はたら)く, ~(さ)せていただく)

   しっかり＿＿＿＿＿＿＿＿＿＿＿＿＿＿＿＿＿。

4 특별 겸양동사

특별 겸양동사란, 「まいる(가다, 오다)」, 「いただく(받다)」, 「いたす(하다)」, 「拝見(はいけん)する(보다)」 등과 같이 동사 자체가 겸양의 의미를 갖는 특별한 동사를 말합니다. (▶ p.235)
특별 겸양동사는 위에서 다룬 다른 겸양어 형식보다 겸양의 정도가 높습니다.

それなら私(わたし)がいたします。
그렇다면 제가 하겠습니다.

ただいま帰(かえ)ってまいりました。
지금 막 돌아왔습니다.

パスポートをちょっと拝見(はいけん)します。
여권을 좀 보겠습니다.

社長(しゃちょう)にお土産(みやげ)をいただきました。
사장님께 선물을 받았습니다.

それなら 그렇다면
さしあげる 드리다

실력 쌓기 제시된 단어를 참고하여 일본어 문장을 완성해 보세요.

▶정답 p.274

1. 저는 한국에서 왔습니다. (まいる)

   私(わたし)は韓国(かんこく)から＿＿＿＿＿＿＿＿＿＿＿＿＿＿＿＿＿＿＿＿＿。

2. 선생님께 케이크를 드렸습니다. (さしあげる)

   先生(せんせい)にケーキを＿＿＿＿＿＿＿＿＿＿＿＿＿＿＿＿＿＿＿＿＿。

03 정중어

'정중어'란 상대방을 높이는 존경어나, 자신을 낮추는 겸양어와는 달리 자신이 사용하는 말을 정중하게 표현해 상대방에게 경의를 표하는 말입니다.

기본적으로, 말끝을「～です(입니다)」,「～ます(합니다)」,「～ございます(있습니다)」,「～でございます(입니다)」로 끝내면 정중한 표현이 됩니다.

ここは社長室(しゃちょうしつ)です。
여기는 사장실입니다.

ただ今(いま)4時(よじ)でございます。
지금 4시입니다.

銀行(ぎんこう)は会社(かいしゃ)の隣(となり)にございます。
은행은 회사 옆에 있습니다.

私(わたし)は午前(ごぜん)9時(くじ)から午後(ごご)5時(ごじ)まで働(はたら)きます。
저는 오전 9시부터 오후 5시까지 일합니다.

문법 미화어

'미화어'란 존경어나 겸양어와 달리 말의 느낌을 예쁘게 꾸며 화자의 말을 고급스럽게 하는 말로, 단어 앞에 주로「お」를 붙여 만듭니다. 때에 따라서는 정중어로 취급하는 경우도 있습니다.

お茶(ちゃ) 차, お店(みせ) 가게, お花(はな) 꽃, お菓子(かし) 과자, お酒(さけ) 술, お食事(しょくじ) 식사, お飲(の)み物(もの) 마실 것 등

隣(となり) 옆
次(つぎ) 다음

실력 쌓기 제시된 단어를 참고하여 일본어 문장을 완성해 보세요.

▶정답 p.274

1. 다음은 3층입니다. (3階(さんがい), ~でございます)

次(つぎ)は______________________________。

2. 화장실은 저쪽에 있습니다. (あちら, ~ございます)

トイレは______________________________。

04 특별 경어동사(존경동사/겸양동사)

일반 동사를 경의의 뜻을 가지는 완전히 다른 동사로 바꾼 것을 '특별 경어동사'라 합니다. 아래는 주로 쓰이는 특별 경어동사입니다.

보통어	특별 존경어	특별 겸양어
行(い)く 가다	いらっしゃる, おいでになる	まいる
来(く)る 오다	いらっしゃる, おいでになる 見(み)える, お見(み)えになる	まいる
居(い)る 있다	いらっしゃる, おいでになる	おる
食(た)べる 먹다 / 飲(の)む 마시다	めしあがる	いただく
もらう 받다	×	いただく
くれる (남이 나에게) 주다	くださる	×
あげる (내가 남에게) 주다	×	さしあげる
見(み)る 보다	ご覧(らん)になる	拝見(はいけん)する
言(い)う 말하다	おっしゃる	申(もう)す, 申(もう)し上(あ)げる
聞(き)く 묻다	×	うかがう
訪(たず)ねる 묻다, 방문하다	×	うかがう
知(し)っている 알고 있다	ご存(ぞん)じだ	存(ぞん)じておる
分(わ)かる 알다	×	承知(しょうち)する, かしこまる
です 입니다	でいらっしゃいます	でございます
ている 고 있다	ていらっしゃる	ておる

UNIT 23 부사

'부사'는 문장 안에서 다른 말의 의미를 자세하게 꾸며 주는 말입니다. 동사, 형용사, 다른 부사 및 문장 전체를 꾸며 주는 역할을 합니다.

01 よく 잘, 자주, 많이

「よく」는 우리말로 '잘', '자주', '많이'로 해석되는 말입니다. ① 정성을 들이거나 어떤 상태나 조건이 충분한 모양, ② 같은 일을 잇달아 하는 모양, ③ 어떤 일의 정도가 심한 모양을 나타낼 때 씁니다.

よく考えてから答えてください。
잘 생각하고나서 답해 주세요.

私の息子は一人でもよく遊びます。
내 아들은 혼자서도 잘 놉니다.

オーディオブックをよく聞いています。
오디오북을 자주 듣고 있습니다.

彼女はお母さんによく似ている。
그녀는 엄마를 많이 닮았다.

オーディオブック 오디오북
ファッション雑誌 패션 잡지

실력 쌓기 제시된 단어를 참고하여 일본어 문장을 완성해 보세요.

▶정답 p.274

1. 선생님의 목소리가 잘 안 들립니다. (聞こえる)
   先生の声が＿＿＿＿＿＿＿＿＿＿＿＿＿＿＿＿。

2. 누나는 패션 잡지를 자주 읽습니다. (読む)
   姉はファッション雑誌を＿＿＿＿＿＿＿＿＿＿＿＿＿＿＿＿。

02 もう 이제, 이미, 벌써, 더

「もう」는 우리말로 '이제, 이미, 벌써' 등으로 해석되는 말입니다. ① 어떤 상황이나 동작이 끝나있음을 나타낼 때나, ② 곧 어떤 일이 일어날 것임을 나타낼 때 사용합니다.

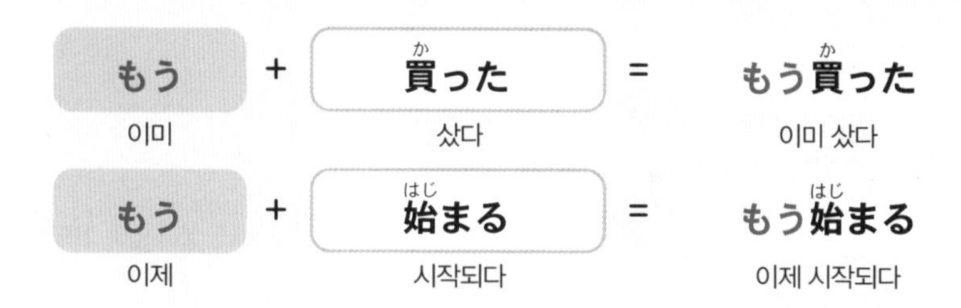

会計(かいけい)はもう済(す)みました。 계산은 이미 끝났습니다.

ご飯(はん)はもう食(た)べましたか。 밥은 벌써 먹었나요?

彼(かれ)はもう立派(りっぱ)な大人(おとな)です。 그는 이제 훌륭한 어른입니다.

会計(かいけい) 회계, 계산
済(す)む 완료되다, 끝나다
別(わか)れる 헤어지다
生活(せいかつ) 생활

실력 쌓기 제시된 단어를 참고하여 일본어 문장을 완성해 보세요.

▶정답 p.274

1. 그녀와 이미 헤어졌습니다. (別(わか)れる)
   彼女(かのじょ)と＿＿＿＿＿＿＿＿＿＿＿＿＿＿＿＿＿＿。

2. 일본 생활에는 이제 익숙해졌나요? (慣(な)れる)
   日本(にほん)の生活(せいかつ)には＿＿＿＿＿＿＿＿＿＿＿＿＿＿＿＿。

03 まだ 아직, 여전히

「まだ」는 우리말로 '아직, 여전히' 등으로 해석되는 말입니다. 「まだ+부정문」에서 まだ는 아직 어떤 일이 실현되지 않은 상태를 나타내고, 「まだ+긍정문」의 경우에는 어떤 일이 끝나지 않고 계속되는 상태를 나타냅니다.

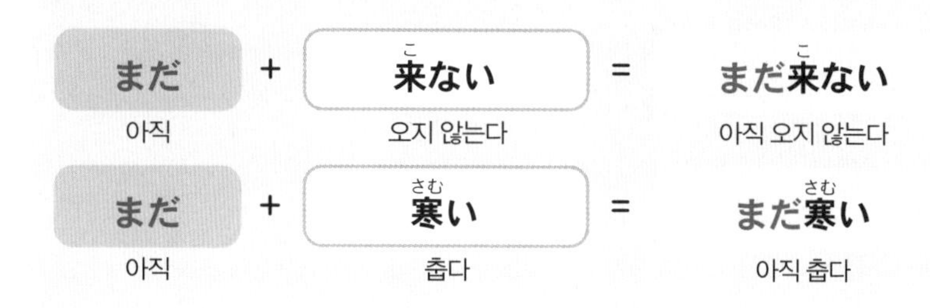

私はまだ知らないことが多いです。
나는 아직 모르는 것이 많습니다.

夏休みの宿題がまだ終わっていません。
여름 방학 숙제가 아직 안 끝났습니다.

いっぱい寝たのに、まだ眠いです。
많이 잤는데도 아직 졸립니다.

バスの出発時間までまだ少し時間があります。
버스 출발 시간까지 아직 조금 시간이 있습니다.

いっぱい 많이, 가득

실력 쌓기 제시된 단어를 참고하여 일본어 문장을 완성해 보세요.

▶정답 p.274

1. 아직 5월인데 밖은 벌써 덥네요. (5月)

   ＿＿＿＿＿＿＿＿＿＿＿＿＿＿＿＿なのに外はもう暑いですね。

2. 아기 이름은 아직 정해지지 않았습니다. (決まる)

   赤ちゃんの名前は＿＿＿＿＿＿＿＿＿＿＿＿＿＿＿＿＿＿＿＿。

04 あまり 그다지, 별로, 너무

「あまり」는 우리말로 '그다지, 별로, 너무' 등으로 해석되는 부사입니다. あまり 뒤에 부정문이 오면 '특별하거나 남다르지 않은 모양'을 나타냅니다. 한편 あまり 뒤에 긍정문이 오면 '도가 지나친 모양'을 나타내며「あまりに」,「あまりにも」의 형태로 자주 쓰입니다.

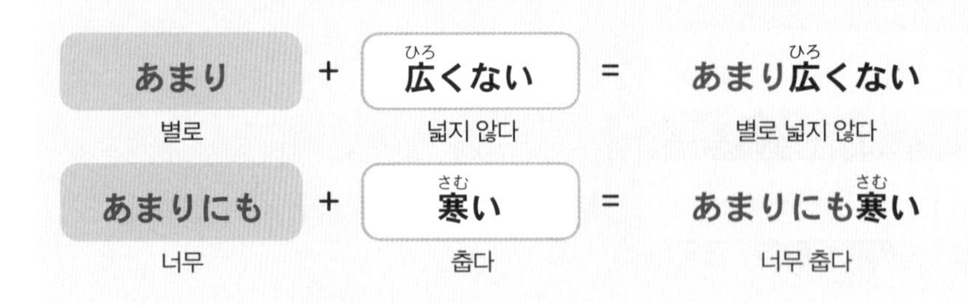

スポーツはあまり得意ではありません。
스포츠는 그다지 잘 못합니다.

今週はお客さんがあまり来ませんでした。
이번 주는 손님이 그다지 오지 않았습니다.

彼(かれ)はあまりにも素直(すなお)すぎる。
그는 너무 솔직하다.

あまりに費用(ひよう)がかかるので諦(あきら)めました。
너무 비용이 들어서 포기했습니다.

素直(すなお)だ 솔직하다, 순수하다
費用(ひよう)がかかる 비용이 들다
諦(あきら)める 포기하다

실력 쌓기 제시된 단어를 참고하여 일본어 문장을 완성해 보세요.

▶정답 p.274

1. 올해는 눈이 별로 내리지 않았습니다. (降(ふ)る)

   今年(ことし)は雪(ゆき)が＿＿＿＿＿＿＿＿＿＿＿＿＿＿。

2. 이 요리는 너무 맛있어서 많이 먹고 말았다. (おいしい)

   この料理(りょうり)は＿＿＿＿＿＿＿＿＿ので、たくさん食(た)べてしまった。

05 なかなか 좀처럼, 꽤

「なかなか」는 우리말로 '좀처럼, 꽤' 등으로 해석되는 말입니다. なかなか 뒤에 부정문이 오면 '쉽사리 실현되지 않는 모양'을 나타냅니다. 한편 なかなか 뒤에 긍정문이 오면 '기대했던 것 이상으로, 의외로'라는 의미를 나타냅니다.

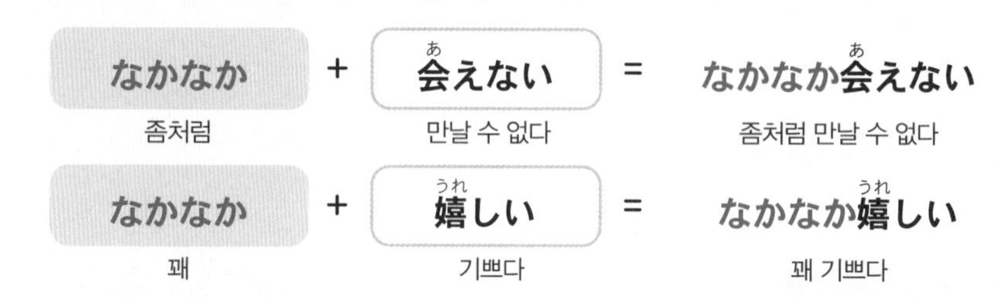

バスがなかなか来(き)ません。
버스가 좀처럼 오지 않습니다.

運動(うんどう)をしてもなかなか痩(や)せません。
운동을 해도 좀처럼 살이 안 빠집니다.

なかなか難(むずか)しい質問(しつもん)ですね。
꽤 어려운 질문이네요.

あの店(みせ)の豚(とん)カツはなかなかおいしいです。
저 가게의 돈가스는 꽤 맛있습니다.

痩(や)せる 살이 빠지다
アプリ 앱
開(ひら)く 열다, 열리다

실력 쌓기 제시된 단어를 참고하여 일본어 문장을 완성해 보세요.

▶정답 p.274

1. 앱이 좀처럼 안 열린다. (開(ひら)く)

   アプリが＿＿＿＿＿＿＿＿＿＿＿＿＿＿＿＿＿＿＿＿＿＿＿＿。

2. 이 영화, 꽤 재미있네요. (面白(おもしろ)い)

   この映画(えいが)、＿＿＿＿＿＿＿＿＿＿＿＿＿＿＿＿＿＿＿＿＿＿＿＿。

06 | 絶対(ぜったい)に 절대로, 꼭

「絶対(ぜったい)に」는 우리말로 '절대로, 꼭' 등으로 해석되는 말입니다. 絶対(ぜったい)に 뒤에 부정문이 오면 '어떤 경우라도 절대로'라는 뜻을 나타냅니다. 한편 絶対(ぜったい)に 뒤에 긍정문이 오면 '꼭, 반드시'라는 뜻을 강조하여 나타냅니다.

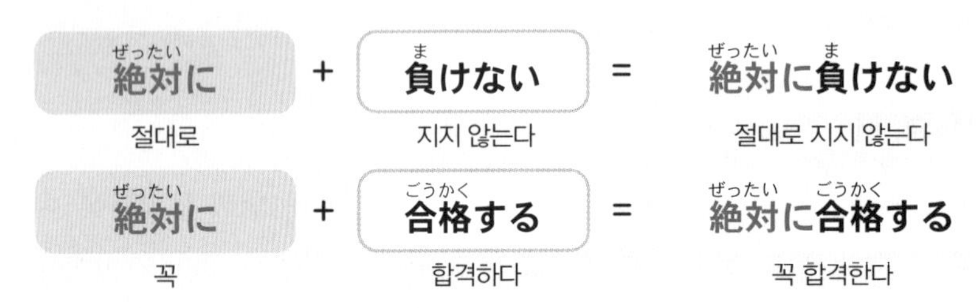

絶対(ぜったい)に他人(たにん)には話(はな)しません。
절대로 다른 사람에게는 이야기하지 않겠습니다.

絶対(ぜったい)に運転者(うんてんしゃ)のじゃまをしてはいけません。
절대로 운전자를 방해해선 안 됩니다.

この商品(しょうひん)は海外(かいがい)でも絶対(ぜったい)に売(う)れます。
이 상품은 해외에서도 반드시 팔립니다.

たくさん練習(れんしゅう)したので絶対(ぜったい)に勝(か)ちたいです。
많이 연습했으니까 꼭 이기고 싶습니다.

負(ま)ける 지다
他人(たにん) 타인, 다른 사람
運転者(うんてんしゃ) 운전자
じゃま 방해
売(う)れる 팔리다
練習(れんしゅう)する 연습하다

실력 쌓기 제시된 단어를 참고하여 일본어 문장을 완성해 보세요.

▶정답 p.274

1. 이 문은 절대로 열면 안 됩니다. (開(あ)ける)

   このドアは＿＿＿＿＿＿＿＿＿＿＿＿＿＿＿＿＿＿＿＿＿＿＿＿。

2. 무슨 일이 있어도 꼭 가겠습니다. (行(い)く)

   何(なに)があっても＿＿＿＿＿＿＿＿＿＿＿＿＿＿＿＿＿＿＿＿＿＿＿＿。

07 と로 끝나는 부사

1 やっと 겨우, 드디어

「やっと」는 '겨우, 간신히, 드디어'라는 뜻으로 긴 시간을 들이거나 노력하여 어떤 일이 실현되었을 때 쓰는 표현입니다.

やっと	+	着(つ)いた	=	やっと着(つ)いた
드디어		도착했다		드디어 도착했다

やっとスマホの電源(でんげん)がつきました。
드디어 스마트폰의 전원이 켜졌습니다.

頼(たの)んでいた商品(しょうひん)がやっと届(とど)きました。
부탁했던 상품이 드디어 도착했습니다.

やっと試験(しけん)に合格(ごうかく)しました。
겨우 시험에 합격했습니다.

電源(でんげん) 전원
治る(なおる) (병이) 낫다
校長先生(こうちょうせんせい) 교장 선생님

실력 쌓기 제시된 단어를 참고하여 일본어 문장을 완성해 보세요.

▶정답 p.275

1. 감기가 겨우 나았다. (治(なお)る)
   風邪(かぜ)が＿＿＿＿＿＿＿＿＿＿＿＿＿＿＿＿＿＿＿。

2. 교장 선생님의 말씀이 드디어 끝났습니다. (終(お)わる)
   校長先生(こうちょうせんせい)の話(はなし)が＿＿＿＿＿＿＿＿＿＿＿＿＿＿＿＿。

2 ずっと 계속, 쭉, 훨씬

「ずっと」는 '계속, 쭉, 훨씬' 등으로 해석되는 말입니다. ① 같은 상황이 오랜 시간 동안 계속되어 옴을 나타내거나 ② 다른 것과 비교해 큰 차이가 있음을 나타낼 때 씁니다.

私(わたし)はずっと彼氏(かれし)がいません。나는 계속 남자 친구가 없습니다.

1週間前(いっしゅうかんまえ)からずっとお腹(なか)が痛(いた)いです。일주일 전부터 계속 배가 아픕니다.

地球(ちきゅう)は月(つき)よりもずっと大(おお)きい。지구는 달보다도 훨씬 크다.

ずっと前(まえ)からあなたが好(す)きでした。훨씬 전부터 당신을 좋아했습니다.

地球(ちきゅう) 지구

실력 쌓기 제시된 단어를 참고하여 일본어 문장을 완성해 보세요.

▶정답 p.275

1. 이 요리가 훨씬 맛있다. (おいしい)

   この料理(りょうり)が＿＿＿＿＿＿＿＿＿＿＿＿＿＿＿＿＿＿＿。

2. 주말은 쭉 집에 있을 예정입니다. (家(いえ), いる)

   週末(しゅうまつ)は＿＿＿＿＿＿＿＿＿＿＿＿＿＿＿＿＿＿＿予定(よてい)です。

3 きっと 분명, 꼭, 반드시

「きっと」는 '분명, 꼭, 반드시'라는 뜻으로, 화자의 결의나 확신 또는 강한 기대를 나타낼 때 씁니다.

きっと	+	出来(でき)る	=	きっと出来(でき)る
분명		할 수 있다		분명 할 수 있다

明日(あした)はきっと晴(は)れるでしょう。
내일은 분명 맑겠지요.

プレゼントを渡(わた)したら、彼女(かのじょ)はきっと喜(よろこ)ぶと思(おも)うよ。
선물을 건네면 그녀는 분명 기뻐할 거야.

計画(けいかく) 계획
成功(せいこう)する 성공하다

실력 쌓기 제시된 단어를 참고하여 일본어 문장을 완성해 보세요.

▶정답 p.275

1. 그녀는 반드시 올 거야(와). (来(く)る)

   彼女(かのじょ)は＿＿＿＿＿＿＿＿＿＿＿＿＿＿＿＿＿＿＿。

2. 당신 계획은 반드시 성공할 거예요. (成功(せいこう)する)

   あなたの計画(けいかく)は＿＿＿＿＿＿＿＿＿＿＿＿＿＿＿＿＿＿＿。

08 り로 끝나는 부사

1 すっかり 아주, 완전히

「すっかり」는 '아주, 완전히'라는 뜻으로 '남는 것이나 흔적이 없는 모양', '어떤 상황이 완전히 이루어져 있는 모양'을 나타낼 때 쓰는 표현입니다.

すっかり + **春(はる)になった** = **すっかり春(はる)になった**

완전히 / 봄이 되었다 / 완전히 봄이 되었다

もうすっかり秋(あき)ですね。
이제 완전히(완연한) 가을이네요.

娘(むすめ)さんもすっかり大(おお)きくなりましたね。
따님도 아주 많이 컸네요.

彼女(かのじょ)との約束(やくそく)をすっかり忘(わす)れていました。
그녀와의 약속을 완전히(새까맣게) 잊고 있었습니다.

娘(むすめ)さん 따님
町(まち) 마을, 거리

실력 쌓기 제시된 단어를 참고하여 일본어 문장을 완성해 보세요.

▶정답 p.275

1. 약을 먹고 완전히 좋아졌습니다. (よくなる)
   薬(くすり)を飲(の)んで＿＿＿＿＿＿＿＿＿＿。

2. 눈으로 마을이 완전히(온통) 하얘졌습니다. (白(しろ)くなる)
   雪(ゆき)で、町(まち)が＿＿＿＿＿＿＿＿＿＿。

2 ゆっくり 천천히, 푹, 느긋하게

「ゆっくり」는 '천천히, 느긋하게'라는 뜻으로 '동작이나 태도가 느린 모양', '서두르지 않고 마음의 여유가 있는 모양'을 나타낼 때 씁니다. 「ゆっくりと」의 형태로도 쓰입니다.

ゆっくり + **休(やす)む** = **ゆっくり休(やす)む**

푹 / 쉬다 / 푹 쉬다

ごゆっくり、どうぞ。(식당에서) 편히 드세요.

今日(きょう)はゆっくりとお風呂(ふろ)に入(はい)る。오늘은 느긋하게 목욕을 한다.

ゆっくりとひじを伸(の)ばしてみてください。천천히 팔꿈치를 펴 보세요.

天気(てんき)がいいので、ゆっくり歩(ある)いていきましょう。
날씨가 좋으니 천천히 걸어갑시다.

ひじを伸(の)ばす 팔꿈치를 펴다
周(まわ)り 주위, 주변
散歩(さんぽ)する 산책하다

실력 쌓기 제시된 단어를 참고하여 일본어 문장을 완성해 보세요.

▶정답 p.275

1. 집 주위를 천천히 산책한다. (散歩(さんぽ)する)

   家(いえ)の周(まわ)りを＿＿＿＿＿＿＿＿＿＿＿＿＿＿＿＿。

2. 오늘 밤은 집에서 푹 쉽시다. (休(やす)む)

   今夜(こんや)は家(いえ)で＿＿＿＿＿＿＿＿＿＿＿＿＿＿＿＿。

3 やっぱり 역시

「やっぱり」는 '역시'라는 뜻으로 '어떤 일이 예상한 것과 같음'을 나타낼 때 쓰는 표현입니다.

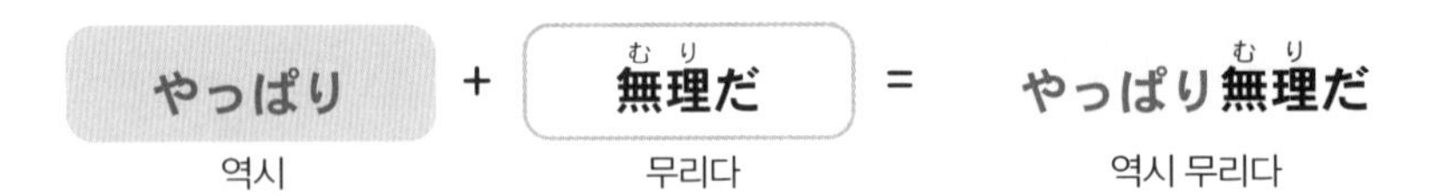

やっぱり一人(ひとり)は寂(さび)しい。
역시 혼자는 외로워.

この店(みせ)のカレーライスは、やっぱりおいしいね。
이 가게의 카레라이스는 역시 맛있네.

カレーライス 카레라이스
ベトナム語(ご) 베트남어

실력 쌓기 제시된 단어를 참고하여 일본어 문장을 완성해 보세요.

▶정답 p.275

1. 이 책은 역시 재미있었다. (面白(おもしろ)い)

   この本(ほん)は＿＿＿＿＿＿＿＿＿＿＿＿＿＿＿＿。

2. 베트남어는 역시 어렵네요. (難(むずか)しい)

   ベトナム語(ご)は＿＿＿＿＿＿＿＿＿＿＿＿＿＿＿＿。

UNIT 24 접속사

'접속사'란 문장과 문장, 또는 단어와 단어를 연결해 주는 역할을 하는 품사입니다. 접속사에는 문장에 다른 내용을 추가하는 '첨가 접속사', 앞뒤의 내용을 순조롭게 연결하는 '순접 접속사', 앞뒤 내용을 상반되게 연결하는 '역접 접속사'가 있습니다.

01 첨가 접속사

'첨가 접속사'는 앞 내용에 뒤 내용을 첨가하거나 보충할 때 사용합니다.

1 そして 그리고

「そして」는 '그리고'라는 뜻으로, 앞의 내용에 이어 뒤의 내용을 단순히 나열할 때 쓰는 말입니다.

ご飯を食べた	+	そして	+	コーヒーを飲んだ
밥을 먹었다		그리고		커피를 마셨다

友達と久しぶりに会った。そして写真をたくさん撮った。
친구와 오랜만에 만났다. 그리고 사진을 많이 찍었다.

今年から日本語を勉強している。そしてスペイン語も勉強している。
올해부터 일본어를 공부하고 있다. 그리고 스페인어도 공부하고 있다.

海へ行きました。そして泳いだり波乗りしたりしながら遊びました。
바다에 갔습니다. 그리고 헤엄치거나 파도타기를 하거나 하면서 놀았습니다.

コーヒー 커피
写真を撮る 사진을 찍다
波乗り 파도타기

실력 쌓기 제시된 단어를 참고하여 일본어 문장을 완성해 보세요.

▶정답 p.275

1. 나는 어제 친구를 만났다. 그리고 함께 영화를 봤다. (一緒に, 映画, 見る)
   私は昨日友達に会った。____________________。

2. 선배에게 전화를 했다. 그리고 밤늦게까지 이야기했다. (夜遅くまで, 話す)
   先輩に電話をした。____________________。

2 それから 그리고 나서, 그리고

「それから」는 '그리고 나서', '그리고'라는 뜻으로, 앞 내용에 뒤 내용을 덧붙일 때 씁니다. 순서상 앞 내용이 뒤 내용보다 먼저임을 나타내는 경우가 많습니다.

会社を出る + **それから** + **家へ向かう**

회사를 나서다 / 그리고 나서 / 집으로 향하다

ネクタイ、スーツ、それからコートも買いました。
넥타이, 양복, 그리고 코트도 샀습니다.

朝起きてまず手を洗います。それから水を飲みます。
아침에 일어나서 먼저 손을 씻습니다. 그리고 나서 물을 마십니다.

ネクタイ 넥타이
かき 감

실력 쌓기 제시된 단어를 참고하여 일본어 문장을 완성해 보세요.

▶정답 p.275

1. 게임을 합니다. 그리고 나서 공부를 합니다. (勉強をする)

   ゲームをします。____________________。

2. 사과, 귤, 그리고 감도 주세요. (かき, ください)

   りんご、みかん、____________________。

3 それに 게다가

「それに」는 '게다가'라는 뜻으로, 뒤 문장에서 앞 문장보다 한층 더한 사실을 덧붙일 때 씁니다.

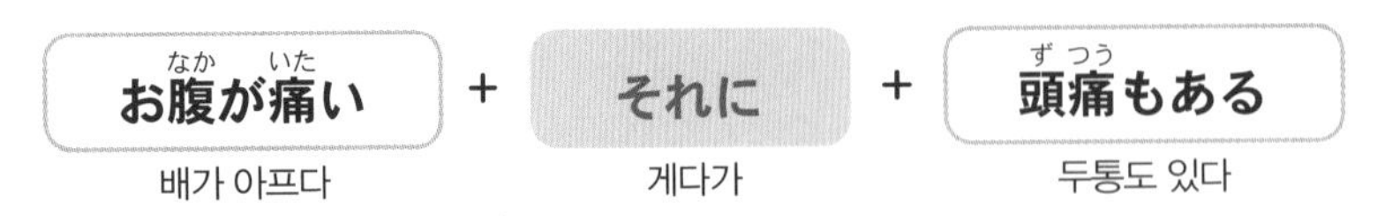

배가 아프다 / 게다가 / 두통도 있다

彼は頭がいい。それに心も優しい。
그는 머리가 좋다. 게다가 마음씨도 곱다.

この店の料理はおいしい。それに値段も安い。
이 식당의 음식은 맛있다. 게다가 가격도 싸다.

頭痛 두통
頭がいい 머리가 좋다
心 마음
吹く (바람이) 불다

실력 쌓기 제시된 단어를 참고하여 일본어 문장을 완성해 보세요.

▶정답 p.275

1. 이 돈가스는 맛있다. 게다가 싸다. (安(やす)い)

   この豚(とん)カツはおいしい。____________________________。

2. 비가 내렸다. 게다가 바람까지 불었다. (風(かぜ), 吹(ふ)く)

   雨(あめ)が降(ふ)った。____________________________。

4 そのうえ 게다가

「そのうえ」는 '게다가', '더군다나'라는 뜻으로, 앞 문장의 내용에 뒤 문장의 내용이 덧붙을 때 쓰는 표현입니다.

天気(てんき)がいい	+	そのうえ	+	風(かぜ)も涼(すず)しい
날씨가 좋다		게다가		바람도 시원하다

熱(ねつ)がある。そのうえ頭(あたま)も痛(いた)い。
열이 있다. 게다가 머리도 아프다.

そのレストランは料理(りょうり)がまずい。そのうえ、サービスもよくない。
그 레스토랑은 음식이 맛이 없다. 게다가 서비스도 좋지 않다.

痛(いた)い 아프다
サービス 서비스

실력 쌓기 제시된 단어를 참고하여 일본어 문장을 완성해 보세요.

▶정답 p.275

1. 그는 머리가 좋다. 게다가 잘생겼다. (ハンサムだ)

   彼(かれ)は頭(あたま)がいい。____________________________。

2. 아내는 예쁘다. 게다가 요리도 잘한다. (料理(りょうり), 上手(じょうず)だ)

   妻(つま)はきれいだ。____________________________。

5 しかも 게다가

「しかも」는 '게다가'라는 뜻으로, 뒤 문장에서 앞 문장보다 한층 더한 사실을 덧붙일 때 씁니다.

고기가 싸다 / 게다가 / 신선하다

暑い。しかも湿気も多い。
덥다. 게다가 습기도 많다.

彼女は歌が上手です。しかもピアノも弾けます。
그녀는 노래를 잘합니다. 게다가 피아노도 칠 수 있습니다.

※「それに」,「そのうえ」,「しかも」는 뉘앙스 차이가 있지만, 거의 같은 의미로 쓰입니다.

湿気 습기
ピアノ 피아노
弾く (악기를) 연주하다
クオリティー 퀄리티

실력 쌓기 제시된 단어를 참고하여 일본어 문장을 완성해 보세요. ▶정답 p.275

1. 그것은 퀄리티도 좋고, 게다가 싸다. (安い)
   それはクオリティーもよく、＿＿＿＿＿＿＿＿＿＿。

2. 그는 스페인어를 한다. 게다가 아주 잘한다. (とても, 上手だ)
   彼はスペイン語を話す。＿＿＿＿＿＿＿＿＿＿。

6 さらに 그 위에, 더욱, 게다가

「さらに」는 '그 위에', '더욱', '게다가'라는 뜻으로, 앞 문장의 내용에 뒤 문장의 내용이 더해질 때 쓰는 표현입니다. '같은 일이 겹치거나 더해지는 모양' 또는 '지금까지보다 정도가 더해지는 모양'을 나타냅니다.

今日は遅刻し、さらに宿題も忘れてしまった。
오늘은 지각을 하고, 게다가 숙제도 잊어버렸다.

彼は豚カツを食べて、さらにカツ丼も注文した。
그는 돈가스를 먹고, 게다가 돈가스 덮밥도 주문했다.

カツ丼 돈가스 덮밥
電気自動車 전기 자동차
今後 앞으로
普及する 보급하다(되다)
足す 더하다

실력 쌓기 제시된 단어를 참고하여 일본어 문장을 완성해 보세요. ▶정답 p.275

1. 전기 자동차는 앞으로 더욱더 보급될 것이다. (普及する)
   電気自動車は今後＿＿＿＿＿＿＿＿＿＿。

2. 소금을 조금 첨가하면 더욱더 맛있어져요. (おいしい, なる)
   すこし塩を足すと、＿＿＿＿＿＿＿＿＿＿。

02 | 순접 접속사

'순접 접속사'는 앞 문장의 내용이 원인·이유가 되어 뒤 문장의 사건이 일어나는 경우에 사용합니다.

1 だから 그래서, 때문에

「だから」는 '그래서', '때문에'라는 뜻으로, 앞 문장이 뒤 문장의 이유나 원인이 될 때 쓰는 말입니다. 「だから」를 공손하게 말할 경우에는 「ですから」를 씁니다.

旅が好きでした。ですから各地にお友達がいます。
여행을 좋아했습니다. 그래서 각지에 친구들이 있습니다.

このレストランはすごく人気があります。だから予約が必要です。
이 식당은 무척 인기가 있습니다. 그래서 예약이 필요합니다.

入院する 입원하다
旅 여행
各地 각지
のどが渇く 목이 마르다
旬 제철

실력 쌓기 제시된 단어를 참고하여 일본어 문장을 완성해 보세요.

▶정답 p.275

1. 목이 마릅니다. 그래서 물을 마시고 싶습니다. (水, 飲む)

   のどが渇いています。____________________________。

2. 딸기는 지금이 제철입니다. 그래서 맛있습니다. (おいしい)

   いちごは今が旬です。____________________________。

2 それで 그래서

「それで」는 '그래서'라는 뜻으로, 앞 문장의 내용이 원인이고 뒤 문장의 내용이 결과일 때 사용합니다.

雨が降った。それで行かなかった。
비가 내렸다. 그래서 가지 않았다.

明日、試験があります。それで今晩は遅くまで勉強します。
내일, 시험이 있습니다. 그래서 오늘 밤은 늦게까지 공부할 겁니다.

실력 쌓기 제시된 단어를 참고하여 일본어 문장을 완성해 보세요.

▶정답 p.275

1. 오늘은 한가했다. 그래서 영화를 봤다. (映画, 見る)
   今日は暇だった。____________________。

2. 어제는 무척 피곤했다. 그래서 빨리 잤다. (早く, 寝る)
   昨日はとても疲れた。____________________。

3 そこで 그래서

「そこで」는 '그래서'라는 뜻으로, 앞 문장의 일이 원인이 되어 뒤 문장의 일이 일어났음을 나타낼 때 씁니다.

病気になった。そこでタバコをやめることにした。
병에 걸렸다. 그래서 담배를 끊기로 했다.

突然スマホが鳴った。そこで電話に出るために店の外に出た。
갑자기 스마트폰이 울렸다. 그래서 전화를 받기 위해 가게 밖으로 나갔다.

※「だから」, 「それで」, 「そこで」는 뉘앙스의 차이는 있지만, 용법은 비슷합니다.

病気 병
鳴る 울리다, 소리가 나다
電話に出る 전화를 받다
まご 손자, 손주

실력 쌓기 제시된 단어를 참고하여 일본어 문장을 완성해 보세요.

▶정답 p.275

1. 그녀를 보고 싶었다. 그래서 그녀에게 전화를 걸었다. (彼女, 電話をかける)
   彼女に会いたかった。____________________。

2. 주말에는 손주가 온다. 그래서 장난감을 준비하려 한다. (おもちゃ, 用意する)
   週末はまごが来る。____________________。

4 したがって 따라서, 때문에

「したがって」는 '따라서', '때문에'라는 뜻으로, 앞 문장의 내용이 뒤 문장의 내용의 객관적인 원인이나 근거 등이 될 때 쓰는 말입니다.

このぬいぐるみは手作りだ。したがって、値段が高い。
이 인형은 수제품이다. 따라서 가격이 비싸다.

この品はあまりに高い。したがってよく売れない。
이 물건은 너무 비싸다. 따라서 잘 팔리지 않는다.

好かれる 사랑받다
ぬいぐるみ 인형
手作り 수제
品 물건, 상품
交通 교통
火山 화산

실력 쌓기 제시된 단어를 참고하여 일본어 문장을 완성해 보세요.

▶정답 p.276

1. 교통이 편리하다. 따라서 집세가 비싸다. (家賃, 高い)
   交通が便利だ。________________________。

2. 일본은 화산이 많다. 따라서 지진도 많다. (地震, 多い)
   日本は火山が多い。________________________。

5 すると 그러자, 그랬더니

「すると」는 '그러자', '그랬더니'라는 뜻으로, 앞 문장의 내용이 먼저 이루어진 후에 이어서 뒤 문장의 내용이 일어났음을 나타낼 때 씁니다.

洗濯をした。すると雨が降りだした。
빨래를 했다. 그러자 비가 내리기 시작했다.

私は勉強し始めました。すると弟も勉強をしました。
나는 공부하기 시작했습니다. 그러자 동생도 공부를 했습니다.

洗濯 빨래
ベルを鳴らす
벨을 울리다

실력 쌓기 제시된 단어를 참고하여 일본어 문장을 완성해 보세요.

▶정답 p.276

1. 벨을 울렸다. 그러자 사람이 나왔다. (人(ひと), 出(で)る)

   ベルを鳴(な)らした。＿＿＿＿＿＿＿＿＿＿＿＿＿＿＿＿。

2. 남자 친구에게 선물을 줬다. 그러자 매우 기뻐했다. (とても, 喜(よろこ)ぶ)

   彼氏(かれし)にプレゼントをあげた。＿＿＿＿＿＿＿＿＿＿＿＿。

6 それなら 그러면, 그렇다면

「それなら」는 '그러면', '그렇다면'이라는 뜻입니다. 앞 문장의 내용이 뒤 문장의 내용의 조건이 되거나, 앞 문장의 내용을 바탕으로 새로운 주장을 할 때 씁니다.

A **明日(あした)は雨(あめ)です。**
내일은 비입니다.

B **それなら** + **遠足(えんそく)は中止(ちゅうし)です**
그렇다면 + 소풍은 중지입니다

A 疲(つか)れました。피곤하네요.

B それならあそこの公園(こうえん)でちょっと休(やす)みましょう。
그러면 저기 공원에서 좀 쉽시다.

A あそこへ行(い)きたいです。저기에 가고 싶습니다.

B それなら、一緒(いっしょ)に行(い)きましょう。그렇다면, 함께 갑시다.

いかが 어떻게 (どう의 공손한 표현)
歯(は) 이, 이빨
歯科(しか) 치과

실력 쌓기 제시된 단어를 참고하여 일본어 문장을 완성해 보세요.

▶정답 p.276

1. A「これは、高(たか)いですね。」

   B「그렇다면, 이쪽은 어떠세요?」(こちら, いかがですか)

   B「＿＿＿＿＿＿＿＿＿＿＿＿＿＿＿＿＿＿＿＿。」

2. A「歯(は)が痛(いた)いんです。」

   B「그렇다면 치과에 가는 편이 좋겠네요.」(歯科(しか), 行(い)く)

   B「＿＿＿＿＿＿＿＿＿＿＿＿＿＿＿＿＿＿＿＿。」

03 역접 접속사

'역접 접속사'는 앞 문장과 반대되는 내용이 뒤 문장에 오는 경우에 사용됩니다.

1 しかし 그러나

「しかし」는 '그러나'라는 뜻으로, 앞 문장의 내용과 뒤 문장의 내용이 서로 반대될 때 사용합니다.

旅行(りょこう)したいです。しかし、時間(じかん)がありません。
여행하고 싶어요. 그러나 시간이 없어요.

一生懸命勉強(いっしょうけんめいべんきょう)した。しかし試験(しけん)の結果(けっか)はあまりよくなかった。
열심히 공부했다. 그러나 시험 결과는 그다지 좋지 않았다.

結果(けっか) 결과
急(いそ)ぐ 서두르다

실력 쌓기 제시된 단어를 참고하여 일본어 문장을 완성해 보세요.

▶정답 p.276

1. 서둘러 학교에 갔다. 그러나 늦었다. (遅(おく)れる)
   急(いそ)いで学校(がっこう)へ行(い)った。 ________________。
2. 사고 싶은 것이 많이 있다. 그러나 돈이 없다. (お金(かね)がない)
   買(か)いたいものがいっぱいある。 ________________。

2 ところが 그런데

「ところが」는 '그런데'라는 뜻으로, 앞 문장에서 예상되는 내용과 반대되는 내용을 이야기할 때 사용합니다.

遠足に行った。ところが雨が降りだした。
소풍을 갔다. 그런데 (갑자기) 비가 내리기 시작했다.

午後5時に待ち合わせをした。ところが彼女は2時間も遅れて来た。
오후 5시에 약속을 했다. 그런데 그녀는 2시간이나 늦게 왔다.

遠足 소풍
待ち合わせ (때와 장소를 정한) 약속

실력 쌓기 제시된 단어를 참고하여 일본어 문장을 완성해 보세요.

▶정답 p.276

1. 그는 알고 있다. 그런데 말하지 않는다. (言う)
   彼は知っている。＿＿＿＿＿＿＿＿＿＿＿＿＿＿。

2. 열심히 공부했다. 그런데 성적은 나빴다. (成績, 悪い)
   一生懸命勉強した。＿＿＿＿＿＿＿＿＿＿＿＿＿＿。

3 (だ)が 그러나, 그렇지만

「(だ)が」는 '그러나', '그렇지만'이라는 뜻으로, 앞 문장의 내용과 뒤 문장의 내용이 서로 반대될 때 사용합니다. 「(だ)が」의 공손한 말은 「ですが」입니다.

台風は去った	+	だが	+	安心できない
태풍은 지나갔다		그러나		안심할 수 없다

知っている。だが、話せない。
알고 있다. 그러나 이야기할 수 없다.

部長は外出しています。ですが、そろそろ戻るころです。
부장님은 외출했습니다. 하지만 슬슬 돌아올 때가 되었습니다.

去る 떠나다, 사라지다
安心する 안심하다(되다)
外出する 외출하다
戻る 돌아가(오)다
失敗する 실패하다

실력 쌓기 제시된 단어를 참고하여 일본어 문장을 완성해 보세요.

▶정답 p.276

1. 실패했다. 그렇지만 좋은 공부가 되었다. (いい, 勉強になる)
   失敗した。＿＿＿＿＿＿＿＿＿＿＿＿＿＿。

2. 우산을 가지고 집을 나섰다. 하지만 전혀 (비가) 내리지 않았다. (全然, 降る)
   傘を持って家を出た。＿＿＿＿＿＿＿＿＿＿＿＿＿＿。

4 けれども 그러나, 그렇지만

「けれども」는 '그러나', '그렇지만'이라는 뜻으로, 앞 문장과 뒤 문장이 나타내는 상태나 행동이 서로 다르거나 반대될 때 사용합니다. 「けれども」는 줄여서 「けれど」나 「けど」로 사용하기도 합니다.

お金(かね)はある + **けれども** + **時間(じかん)がない**

돈은 있다 / 그러나 / 시간이 없다

仕事(しごと)はできない。けれども、性格(せいかく)はいい。

일은 못한다. 그러나 성격은 좋다.

今日(きょう)は本当(ほんとう)に寒(さむ)い。けれど、気持(きも)ちはよい。

오늘은 정말로 춥다. 그렇지만 기분은 좋다.

性格(せいかく) 성격

本当(ほんとう)に 정말로

실력 쌓기 제시된 단어를 참고하여 일본어 문장을 완성해 보세요.

▶정답 p.276

1. 슈퍼에 갔다. 그러나 아무것도 사지 않았다. (何(なに), 買(か)う)

   スーパーへ行(い)った。＿＿＿＿＿＿＿＿＿＿＿＿＿＿＿＿。

2. 공부는 별로 안 했다. 그렇지만 성적은 좋았다. (成績(せいせき), いい)

   勉強(べんきょう)はあまりしなかった。＿＿＿＿＿＿＿＿＿＿＿＿＿＿＿＿。

5 でも 그러나, 그렇지만

「でも」는 '그러나', '그렇지만'이라는 뜻으로, 앞 문장의 내용과 뒤 문장의 내용이 서로 반대될 때 사용합니다.

日本語(にほんご)は難(むずか)しいです。でも、面白(おもしろ)いです。

일본어는 어렵습니다. 그렇지만 재미있습니다.

昨日(きのう)は本当(ほんとう)にいい天気(てんき)でした。でも、どこへも行(い)きませんでした。

어제는 정말로 좋은 날씨였습니다. 그러나 아무 데도 가지 않았습니다.

具合(ぐあい)が悪(わる)い
몸상태가 나쁘다

실력 쌓기 제시된 단어를 참고하여 일본어 문장을 완성해 보세요.

▶정답 p.276

1. 심한 감기에 걸려 버렸습니다. 하지만 학교에 갔습니다. (学校(がっこう), 行(い)く)

   ひどい風邪(かぜ)をひいてしまいました。 ____________________。

2. 테니스를 좋아합니다. 하지만 별로 잘하지는 못합니다. (あまり, 上手(じょうず)だ)

   テニスが好(す)きです。 ____________________。

모범
답안

UNIT 01 명사

p.11

1. 会社員(かいしゃいん)です。
2. 彼女(かのじょ)は モデルです。

p.11

1. サラリーマンだ。
2. 彼(かれ)は バリスタだ。

p.12

1. それは たこ焼(や)きですか。
2. ハナさんの スーツケースは どれですか。

p.14

1. 父(ちち)は 先生(せんせい)じゃ ないです。
   =先生(せんせい)では ないです
   =先生(せんせい)じゃ ありません
   =先生(せんせい)では ありません
2. あれは タブレットじゃ ないです。
   スマホです。
   =タブレットでは ないです
   =タブレットじゃ ありません
   =タブレットでは ありません

p.15

1. あの 人(ひと)は 医者(いしゃ)じゃ ない。
   =医者(いしゃ)では ない
2. 彼女(かのじょ)は この 店(みせ)の 店員(てんいん)じゃ ない。店長(てんちょう)だ。
   =店員(てんいん)では ない

p.16

1. あの コートは あなたのですか。
2. その 靴(くつ)は スペインのじゃ ないです。
   =スペインのでは ないです
   =スペインのじゃ ありません
   =スペインのでは ありません

p.17

1. 昨日(きのう)は 雨(あめ)でした。
2. 一昨日(おととい)は 何曜日(なんようび)でしたか。

p.18

1. あそこは 学校(がっこう)だった。
2. その 自転車(じてんしゃ)は 私(わたし)のだった。

p.19

1. 犯人(はんにん)は 彼(かれ)じゃ なかったです。
   =彼(かれ)では なかったです
   =彼(かれ)じゃ ありませんでした
   =彼(かれ)では ありませんでした
2. ここは 花屋(はなや)じゃ なかったです。
   =花屋(はなや)では なかったです
   =花屋(はなや)じゃ ありませんでした
   =花屋(はなや)では ありませんでした

p.20

1. 約束(やくそく)は 今日(きょう)じゃ なかった。昨日(きのう)だった。
   =今日(きょう)では なかった
2. そこは 居酒屋(いざかや)じゃ なかった。カフェだった。
   =居酒屋(いざかや)では なかった

p.21

1. あれは スコーンで、これは クッキーです。
2. 彼女(かのじょ)はアウトドア派(は)で、僕(ぼく)はインドア派(は)だ。

p.22

1. 約束(やくそく)は 10時(じゅうじ)じゃ なくて 11時(じゅういちじ)です。
   =10時(じゅうじ)では なくて
2. 父(ちち)は 銀行員(ぎんこういん)じゃ なくて 公務員(こうむいん)です。
   =銀行員(ぎんこういん)では なくて

p.25

1. お住まいは どこですか。
   =どちらですか
2. お仕事は 何ですか。
3. お国は どちらですか。
   =どこですか

UNIT 02 い형용사

p.26

1. 今日は 風が 強い。
2. 秋は 食べ物が おいしい 季節だ。

p.27

1. 私は お酒に 弱いです。
2. この 家は お風呂場が とても 広いです。

p.28

1. からしが けっこう 辛かった。
2. ズボンの ウエストが ゆるかった。

p.29

1. 教室の 中は 暖かかったです。
2. 今日は 豚肉が 安かったです。

p.30

1. 家は 駅から 近く ない。
2. ぬるい ビールは おいしく ない。

p.31

1. この ドラマは 面白く ないです。
   =面白く ありません
2. 高校生は 睡眠時間が 長く ないです。
   =長く ありません

p.32

1. この 薬は 苦く なかった。
2. 国語の 期末テストは 難しく なかった。

p.33

1. 今年は 地震が 多く なかったです。
   =多く ありませんでした
2. 昨日の 会食は 楽しく なかったです。
   =楽しく ありませんでした

p.35

1. この パンは 固くて まずいです。
2. この 辺りは 海が 深くて 危ないです。

p.35

1. 荷物が 重く なくて 大丈夫です。
2. この 部屋は 暑く なくて、エアコンが ない。

p.36

1. 返信が 遅く なって、ごめんなさい。
2. ドアの 鍵を 新しく 作りました。

UNIT 03 な형용사

p.37

1. 私は 運動が 苦手だ。
2. 僕は 白くて 小さい 犬が 好きだ。

p.38

1. 私は 幸せな 人です。
2. 今晩は 静かな 夜です。

p.39

1. 夫は 子供の 世話が 上手です。
2. 小さい 頃から 虫が 苦手です。

p.40

1. 荷物が 重くて 大変だった。
2. 数学の 中間テストは 簡単だった。

p.41

1. 冬の 海は すてきでした。
2. コンサート会場は とても にぎやかでした。

p.42

1. 私は 納豆が 嫌いじゃ ない。
   =嫌いでは ない
2. この 食堂の 店員は 親切じゃ ない。
   =親切では ない

p.43

1. この かばんは 丈夫じゃ ないです。
   =丈夫では ないです
   =丈夫じゃ ありません
   =丈夫では ありません
2. この ドレス、少し 派手じゃ ないですか。
   =派手では ないですか
   =派手じゃ ありませんか
   =派手では ありませんか

p.44

1. 昨日の 試験は 簡単じゃ なかった。
   =簡単では なかった
2. 今度の バイトは 楽じゃ なかった。
   =楽では なかった

p.45

1. 仕事は 大変じゃ なかったです。
   =大変では なかったです
   =大変じゃ ありませんでした
   =大変では ありませんでした
2. その ホテルは きれいじゃ なかったです。
   =きれいでは なかったです
   =きれいじゃ ありませんでした
   =きれいでは ありませんでした

p.46

1. おばあさんは いつも 元気で 明るいです。
2. 私は 料理が 得意で 好きです。

p.47

1. 午後 3時からは 暇に なる。
2. 食事の 前には、手を きれいに 洗う。

UNIT 04 동사

p.52

1. 動物園にライオンがいないです。
   =いません
2. 京都には高い建物がないです。
   =ありません
3. 大阪にはおいしい食べ物がたくさんあります。

UNIT 05 동사의 ます형

p.54

미니 테스트

① 読(よ)みます　② 歩(ある)きます　③ 話(はな)します
④ 持(も)ちます　⑤ 死(し)にます　⑥ 使(つか)います
⑦ 遊(あそ)びます　⑧ 急(いそ)ぎます　⑨ 入(はい)ります

p.55

1. 夜(よる)は新宿(しんじゅく)でお酒(さけ)を飲(の)みます。
2. 人間(にんげん)は誰(だれ)でもいつかは死(し)にます。
3. 久(ひさ)しぶりに高校時代(こうこうじだい)の友達(ともだち)に会(あ)います。

p.56

미니 테스트

① 借(か)ります　② 答(こた)えます

p.56

1. 兄(あに)はいつも夜10時(よるじゅうじ)に寝(ね)ます。
2. みんなでゲームのルールを決(き)めます。
3. セーターの上(うえ)に白(しろ)いコートを着(き)ます。

p.57

미니 테스트

① 来(き)ます　② 勉強(べんきょう)します

p.57

1. 友達(ともだち)が家(いえ)に遊(あそ)びに来(き)ます。
2. 友達(ともだち)と夜(よる)までオンラインゲームをします。
3. デート代(だい)を割(わ)り勘(かん)にします。

p.58

1. 家賃(やちん)の安(やす)い部屋(へや)を見(み)つけました。
2. 私(わたし)は30歳(さんじゅっさい)の時(とき)に結婚(けっこん)しました。
3. 昨日(きのう)から夏休(なつやす)みが始(はじ)まりました。

p.59

1. お金(かね)が足(た)りません。
2. バスがなかなか来(き)ません。
3. 先生(せんせい)、質問(しつもん)の意味(いみ)が分(わ)かりません。

p.60

1. 昨日(きのう)は仕事(しごと)が進(すす)みませんでした。
2. 先生(せんせい)の声(こえ)がよく聞(き)こえませんでした。
3. 昨日(きのう)は一日中何(いちにちじゅうなに)もしませんでした。

p.61

1. 学生(がくせい)たちは、みんな走(はし)りはじめました。
2. 急(きゅう)にエレベーターが動(うご)きだしました。

p.62

1. 一日中歩(いちにちじゅうある)きつづけました。
2. 彼女(かのじょ)は1時間(いちじかん)も歌(うた)いつづけました。

p.63

1. ほとんど食(た)べおわりました。
2. ドラマを最終回(さいしゅうかい)まで見(み)おわりました。

UNIT 06 동사의 て형

p.66

미니 테스트

① 読(よ)んで　② 歩(ある)いて　③ 押(お)して
④ 持(も)って　⑤ 死(し)んで　⑥ 使(つか)って
⑦ 遊(あそ)んで　⑧ 急(いそ)いで　⑨ 入(はい)って

p.67

1. ゆっくり話(はな)してください。
2. 靴(くつ)を脱(ぬ)いで中(なか)に入(はい)りました。
3. 風邪(かぜ)をひいて、会社(かいしゃ)を休(やす)みました。

4. 久しぶりに原宿で遊んで来ました。
5. トマトを細かく切ってサラダに入れました。

p.67

미니 테스트

① 落ちて　② 教えて

p.68

1. 次の質問に答えてください。
2. 窓を開けて、ドアを閉めました。

p.68

미니 테스트

① 来て　② 運動して

p.69

1. お客さんが来て忙しいです。
2. 今から化粧をして出かけます。

p.70

1. 男の人が車を洗っている。
2. 私はマンションに住んでいます。
3. パスタに合うお酒を探しています。

p.72

1. 道にお金が落ちている。
2. 裏の門はいつも閉まっています。
3. バス乗り場にたくさんの人が並んでいます。

p.72

1. 昼ご飯はまだ食べていません。
2. 夏休みの宿題がまだ終わっていない。
3. まだ年末の予定は決まっていません。

p.73

1. ルールを決めておく。
2. ビールを出しておきます。
3. 単語の意味を調べておきます。

p.74

1. 犬をつれてきました。
2. メールを送ってきました。

p.75

1. お腹が減ってきた。
2. 新しい会社に慣れてきました。
3. うちの犬が太ってきました。

p.76

1. 駅まで走っていく。
2. 猫をつれていきました。

p.76

1. どんどん雪がつもっていく。
2. これからもずっと一人で生きていく。

p.77

1. 若者の言葉を使ってみる。
2. 交番で道を聞いてみる。
3. 新しい料理にチャレンジしてみました。

p.78

1. 品物は売り切れてしまいました。
2. 偽物のかばんを買ってしまいました。
3. 本社への連絡が遅れてしまいました。

UNIT 07 동사의 た형

p.81

미니 테스트

① 読んだ ② 歩いた ③ 話した
④ 持った ⑤ 死んだ ⑥ 使った
⑦ 遊んだ ⑧ 急いだ ⑨ 入った

p.82

1. 道で1万円を拾った。
2. 彼女は20代をパリで過ごした。
3. 彼女は花束を見てとても喜んだ。
4. 試着室に入る時、靴を脱いだ。

p.82

미니 테스트

① 借りた ② 決めた

p.83

1. カーテンを閉めて家を出た。
2. 今日は朝早く起きた。
3. 車内が暑いので、窓を開けた。

p.83

미니 테스트

① 来た ② 掃除した

p.84

1. 今日はお客さんがたくさん来た。
2. 1時にレストランを予約した。

p.86

1. 東京のディズニーランドへ行ったことがありますか。
2. 私は富士山に登ったことがありません。

p.87

1. 食事をして、すぐ歯を磨いたほうがいい。
2. ここからは遠いので、タクシーに乗ったほうがいいです。

p.88

1. 昨日、日本に着いたばかりです。
2. 今起きたばかりなので、頭がぼーっとしています。

p.88

1. テレビをつけたまま、寝てしまった。
2. めがねをかけたままシャワーを浴びてしまった。

UNIT 08 동사의 ない형

p.90

미니 테스트

① 読まない ② 歩かない ③ 押さない
④ 持たない ⑤ 死なない ⑥ 使わない
⑦ 遊ばない ⑧ 急がない ⑨ 入らない

p.91

1. 私はまだ知らないことが多いです。
2. レシートは要らないので捨ててください。
3. 主人とは音楽の趣味が合わない。

p.91

미니 테스트

① 起きない ② 捨てない

p.92

1. 卒業するには単位が足りない。

2. 雲が多くて月が見えない。

3. シャワーからお湯が出ない。

p.92

미니 테스트

① 来ない ② 運転しない

p.93

1. バスがなかなか来ない。
2. 休日は化粧をしない。

p.94

1. 私は肉は食べないんです。
2. 休みの日は朝早く起きないんです。

p.94

1. 今年はあまり雪が降りません。
2. この話は誰にも言いません。

p.95

1. 靴のサイズが合わなかった。
2. 小学生の時までは友達と遊ばなかった。

p.96

1. 彼は何も言わなかったんです。
2. 今日は学校に行かなかったです。

p.96

1. 今週はあまりお客さんが来ませんでした。
2. 先週は部屋の掃除をしませんでした。

p.97

1. お水に氷は入れないでください。
2. 椅子の上には立たないでください。

UNIT 09 명사 수식

p.99

1. 社員の名前
2. 子供の顔

p.100

1. 黒いジャケットが雨に濡れました。
2. 今日は冷たいうどんが食べたいです。

p.101

1. 必要なものがありますか。
2. 大切なギターがなくなりました。

p.102

1. 今晩泊まるホテルはどこですか。
2. 最近はタブレットを使う学生が増えている。

p.102

1. この頃は勉強をしない学生が多くなった。
2. 普段はあまり着ない服です。

p.103

1. 昨日見た映画はとても面白かった。
2. 一目ぼれした相手に告白しました。

p.104

1. 全然本を読まなかった彼が読書を始めた。
2. これは誰にも言わなかった秘密です。

p.104

1. おいしいものを一番先に食べる。
2. いいものを使って作りました。

p.105

1. 歯を磨くことは大切だ。
2. 人口が減っていることが問題です。

p.106

1. 彼女は人に甘えるのが上手だ。
2. 海に行って日が沈むのを見ました。

p.107

1. 今、電車に乗るところです。
2. これから家を出るところです。

p.107

1. 今、宿題をしているところだ。
2. 今、晩ご飯の準備をしているところだ。

p.108

1. 今、船に乗ったところです。
2. 今、晩ご飯を食べたところです。

p.109

1. 寝る前に歯を磨く。
2. 電車に乗る前に飲み物を買う。

p.109

1. 東京に行くとき、夜行バスに乗りました。
2. カッターを使うときは気をつけてください。

p.110

1. スーパーに行くとちゅう、先生に会った。
2. ここに来るとちゅう、お金を落とした。

UNIT 10 조사

p.111

1. 私の家は広い。
2. 彼女は英語で話して、彼は日本語で話す。

p.112

1. どこがいいですか。
2. 僕は犬が好きですが、彼女は猫が好きです。

p.112

1. 私は日本語で日記を書く。
2. 横断歩道を渡って、家に帰る

p.113

1. 昨日は10時間も寝ました。
2. 今は、父も母も家にいません。

p.114

1. このクレープは、ジウさんのです。
2. これは浅草名物の人形焼です。

p.114

1. 僕には兄と姉と弟がいます。
2. 友達と北海道を旅行する予定です。

p.115

1. デパートで服や靴を買いました。
2. 建物の中には映画館やショッピングモールなどがあります。

p.116

1. 展望台にはレストランやカフェなどがあります。
2. 動物園にはパンダやライオンやキリンなどがいます。

p.117

1. 図書館で勉強する。
2. 自転車で学校へ行く。
3. ２年間で3000万円を儲けた。

p.118

1. デパートはあそこにあります。
2. 昨日は道に迷いました。

p.119

1. これからレストランへ行きます。
2. 今日は午後5時に家へ帰ります。

p.120

1. 日本酒は米から作る。
2. 昨日から寒くなりました。
3. 寒いからコートを着ます。

p.121

1. 授業は午後5時までです。
2. この列車は大阪まで行きます。

p.122

1. 昼ご飯は何を食べましたか。
2. 明日かあさってもう一度来てください。

p.122

1. 景色がすてきですね。
2. 隣の人たちはカレーを食べていますね。

p.123

1. 早く行きましょうよ。
2. もうすぐバスが来るよ。

p.123

1. 今夜の飲み会、田中さんも行くよね。
2. 「渋谷スカイ」は、前はデパートでしたよね。

p.124

1. 2時間ぐらい勉強した。
   =2時間くらい
2. 会社から家までどのくらいかかりますか。
   =どのぐらい

p.125

1. これしかありません。
2. このお店はメニューが一つしかないです。

p.126

1. りんごは一つだけあります。
2. スマホだけを使って撮影した映画です。

p.126

1. ここから何分ほどかかりますか。
2. 韓国の人口は中国ほど多くない。

p.127

1. 会議は10時より始まります。
2. 私は魚より肉が好きです。

p.127

1. 昨日は残業をしたので、帰りが遅くなった。
2. 彼はお金がないので、外食をしない。

p.128

1. このいちごは高かったのに、おいしくなかった。
2. 今日は土曜日なのに会社に行きますか。

p.129

1. 彼は日本語はできますけど、中国語はできません。
2. 肉は好きだけど、今日はあまり食べたくない。

p.129

1. 話しながら、ご飯を食べる。
2. 音楽を聞きながら、勉強をする。

p.130

1. 熱があっても学校に行きます。
2. 考えてみても、全然答えが分かりません。

p.131

1. 父が家の前を行ったり来たりしています。
2. 昨日は買い物をしたり、食事をしたりしました。

UNIT 11 가능 표현

p.133

1. てんぷらを作ることができますか。
2. 娘は水泳ができます。

p.133

미니 테스트

① 読める ② 書ける ③ 話せる
④ 打てる ⑤ 作れる ⑥ 泳げる
⑦ 遊べる ⑧ 買える ⑨ 入れる

p.134

1. 私は100メートル泳げる。
2. 息子は自転車に乗れます。

p.134

미니 테스트

① 見られる ② 寝られる

p.134

1. 私は納豆が食べられる。
2. スマホでドラマが見られます。

p.135

미니 테스트

① 来られる(来れる) ② 合格できる

p.136

1. 学校には何時まで来られますか。
 =来れますか
2. その問題は一人では判断できません。

UNIT 12 수수 표현

p.139

1. 5分間、考える時間をあげます。
2. 妹が犬にエサをあげた。
 =エサをやった

p.139

1. 先輩が久しぶりに連絡をくれた。
2. おばあさんがすてきなコートをくれました。

p.141

1. 会社から給料をもらった。
2. フロントでカードキーをもらいました。

p.141

1. 私がいいことを教えてあげる。
2. 毎日子供に絵本を読んであげます。

p.142

1. 友達がお見舞いに来てくれた。
2. おばあさんがスイカを切ってくれた。

p.143

1. 美容院で髪の毛を染めてもらった。
2. 調子が悪いので医者に診てもらいました。

UNIT 13 비교 표현

p.144

1. 日本語と韓国語とどちらが易しいですか。
2. お好み焼きとピザとどちらが好きですか。

p.145

1. 僕は魚より肉のほうが好きだ。
2. 日本語を読むより、話すほうが上手です。

p.146

1. 新幹線はバスより速い。
2. 今日は昨日より暖かいです。

p.146

1. 今年は去年ほど暑くないですね。
2. うどんはラーメンほど好きじゃない。

p.147

1. 授業の中では数学が一番嫌いだ。
2. この店のメニューの中で何が一番おいしいですか。

UNIT 14 설명·추측·판단·전달 표현

p.149

1. どうして食べないんですか。
2. 道が混んでいる。きっと事故があったのだ。

p.150

1. これ、おいしいでしょう。
2. 明日はだぶん雨が降るだろう。

p.150

1. 田中さんは午後に来ると思います。
2. モモコちゃんは彼氏がいると思う。

p.151

1. 到着が遅くなるかもしれません。
2. 来週、大きな台風が来るかもしれない。

p.153

1. お腹がすいて、死にそうだ。
2. あのラーメン、うまそうですね。

p.155

1. 今年の冬は、あまり寒くないそうだ。
2. 田中さんの弟さんはとてもハンサムだそうです。

p.156

1. あそこで事故があったようだ。
2. 私、どうも熱があるみたいです。

p.158

1. あの子はにんじんが嫌いらしい。
2. セリナちゃんのお父さんは優しいらしいです。

UNIT 15 의지 · 결정 · 희망 표현

p.159

미니 테스트

① 読もう ② 書こう ③ 話そう
④ 持とう ⑤ 作ろう ⑥ 泳ごう
⑦ 遊ぼう ⑧ 買おう ⑨ 入ろう

p.160

1. 二人で楽しく暮そう。
2. 今日から日記を書こう。
3. 夏休みはおばあさんの家に遊びに行こう。

p.160

미니 테스트

① 見よう ② 教えよう

p.161

1. そろそろ寝ようか。
2. 店員さんに聞いてみよう。

p.161

미니 테스트

① 来よう ② 出発しよう

p.162

1. 明日もう一度来よう。
2. 日本語の文法をマスターしよう。

p.164

1. 新しいスマホを買おうと思う。
2. 明日は早く起きようと思います。
3. これから一生懸命に勉強しようと思います。

p.165

1. 新しい仕事を探すつもりだ。
2. 会社が遠いので、引っ越すつもりです。

p.166

1. 卒業式でスピーチをすることになりました。
2. 燃えるゴミは、水曜日と金曜日に出すことになっている。

p.167

1. 明日、彼女の引っ越しを手伝うことにしました。
2. 家に帰ってからはすぐ手を洗うことにしている。

p.168

1. 一人で自転車に乗れるようになりました。
2. 辛いのが苦手だったが 、今は食べられるようになった。

p.169

1. できるだけ運動するようにしている。
2. 家から駅まで歩くようにしています。

p.170

1. ホテルの予約をキャンセルしたいです。
2. 富士山が見える旅館に泊まりたい。

p.171

1. 私の話を聞いてほしい。
2. 私は子供にもっと外で遊んでほしい。

p.172

1. もっと休みがほしいです。
2. 彼は暇な時間をほしがっている。

UNIT 16 명령 · 의뢰 · 부탁 표현

p.173

미니 테스트

① 読め ② 歩け ③ 話せ
④ 持て ⑤ 聞け ⑥ 急げ
⑦ 呼べ ⑧ 言え ⑨ 入れ

p.174

1. 止まれ。
2. 出て行け。
3. 言え。

p.174

미니 테스트

① 着ろ ② 答えろ

p.175

1. 降りろ。
2. 逃げろ。

p.175

미니 테스트

① 来い ② 注意しろ

p.175

1. 早く持って来い。
2. 友達と一緒に教室の掃除をしろ。

p.177

1. ここに座るな。
2. 窓を開けるな。

p.178

1. 食べる前に手を洗いなさい。
2. 早く起きなさい。学校に遅れるよ。

p.179

1. テレビの音を少し下げてください。
2. もう一度ゆっくり話してください。

p.180

1. 大丈夫です。心配しないでください。
2. お水に氷は入れないでください。

p.181

1. 調べてもらいたいことがある。
2. 今年は、みんなにがんばってもらいたいです。

p.182

1. 夜は庭でバーベキューでもしましょうか。
2. 今度一緒にお酒を飲みに行きませんか。

UNIT 17 의무 · 허가 · 금지 · 조언 표현

p.184

1. この薬を毎日飲まなければならない。
2. 韓国では家に入る時、靴を脱がなければなりません。

p.184

1. ちょっと私の話をしてもいいですか。
2. それ、おいしそう。ちょっと食べてもいい？

p.185

1. 途中で乗り換えなくてもいい。
2. 何も言わなくてもいいです。

p.186

1. 友達をいじめてはいけない。
2. 授業中にスマホを使ってはいけません。

p.186

1. 急がなくてはいけない。
2. 本当に今すぐ行かなくてはいけません。

p.187

1. 早く帰ったほうがいいです。
2. 暑い日には、水をたくさん飲んだほうがいい。

p.188

1. タバコを吸わないほうがいい。
2. 寝る前にはスマホを使わないほうがいいです。

UNIT 18 수동 표현

p.190

미니 테스트

① 読まれる ② 焼かれる ③ 思われる
④ 打たれる ⑤ 作られる ⑥ 急がれる
⑦ 呼ばれる ⑧ 押される ⑨ 入られる

p.190

1. 足の裏を蚊に刺された。
2. 僕は母に叱られた。
3. 先生に名前を呼ばれた。

p.191

미니 테스트

① 教えられる ② ほめられる

p.191

1. 決められたルールを守りましょう。
2. 彼は上司にいじめられた。
3. あの城は約200年前に建てられた。

p.192

미니 테스트

① 来られる ② 質問される

p.192

1. 結果は明日発表されます。
2. 友達に遊びに来られて、勉強できなかった。

p.193

1. このお寺はいつ建てられましたか。
2. オリンピックは４年に１回開かれます。
3. 僕は課長に仕事を頼まれた。

p.194

1. 私は弟にりんごを食べられました。
2. 田中さんは泥棒に財布を取られた。

p.195

1. 雨に降られて、服が濡れてしまいました。
2. ゆうべ遅く、友達に遊びに来られて勉強できなかった。

UNIT 19 사역 표현

p.197

미니 테스트

① 読ませる ② 歩かせる ③ 話させる
④ 持たせる ⑤ 作らせる ⑥ 使わせる
⑦ 遊ばせる ⑧ 泳がせる ⑨ 帰らせる

p.198

1. バラが、見事な花を咲かせた。
2. 母は妹に家事を手伝わせた。

p.198

미니 테스트

① いさせる ② 答えさせる

p.199

1. お母さんが子供にピーマンを食べさせた。
2. お医者さんは父にタバコをやめさせた。

p.200

미니 테스트

① 来させる ② 準備させる

p.200

1. 父が弟にトイレの掃除をさせた。
2. 先輩は後輩にレポートを持って来させた。

p.201

1. ちょっと休ませてください。
2. 今日は少し早く帰らせてください。

UNIT 20 사역수동 표현

p.203

미니 테스트

① 飲ませられる ② 歩かせられる
③ 話させられる ④ 待たせられる
⑤ 作らせられる ⑥ 歌わせられる
⑦ 遊ばせられる ⑧ 泳がせられる
⑨ 帰らせられる

p.204

1. 学生たちは先生に本を読ませられた。
   =読まされた
2. 僕は課長に重い荷物を持たせられました。
   =持たされました

p.205

미니 테스트

① 起きさせられる ② 答えさせられる

p.205

1. 弟は父に部屋を片付けさせられた。
2. 先月、会社を辞めさせられた。

p.206

미니 테스트

① 来させられる ② 発表させられる

p.206

1. 休みの日なのに、会社に来させられた。
2. 昨日は母に４時間も勉強させられた。

UNIT 21 가정 · 조건 표현

p.209

미니 테스트

① 読めば ② 書けば ③ 話せば
④ 勝てば ⑤ 作れば ⑥ 急げば
⑦ 遊べば ⑧ 買えば ⑨ 入れば

p.210

1. 急げば、4時のバスに間に合いますよ。
2. 時間があれば、本屋に行くつもりです。

p.210

미니 테스트

① 着れば ② 教えれば

p.211

1. いつまでにスケジュールを決めればいいですか。
2. 彼女に会えば話したいことがある。

p.211

미니 테스트

① 来れば ② 練習すれば

p.212

1. パーティーに来ればよかったのに。
2. 掃除をすれば、気分もスッキリします。

p.213

1. 安ければ、買います。
2. 嫌なら、無理にやらなくてもいいです。
   = 嫌ならば

p.215

1. 寒ければ、窓を閉めてください。
2. 横断歩道を渡れば、公園があります。
3. 味がうすければ、少し塩を入れてください。

p.217

1. 年を取ると、弱くなるものだ。
2. パスポートがないと、外国へ行けません。
3. 父は朝起きると、すぐカーテンを開けます。

p.220

1. 今度、いつ来たらいいですか。
2. 明日晴れたら洗濯しようと思っています。

p.223

1. コンビニに行くなら、私も一緒に行きましょう。
2. 引っ越すなら、どんな所に住みたいですか。
3. すしなら、いいお店を知っています。

UNIT 22 경어 표현

p.225

1. お客さん、どちらで降りられますか。
2. 今朝は何時に起きられましたか。

p.226

1. お酒はお飲みになりますか。
2. はじめてご利用になる方へ。

p.227

1. 新郎新婦のご入場です。
2. 会員カードはお持ちですか。

p.227

1. お名前とご住所をお書きください。
2. イベントの日程をご確認ください。

p.228

1. 部長は来月、ご結婚なさいます。
2. 先生はいつもちょうど12時にお食事なさいます。

p.229

1. ご家族はお元気ですか。
2. 息子さんはおいくつですか。

p.230

1. 山田さんはいつ韓国にいらっしゃいましたか。
2. 日本語の勉強はどのくらいなさいましたか。

p.231

1. ２次会は私がお払いします。
2. 先生にご相談したいことがあります。

p.232

1. お呼びいただきまして、ありがとうございます。
   =お呼びいただいて
2. ご連絡いただきまして、ありがとうございます。
   =ご連絡いただいて

p.233

1. 明日は、休ませていただきます。
2. しっかり働かせていただきます。

p.234

1. 私は韓国からまいりました。
2. 先生にケーキをさしあげました。

p.235

1. 次は３階でございます。
2. トイレはあちらにございます。

UNIT 23 부사

p.236

1. 先生の声がよく聞こえません。
   =聞こえないです
2. 姉はファッション雑誌をよく読みます。

p.237

1. 彼女ともう別れました。
2. 日本の生活にはもう慣れましたか。

p.238

1. まだ5月なのに外はもう暑いですね。
2. 赤ちゃんの名前はまだ決まっていません。
   =まだ決まっていないです

p.239

1. 今年は雪があまり降りませんでした。
   =あまり降らなかったです
2. この料理はあまりに(も)おいしいので、たくさん食べてしまった。

p.240

1. アプリがなかなか開かない。
2. この映画、なかなか面白いですね。

p.240

1. このドアは絶対に開けてはいけません。
   =絶対に開けてはいけないです
2. 何があっても絶対に行きます。

p.241

1. 風邪がやっと治った。
2. 校長先生の話がやっと終わりました。

p.242

1. この料理がずっとおいしい。
2. 週末はずっと家にいる予定です。

p.242

1. 彼女はきっと来るよ。
2. あなたの計画はきっと成功するでしょう。

p.243

1. 薬を飲んですっかりよくなりました。
2. 雪で、町がすっかり白くなりました。

p.244

1. 家の周りをゆっくり散歩する。
2. 今夜は家でゆっくり休みましょう。

p.244

1. この本はやっぱり面白かった。
2. ベトナム語はやっぱり難しいですね。

UNIT 24 접속사

p.245

1. 私は昨日友達に会った。そして一緒に映画を見た。
2. 先輩に電話をした。そして夜遅くまで話した。

p.246

1. ゲームをします。それから勉強をします。
2. りんご、みかん、それからかきもください。

p.247

1. この豚カツはおいしい。それに安い。
2. 雨が降った。それに風まで吹いた。

p.247

1. 彼は頭がいい。そのうえハンサムだ。
2. 妻はきれいだ。そのうえ料理も上手だ。

p.248

1. それはクオリティーもよく、しかも安い。
2. 彼はスペイン語を話す。しかもとても上手だ。

p.248

1. 電気自動車は今後さらに普及するだろう。
2. すこし塩を足すと、さらにおいしくなりますよ。

p.249

1. のどが渇いています。だから、水が飲みたいです。
2. いちごは今が旬です。だからおいしいです。

p.250

1. 今日は暇だった。それで映画を見た。
2. 昨日はとても疲れた。それで、早く寝た。

p.250

1. 彼女に会いたかった。そこで彼女に電話をかけた。
2. 週末はまごが来る。そこでおもちゃを用意しようと思う。

p.251

1. 交通が便利だ。したがって家賃が高い。
2. 日本は火山が多い。したがって地震も多い。

p.252

1. ベルを鳴らした。すると人が出た。
2. 彼氏にプレゼントをあげた。するととても喜んだ。

p.252

1. B「それなら、こちらはいかがですか。」
2. B「それなら歯科に行ったほうがいいですね。」

p.253

1. 急いで学校へ行った。しかし、遅れた。
2. 買いたいものがいっぱいある。しかしお金がない。

p.254

1. 彼は知っている。ところが、言わない。
2. 一生懸命勉強した。ところが、成績は悪かった。

p.254

1. 失敗した。だが、いい勉強になった。
2. 傘を持って家を出た。だが、全然降らなかった。

p.255

1. スーパーへ行った。けれども、何も買わなかった。
   =けれど、何も買わなかった
   =けど、何も買わなかった
2. 勉強はあまりしなかった。けれども、成績はよかった。
   =けれど、成績はよかった
   =けど、成績はよかった

p.256

1. ひどい風邪をひいてしまいました。でも、学校へ行きました。
2. テニスが好きです。でも、あまり上手ではありません。
   =でも、あまり上手じゃありません
   =でも、あまり上手じゃないです
   =でも、あまり上手ではないです

MEMO

MEMO

MEMO

MEMO